感官、技术与连接

媒介化日常生活的关键议题

陈 静

—— 著 ——

ZHEJIANG UNIVERSITY PRESS
浙江大学出版社
·杭州·

图书在版编目(CIP)数据

感官、技术与连接：媒介化日常生活的关键议题 /
陈静著. —杭州：浙江大学出版社，2023.2
ISBN 978-7-308-22939-5

Ⅰ.①感… Ⅱ.①陈… Ⅲ.①传播学－研究 Ⅳ.
①G206

中国版本图书馆 CIP 数据核字(2022)第 149699 号

感官、技术与连接：媒介化日常生活的关键议题
GANGUAN、JISHU YU LIANJIE：MEIJIEHUA RICHANG SHENGHUO DE GUANJIAN YITI
陈　静　著

责任编辑	杨　茜
责任校对	曲　静
封面设计	米　兰
出版发行	浙江大学出版社
	（杭州市天目山路 148 号　邮政编码 310007）
	（网址：http://www.zjupress.com）
排　　版	浙江时代出版服务有限公司
印　　刷	杭州钱江彩色印务有限公司
开　　本	710mm×1000mm　1/16
印　　张	17.25
字　　数	253 千
版 印 次	2023 年 2 月第 1 版　2023 年 2 月第 1 次印刷
书　　号	ISBN 978-7-308-22939-5
定　　价	68.00 元

序　言

　　本书的写作伴随着新冠肺炎疫情三年来在全球的蔓延。病毒夺走了许多人的生命，不仅对世界经济造成了沉重打击，更揭示了全球化体系的脆弱。从世界各国对疫情完全不同的反应，我们深切地感受到国家政策、医疗体制、宗教文化的差异，也意识到人类与病毒世界互为影响，不同物种类属的世界彼此时刻发生着关联、震荡。以往感受不到的病毒世界不仅真实存在，而且，在它的攻击下人类作为脆弱的生物有机体，只能小心谨慎地隔离与防护。

　　这不只是自然界病毒的演化与人类防疫组织的医学工作。媒介化社会到来后，数字技术与社会互为建构，健康码互通充分支持了全社会防疫，媒介效能在疫情中发挥得淋漓尽致。疫情期间，我们手机中的健康码，包含了核酸检测、疫苗接种的信息，记录并上传 7 天内的个人行程。大数据记录了病毒携带者和密切接触者的出行轨迹，即使封闭期间，各种买菜软件、购物软件也实现了足不出户就可保证生活所需，而课业也可以采用网课形式。几乎所有个体社会功能都可以通过手机应用软件完成。媒介已经完全融入人们的日常生活中，它是我们的外生工具，证明着我们的身体境况，记录着我们的行踪和所在区域。

　　"媒介"是本书的核心主题，笔者所遵循的媒介研究的"技术性传统"这一道路群星闪耀，延续哈罗德·英尼斯、马歇尔·麦克卢汉引领的多伦多学派对技术与传播的理论关切；同时，吸收了社会学与技术史、科技史备受关注的理论突破。法国的布鲁诺·拉图尔网络行动者理论，德国的弗里德里希·基特勒的媒介技术论，将媒介视为文明甚至是存在(being)的历史性构成性因素(constitutive elements)，视媒介技术为文化和社会所采取的战略(strategies)和策略(tactics)，为人、物、动物及数据实现时空存在的装置和器物。

本书也是一次方法实践，试图通过线上和线下的田野调查收集经验材料，并通过实证研究思考以下议题：与媒介物质硬件捆绑并脱离物质化的虚拟社会如何形塑我们的日常生活？媒介断裂带中的我们，如何在数字时代努力挣扎而不迷失自我？在互联网与人类社会不断走向深度融合之际，过去的媒介使用经验被快速遗忘，个体感官经验不断被征用，个体连接除了日常生活，更依靠在线世界进行。个体拥有更多个性发展的可能，但也无法摆脱网络社会的深刻影响。互联网不是某一种发明，而是数不尽的叠加在一起的技术所支撑起的庞大世界，它整合了我们的真实世界，构造了一种全新的在线真实。网络也塑造了新的思维方式，让我们开始习惯以网状结构思考社会形态，观察各种行动者和同盟者的活动，以及他们如何彼此形成更多连接。

媒介化的社会是近年诸多学者所关注的对象。在大众媒介主导时期，媒介技术的历史过程在媒介环境学派的研究中已进行了全面检视。但在媒介深度融合的时代，日常因喜好迅速聚合的"原子化"受众，其媒体内容和表现方式也在不断调和。很难说这种影响是由媒介而来的、单向的作用，它更适合被表述为一种互相形塑，这种"化"的过程极具考察价值。与已有媒介化传播学论述相异的是，本书媒介化的研究更偏向经济平台与日常文化消费的讨论。将媒介化与中国特色的日常生活关联，为媒介化找寻更多的落脚点并开辟新的阐释空间，是本书的最重要目标。微观的日常生活是笔者个人的兴趣所在，为此本书采用了线上访谈和定点田野调查等质化研究方法。田野调查主要采用参与式观察法，笔者参与到影子教育的在线劳动者的工作场景中，积极与直播间的女性主播互动、聊天并进行消费。研究中讨论的对象和问题是相当有趣的，比如女性在奢侈品直播间的疯狂消费，直播间主播们的情感劳动，作为城市集体消费的灯光秀的地缘政治。

本书希望能抛砖引玉。笔者期待吸引更多学者参与相关研究，以促进我们对日常生活媒介化的更深入理解。

目　录

导　言

　　本书的思考自 2016 年始,那时候笔者对媒介、技术与社会研究领域颇为着迷,将技术史和技术哲学的重要著作均浏览了一遍,陆续写下一些文章,整体思考始终围绕三个主题展开:一是"感官",二是"技术",三是"连接"。试图描绘的是互联网技术普及后受众如何适应媒介化社会(the mediatiation society)的问题,这既是宏大的理论课题,也与受众的媒介日常实践相关联。这三个词语中,"技术"似乎最无须解释,每个人都能从个体信息技术的使用经验出发,滔滔不绝地说上十来分钟。全新的信息系统,令我们获取用之不竭的资讯。从如何用苹果手机拍出有格调的视频,到在线教学,再到资深历史学家也未曾见过的新鲜史料,信息技术资讯可谓包罗万象、应有尽有。

　　本书的"技术"讨论同时在两个层面展开:一种是将技术视为日常生活中已有的历史和物质条件,这可以理解为技术观念被逐步固化为文化成果的过程。研究内容偏向于对历史存在的另类媒介的回顾与讨论。另一种是探讨媒介技术与平台、机构的深层次融合,以及它们所带来的新的工作机会与休闲方式,如何改变了社会的日常生活面貌。传统的劳动生活技术大多已很难带来实际的生产收益,它们在商业化因素推动下变成了场景性的表演,日常媒介使用技术为普通人带来更多的工作机会,都成为值得关注的新变化。

　　这里所讨论的技术实际上包含了两个时间面向与任务:一方面,越过厚重的文化古籍,面向历史传统中的图像、文字、符号、器物,探讨凝固其中的物质技术，思考以往人与物、物与物之间的交流。另一方面，理解当下的新技术变化，借助身体与感官不断完善我们对世界的经验认知，从新理论出发讨论新现象。这同时提示我们存在另一种危险：在日常媒介使用与感官体验日趋重要时，我们是否忽视了将技术关联至更广阔的社会历史背景，重新思考技术本质与发展逻辑？

本书将关键词定位为"感官、技术与连接"，暗含了未明确指出的行动主体"受众"。作为传统传播学研究的中心议题之一，"受众"在新闻传播领域似乎已成为过时的、不再流行的术语。传统的受众研究主要集中于作为信息接受与反馈群体的受众，并对其媒介使用效果进行量化分析，从人类学或社会学偏好的场景关联去讨论特殊的群体行为及意义，以及对受众文本内容的阐释。在新近的讨论中，受众不再处于新媒体生产环境改变后的单向传授状态，作为接受—反馈的受众面目早已模糊，原本的受众群体被点对点的传播态势所分散，失去了特定的指代对象。

构成本书所讨论的议题有以下三个方面：

首先，在新媒体环境下，受众的感官属性被重新发现，被征用为各种终端和连接入口，全体转化为承载技术的受体。技术通过人类感官发生作用，充当着人与媒介的感官中介。一个显著趋向是，我们的感官认知被商业机构不断研究或开发，将媒介与我们的身体姿态、使用习惯、日常场景紧密结合，放大了人类的局部感知，培育了新的行为习惯。挖掘受众的想象力与参与感成为网络商业平台的普遍手段，技术发展倾向于提升交互性等吸引策略。

当前媒介感官化催生了逼真的感官影像，通过增强现实达到沉浸式体验作用于受众，人们不断地处于一种贴近现实又超越现实的感觉中，感受到媒介表达中的欢乐、痛苦、狂喜等情绪，虚拟影像展、大型电子游戏、立体电影均属此类。对媒介的景观性、媒介事件的仪式感和自我呈现的要求随着社交媒体地位提升，变得更加顺理成章。无处不在的大屏幕随时随地、不遗余力地创造着一个超越现实的、令人惊奇的感官世界。人工营造的光效和后期数字修饰成就了流量明星，商业化公司试图为受众构建更完美的个体形象服务，智能手机、电影、电视,营造出完美的幻象。数字技术后的影像呈现早已失去了对"决定性瞬间"的追求,也缺乏本雅明描绘的艺术作品的"灵韵",我们所见到的是资本、粉丝和技术填补的苍白形象。

其次,技术问题在当前延伸出诸多话语体系,与我们在技术时代的疑惑相关:技术给日常生活带来何种改变,技术使用中的主体、对象有何不同?新媒体环境下感官问题虽然由技术对受众感官系统的发掘引起,却因涉及主体与客体、本体论与认识论、人与外界等哲学命题而引发哲学家的思考。从更为具体与实际的社会学观念出发,我们又可以探讨的是,从人类生命史的时间单位衡量,互联网技术已与至少两代人生命历程关联,它给予了个体什么样的生命机遇?对此,本书将探讨女性的媒介化劳作,并集中对在线劳动的主体能动性与资本平台结构性的互动进行研究。

最后,涉及受众如何实现彼此关联与行动,其实质为拉图尔理论视野所讨论的核心问题:行为主体如何彼此连接并产生行动的?人与物如何实现连接?技术组装的人机新结合体如何行动?

因此,感官与技术的相互影响造成了人的连接。从生物学意义上理解感官,它通常指涉我们的身体范畴、知觉系统、感觉系统,并且与神经中枢和判断指挥的大脑密切关联。短视频和直播推动了这种观赏性和景观性的密切结合,许多媒介事件不再依靠影像与文字记录,成为冲击力诉诸感官的表演,是沉浸式的体验与时空共享。媒介作为人类所创造的交流介质,它与人类社会形态一样经历着绵延不断的流变,经历着人类的创造和延伸。媒介形态不断更迭,发生断裂,从更遥远的时空距离回望当前的一切,应该是一幅纷乱、交错的复杂动图。自 20 世纪互联网带来的巨大技术变革之后,业界和受众对不断出现的各种媒介进化乐此不疲,众人为每一次新技术的采纳而欢呼,快速地抛弃旧媒体,转而拥抱迷人的新技术。媒介技术嵌入了人类社会的发展历程,成为我们见证历史的重要手段,这恰恰是需要我们观察与记录的。

第一节　变化：受众的退却

美国加州尔湾学派的史学家伊懋可（Mark Elvin）的环境生态史著作《大象的退却：一部中国环境史》，以大量的经济数据和考证事实印证了他对中国环境问题的忧虑，"人象之争"的结果是大象面对人类农耕活动不断退却，栖息地被破坏导致大象向南迁徙；与此同时，中国的经济、社会和文化不断繁盛，从北向南节节推进。[①] 借此极富意象性的表达，我们的主要观点是：受众在当前的传播视域中正在消失，这是受众作为整体不断退却的过程；同时，作为个体的力量却正在凸显，这是作为"整体的受众"与"个体的受众"此消彼长、同时进行的双向运动。

在传统的新闻传播学中，受众的地位毋庸置疑，关于受众研究的实证和方法论讨论连篇累牍，至今仍为传播学教育和研究的传统范式。受众的退却并不意味着受众研究本体的消散，而是我们的思维范式发生了全新的转变。按照麦奎尔的说法，受众（audience）是社会环境和特定媒介供应方式的产物。受众研究主要形成于大众传媒效果研究的发展之时，其媒介使用亦具有鲜明的社会环境特征。受众早已摆脱了传统的视听人局限，技术与受众发生了更多深刻而复杂的关联，媒介技术对受众的赋能与激活使受众摆脱了特定渠道或时间流的束缚，拥有了选择和参与传播的更大自主性和能动性。同时受众受到技术反制，受众的学习方式、娱乐方式甚至思维方式都深刻地受到新技术的影响。受众已经成为无时无刻不在感受，无时无刻不在自我呈现、自我包装和印象管理的个体传播者。

虚拟生活与日常生活的界限正日渐融合，在线平台意味着更多工作机会、消费方式和关注度变现。网络社会和后现代流动社会共同造

---

① Mark Elvin. The Retreat of the Elephants: An Environmental History of China. New Haven: Yale University Press, 2004: 1-18.

就了网状的、无中心的传播环境。在文化研究视域下,青年受众积极探索,他们的创意表达被倾听,他们通过网络社会和世界找寻新的生活机会。文化研究者能感受到国内更为明显的受众的个人主义倾向,表现为关注日常生活,在公共文化领域追求认同与精神满足,以及对彰显个性化的事物的关注。

受众与传者的边界模糊化,突出体现为新媒介技术带来的媒介行为和生活方式的改变,让传与受的关系不断深化。数字网络平台的电子阅读、移动视听,社交平台自主互动极大增强,直接后果是长期的"社交为王"趋向,以及受众地位的显著提高。受众拥有了真正的发声平台,也有了个人内容生产发布的种种渠道。受众集内容生产者、内容消费者和传输者等多重身份为一体。传统媒体时代,人们在有限的媒介选项中做选择,新媒体技术扩大了"带宽",渠道不再是稀缺资源,内容供给呈指数级增长,传统的具体可感知的读者、观众群体变成了多渠道、碎片化的内容接受者。

传统受众依据人口学变量可以划分为不同类别,包括男性和女性,高收入和中低收入群体,还包括最为活跃的青年受众,以及在数字变革中处于劣势的中老年受众,不同类型的受众显示出与阶层、性别、年龄大致相符的喜好偏差。受众研究随着新技术发展,在研究方法上更为多元化,受众的行为动因和传媒生态的测量更加丰富,受众研究不断解读现实生活中的新挑战。值得一提的是,随着中国社会的快速老龄化,老年人被排斥在信息社会之外,需要家庭与社会的技术反哺,老龄受众的数字鸿沟研究在实证研究中获得了一定的数据累积。

大多数传统媒体调动受众依靠平台展示激励内容的原创性,但在多元创新、跨媒体的开放式叙事,以及用新的思维与言说方式跟受众建立有效互动关系并提供更人性化的服务时,平台远不及受众反应迅速。"Z世代"受众是年轻的、碎片的、小圈层的,借助互联网可以快速聚集又快速消失的松散而活跃的人群,他们难以捉摸,不仅追随潮流,更创造潮流。

流行文化中受众对个性化时尚品位的需求,应该联系当前的媒介化、物质生产与消费风潮来思考。他们在不断生产的物质和商业化风潮的共同作用下，通过消费或是个人风格的挑选与使用来彰显个人品位或时尚态度。对物的挑选不再像过去那样深受阶层习惯或上流人士的意见影响，更多是来自受众获取的媒介资讯。同时，中国显著的社会分层标识并不明显，布尔迪厄所讲述的个人资本和社会资本在社会流动中有影响作用，但在家庭和社会品位区隔中难以获得足够的现实支持。但消费文化与时尚潮流结合，对年轻人产生了极大的影响。媒体中明星的产品展示，奢侈品牌的轻奢化、大众化、快消化都成为年轻人消费的推动力，让受众消费成为一种显性外在的，包含着强烈个人喜好的主体性表达，其实质并没有脱离背后隐含着的大量商业化策略。个性化定制产品看似背离了主流消费风格，有更多选择，实质上仍然被包裹着商业化内核的消费潮流所推动。

当前受众研究范式正发生彻底变化，除了传播形态变迁的影响，大量新生的媒介形态、眼花缭乱的媒介景观、媒介对时间感受和观念的影响这类议题都获得了积极的关注。显著的议题是媒介化包围与使用带来的传播场景的迥异。英国社会学家尼古拉斯·艾伯柯龙比（Nick Abercrombie）和布莱恩·朗赫斯特（Brian Longhurst）的《受众：展演和想象的社会学理论》中对伯明翰学派的收编/抵抗范式进行了梳理，提出了奇观/表演范式（spectacle/performance paradigm），试图转换受众的讨论方向。① 欧文·戈夫曼（Erving Goffman）作为符号互动论的代表人物，因其微观研究视域，以及适于解释当代流动社会的人际场景变化的理论，而同时被传播学和社会学两个领域接受。他的印象管理理论，用于社交媒体的自我呈现阐释，但也遭遇了"小说家式"的社会学家的批评，他的《日常生活中的自我呈现》一书强调了日常生活中交流情境和戏剧表演的张力。这些突破转换了受众研究的媒介视野，将媒介关注从媒介文本转向媒介景象；对受众的关注从单纯被动—主动及固定的社会建构，转向受众与社会互动中的自我建

---

① Abercrombie N, Longhurst B. Audiences: A Sociological Theory of Performance and Imagination. Delhi: Sage Publications, 1998, 48(4):172-175.

构。① 这符合当下新媒体环境的理论实际，也显示出关注突破，尤其适用于阐释受众在社交媒体中的自我呈现、印象管理和情景互动，有助于加深对直播间和短视频人际情感交流的理解。

我们观看世界、感知世界和行为组织都受到媒介的影响。在新媒体研究背景下，整个媒介研究或媒介变革实际上都是以信息传、受方式的变革为切入点的。媒介融合趋势下，媒介用户的心理和行为都发生了变化，体现为以人为本、以自我为中心的信息选择与消费占据主导。研究社交媒体、新媒体传播已经不能单纯从受众角度进行，因为受众和内容生产者融为一体，需要同时关注传播模式大环境，是人类知识生产与使用过程中的新应用与新发现。这些受众研究范式转换还将伴随着媒介化的深入而变化，尤其是当媒介与组织机构高度融合，受众的角色和概念发生了持续变化，受众研究以与其他新议题交织的面目出现。

当前媒体转型日趋深化，受众形式变化作为一个显性话题始终占据主体位置。受众的媒体需求和媒体行为正在发生深刻改变，尤为突出的是受众趋于多元化而呈现出显著的代际分化，并形成亚文化圈层的小众群体和社区活动方式。同一类媒介产品的使用者也会形成类似的社会文化圈。抖音、快手等短视频软件发展出全新的城市面貌，也包含了中国农村对媒介的独创性使用，其中混杂了朴实的乡土气息、杂耍噱头，以及对富豪生活的想象。显然，这种新的受众特征迫使以往传统大众传播的受众研究模式发生改变。

7

新型受众具备了生物学、物理学和电子学等接受特质，外在体现为与通信产品、数据传递和视听感受结合在一起的人机结合体。这对当前的媒介研究者而言是无法忽视的信号，既包含了赛伯格人类的隐喻，又可能带来切实的影响。对受众可能被无形利用和操纵的弊端分析与批判正在展开，例如传播政治经济学的研究，已经从早期的受众商品化理论快速转向数字资本、数据和劳动力资源的占用等系列议题

---

① 欧文·戈夫曼：《日常生活中的自我呈现》，冯钢译，北京大学出版社 2008 年版，第 203-217 页。

的讨论。传统研究范式已经不能准确地描绘当前受众的社会现状。传统媒介环境中的受众，是被抵达的信息接收者，是传播内容的容器，这一概念可以描绘我们通过媒介接触的外部世界及其影响。而在媒介化时代，"受众"一词无法分析被媒介包围的我们的生存境况。当然，本书目的并非论证受众概念的消失或是不合时宜，而是认真对待作为整体碎裂后的个体受众呈现出的许多亟待讨论的新现象、新对象和新话题。

第二节　主题：媒介化的日常生活

我们以近年海内外传播学界热烈讨论并引起国内学界参与的"媒介化"为主轴，整理文献并借此将媒介科技、技术哲学、技术史等过往传播理论忽略的因素，代入日常生活来考察。伴随着大规模的社会机构和组织的媒介化过程，媒介化社会成为研究中无可避免的背景和绕不开的关键。"媒介化"正在成为一个有影响力的概念，它似乎成为各种重要的文化、政治和社会发展的中心。

一、媒介与媒介化

那么首先需要明确的是：什么是媒介？它是管道还是渠道，是物质工具还是社会组织，抑或是一种社会制度？对媒介的不同理解决定了我们研究的起点究竟应延续何种媒介理论来进行。本书采取了更为灵活的立场，即三者兼而有之，在不同的章节，我们会看到对媒介不同特性的研究。

媒介不仅代表着社会权力、社会中心，更直接重构了我们与世界接触的方式。五光十色的媒介组成了我们的日常生活，决定了人类的物质形态与文化表达方式。我们不止通过媒介观看，更因媒介而形成新的习惯，社会发展的路径也部分地为媒介技术所影响。吸取了曼纽尔·卡斯特尔（Manuel Castells）的信息化社会（informational society）与乔治·齐美尔（Georg Simmel）的形式社会学（formal sociology）两大理论资源,欧洲的传播研究经历了十余年的"媒介化转向",其核心问题是人们意识到媒介作为一种制度化要素开始独立作用于社会文化变革,资讯传递的中介物不再是某种"中空"管道,而是逐渐"影响"乃至"控制"社会形态的形构过程。

媒介技术作为一个无比宽泛的议题,在此需要对其进行规定,以防止使用中的混乱。我们认为,"技术"不是功能主义传播研究中置于中立的工具,而是人类社会发展的关键助力。当媒介逐步渗透到社会生活的方方面面,社会也开始依据当前媒介与传播手段来重新组织其关联方式。按照库尔德里(Couldry)的理解,现在是媒介在引发其他社会场域中特定制度化实践的重塑。① 媒介化已经被视为一种普遍现象与元过程(meta-process),与个人化、全球化、商业化等过程一起成为推动当代政治、社会、文化及其他生活领域变革的根本驱动力。② 媒介化与政治结合在一起,唐士哲便直指当代媒介化政治研究大多将重点放在关切媒介对于政治过程的扭曲效应。③

而在社会建构论的描述中,媒介化被看作信息和通信技术(ICTs)变革的驱动下文化和社会的结构性变迁,尤其强调借由技术的丰富性,人们如何进行重组,并彼此发生持续的关联。制度主义传统认为,随着时间的推移,媒体越来越多地从政治中获得自主权,并将其逻辑传播到政治中。黄旦通过研究1903年的《苏报》的办报历史予以重新检视,他提出"媒介化政治"概念用以描述媒介在政治沟通中的中介作用,尤为着意媒介自身逻辑是如何改变并形塑政治的。④ 当前的媒介化研究提醒我们需要尝试拓宽原本过于狭窄的媒介定义,同时需要避免泛媒介的影响。

---

① Couldry, N. Mediatization or Mediation? Alternative Understandings of the Emergent Space of Digital Storytelling. New Media & Society,2008,10(3):373-391.

② Krotz, F. Media Connectivity: Concepts, Conditions, and Consequences. In: A. Hepp, F. Krotz & S. Moores (Eds.). Network, Connectivity and Flow: Key concepts for Media and Cultural Studies. New York: Hampton Press,2008:13-31.

③ 唐士哲:《重构媒介?"中介"与"媒介化"概念爬梳》,《新闻学研究》2014年秋季号,总第121期,第1-39页。

④ 黄旦:《报纸革命:1903年的〈苏报〉——媒介化政治的视角》,《新闻与传播研究》2016年第23期,第22-45页。

在媒介化过程中，非媒介因素的作用长期被忽视。例如，国家和政府间的通信政策怎样发挥效力，在大众媒体和信息通信技术的发展中扮演着核心角色，但这些技术与权力影响很少被普遍关注，相关研究成果集中于传播政治经济学的研究中。在西方媒介化研究中，媒介是否真的具有如此强大的社会力量，学者有不同见解，但一种普遍认同的论调是，媒体是变革的代理人和权力的持有者，而不是特定的个人或社会团体。虽然媒体权力无法直接行动，但是其使用的技术逻辑表达了媒体的力量。赫普进而以媒介的形塑力（moulding forces）描述媒介建构的社会性，关注媒介技术转变的物质特征，如何影响传播活动的实践与结构。[①]

本书的工作内容正是为这种形塑力找寻落脚点。媒介化可以与日常生活和技术连接在一起，已然成为被认同的现象。它表现为一种新的社会条件，在这种社会条件下，媒体日益与社会制度融合，同时也渗透进了文化生活的纤维结构，与社会紧密交织在一起。

媒介化提供了一种全新的思考框架，也提醒我们，仅仅谈论媒体技术是没有意义的，因为它们只在实际使用中实现并定义。施蒂格·夏瓦（Stig Hjarvard）使用了更广泛的作为技术、机构和美学形式媒介概念，考虑了旧媒体和新媒体的特征如何影响人类的互动、社会制度和文化想象力。[②] 对赫普来说，"技术上的沟通"是不可能在日常之外的。在多次辩论中，赫普等所主张的媒介化过程中"以媒介为关键"而不是以"以媒介为中心"的立论已经开始被普遍接受，但是理解媒介化，并不是媒介的影响作用研究，而更多涉及个人与结构的关联。众所周知，媒体技术和机构源自人类的行动，但它们以结构化的方式面对用户。在日常生活中，这些媒体帮助人们以一种意想不到的方式，为社会生活赋予了特殊的、不断发展的形态。

---

① Hepp, A. Differentiation: Mediatization and Cultural Change. In: K. Lundby (Eds.). Mediatization: Concept, Changes, Consquences. New York: Peter Lang, 2009: 135-154.

② Stig Hjarvard. The Mediatization of Culture and Society. London: Routledge, 2013: 8-40.

"媒介化"这个术语如"结构化""智能化"一样，暗示着某种历史改变或趋势，变得越来越"化"。安东尼·吉登斯（Anthony Giddens）将人类的行动和社会结构视为共同的组成。结构的硬物只不过是一种凝固的人类行为，它表面上是稳固的，约束并帮助塑造了一个人，而后者反过来又在过程中复制和/或修改那些与自我相同的结构。我们认为，"媒介化"同样具有类似的、动态描述的目的和效果，它强调媒体的连续性作用，提醒我们应该具有更多的历史目光，这是研究时需要牢记的。

二、日常生活的观察视角

日常生活是以个体和社会的存在和再生产为宗旨的日常活动领域，主要涉及个体的衣食住行、生老病死等维系基本生命的活动，个体与社会的交往活动，各类生活资料的获取与消费活动及相伴的各种日常观念活动。日常生活作为一个相对完整的领域，受政治、经济、文化等各种因素影响，又在其他层级发挥作用，形成实践的限制，并成为实践的表达。它既包括从传统社会延续下来的历史所凝结的稳定的生存方式，又包括社会流行的及相对差异化的、变动中的生活过程。生活技术领域包含了人们所掌握的各种技能，构成了日常生活的支撑和保障。同时，日常生活也为技术领域创新发展提供了土壤，成为人类学、社会学中极具魅力的田野场域。

日常生活可以作为抽象的哲学概念进行思辨，也可以作为生活实践予以观照。列斐伏尔认为，"日常生活可以被界定为总体中的社会实践的一个层次"[①]。这个层次是基础的层次和中介的层次，包含了基础和上层建筑及它们之间的互动。也就是说，现代日常生活与哲学、艺术、宗教、科学、政治等上层的文化活动逐渐分化开来，形成了社会总体中的不同层次，不同层次之间相互联系、相互作用和彼此交叉，甚至可能相互影响和支配的层次。列斐伏尔注重分析日常生活所表现

11

---

① Lefebvre, H. Critique of Everyday Life: Foundations for a Sociology of the Everyday(Vol. 2). Trans by John Moore. London & New York: Verso, 2002:31.

出的饱受由工具理性和现代技术所主导的工业文明和官僚统治制度所带来的异化之苦，并对这种异化进行了激烈批评。对本书而言尤其具有借鉴意义的是，列斐伏尔从多个角度论证了技术、政治及科学与日常生活的互动关系，凸显出了日常生活的基础性层次地位，有助于我们认识不同层次之间的结构组成。

现代社会是建立在不断分化基础上的，由于分工和交换的发展及现代国家的出现，所有独特的、高级的、专门化的、结构化的活动被挑选出来之后，便形成了"断裂"于传统的现代的日常生活。现代日常生活与一切活动都有着联系，是其共同基础。列斐伏尔所讨论的日常生活是一个现代性概念，它的历史与现代社会的经验和发展联系在一起。他批判现代性对日常生活的损害，"日常生活并没有在现代社会中消失，但是日常生活的确经历了变革，它已经丧失了它那弥漫于整体之中的丰富性，它的非人性化和单调乏味意味着它不再是那个主体意识浓厚的过程，相反，对社会组织来说，它是一个需要掌控的'客体'"①。当前，日常生活的概念已经成为哲学、美学、社会理论和文化研究中的重要关键词。日常生活的实践性和整体性可以通达哲学，也可以体现为与实践哲学相对应的范畴，以满足实证研究的需求。该认识表明，作为整体概念的日常生活绝不仅仅属于某个固定学科和固定领域的，相反，它是包含所有事项和任何现象的统一体。每个生活事项和人为现象都属于日常生活，它们都在日常生活中发挥着特定功能，充当着特定角色，蕴含着特定意义。那么，这就为任何以生活事象为研究对象的学科全面介入日常生活提供了可能性。

日常生活是人类最基本的生存状态和生活实践，它是人类任何活动和一切存在物所依存的现实场域。无论是齐美尔的都市观察、本雅明的城市游走或是戈夫曼的拟剧表演，都源自对现代生活的日常情景的高度关注，以及由此引发的敏锐哲思。日常生活中受众媒介使用的行动动机、表演情境，甚至有创造性的策略都是本书关注的重点。随

---

① Lefebvre, H. Everyday Life in the Modern World. Trans by Sacha Rabinovitch. New Bruns Wick: Transaction Publishers, 1984:59-60.

着媒介的范式变革带来的受众变化，一种媒介化的日常生活已经包裹着我们，它与真实的日常生活相互交缠，扮演着个体的社交形象构建、日常行动和生活阐释等多重角色。

第三节　问题：二元论还是物质本体论？

通过线上线下观察与定点田野调查，结合日常生活感受和观察，笔者在思考中逐步形成了一些观念。中国媒介化的日常生活有其突出的特性，媒介技术的创新更多体现在商业盈利模式，对快速发展后新技术的伦理讨论，因为被技术迷思光芒所掩盖，在过去没有得到充分的讨论。商业模式变化与个体媒介使用、政府社会管理、创新技术的应用，这些因素彼此交织，不断改变着人们的媒介环境。习焉不察的文化、社会、政治影响像毛细管一样，在最细微、最日常的媒介化空间中发挥着意想不到的力量。日常生活成为媒介影响力的终端，个体的力量在此汇聚，个体独特的文化创造力也借此凸显。

日常生活研究可以通过人类学网络民族志研究，以展现人类在多重复杂生活中的境况，用深描的方法构建情境中的故事，发掘其隐藏的社会意义，这对笔者是极具吸引力的。吕斯·贾尔（Luce Giard）指出：在以往的研究中，"普通人"永远是他者（other），没有专有的名字，也没有责任归属和财产；他们只是一些被忽视的对象，或者只是大型调查中的原子式的点；作为类的存在，他们暧昧无名，似乎无足轻重。米歇尔·德塞托（Michel de Certeau）提醒我们，不要妄图谈论难以捉摸的主体性，而应该透过日常生活的实践、做事情的方法等，来揭示这些无名者的行动策略，也就是说，研究必须进入日常生活的"实践"。①

为描绘女性在线消费与生产的复杂形式，笔者尝试了一些实证研究，包括专门讨论与在线虚拟空间里奢侈品购买活动相伴随的社会交

13

---

① 米歇尔·德塞托：《日常生活实践》，方琳琳、黄春柳译，南京大学出版社 2009 年版，总引言第 34-37 页。

往，呈现出女性在消费行动中的主动与被动、控制与反抗；在我们的社会，随着地区稳定被打破，社会似乎不再固定为界限分明的社团，策略也离开了轨道，结果消费者变成了流浪者，进入了一个过于庞大、无法掌握的物质和符号体系，同时因为这个体系编织得过于紧密，消费者无可逃避。策略同样显示出女性与消费和物品使用的斗争和快乐密不可分。战略则相反，用客观统计的外衣掩盖了自己与权力的关系，而正是权力从内部支撑着它们，使它们牢牢地控制住自己"专有"的空间或机构。这种结构化涉及研究问题的核心：谁在打工、为谁提供服务？谁被剥削了？平台创造了劳动机会，人们在不停地消费，接受各种形式的物质生产，甚至中国开始扮演奢侈品淘汰物的下游。为此，我们希望以隐喻式的思索，讨论技术迷思与媒介隐喻的关联，抑或这种技术迷思给平台资本主义带来的巨大利润。

这在研究中体现出两种研究进路：一是回看媒介考古，呈现出对物、对硬件的思考，关注数字技术与在线教育在商业化背景下的影响、音乐播放器每一次媒介更迭过程中发生的转变。人类生活的世俗形式在历史长河中发生着各种变化，近年来人文社科领域对日常生活的热情重新迸发，开始对历史中普通人的日常生活进行"微历史主义"挖掘与描述。我们面对媒介快速变化的当代社会，媒介化与人们的生活密切关联。日常生活中发生的各种变化，我们追求和渴望的价值、我们的日常形式与实践，以及它们彼此之间如何发生形塑，都成为我们要讨论的话题。媒介化理论本来关注的就是"无处不媒介"的整体社会文化转变，而受到"媒介/非媒介"传统自我圈定是人为设置的障碍。

城市每天都在生产和传播新的媒介内容，它就是一个巨大的媒介形态，不断地发送各种信息。城市空间仍然充满了各种媒介活动的表征。媒介形态和现象不断涌现，过往媒介形态变化证据也在被学者们打捞收集。走访城市博物馆、观察各种媒介发明早期的使用情况，总是有许多意料之外的发现。我们在日常生活的观察也可以找寻到无数例证，证明人类是如此有弹性地快速适应着自己制造出的媒体。这种两者互动的实证研究集中于笔者所能接触到的都市女性、中产阶层的日常媒介行为与自我展演，也涉及媒介化教育培训者的劳动境况。

将受众个体感受放置在一种感性体验与时代精神中加以观照,可能是一个野心过大的企图。时代精神虽然听起来过于形而上,但它确实可以在个体的面庞、行为、思想中被感知,而正是这些每日的细微变化组成了日复一日的社会现实与媒介真实。本书是将粗浅的哲理性思考和实证方式结合的一次尝试。在研究方法上,首先,传统媒介研究关注的媒介影响研究,或停留在受众研究的数据收集与分析,或从社会心理学方面进行考察,而选择媒介社会学与人类学视角进行讨论,并进行定点田野调查是笔者的工作方式。尽管近年来农民和乡村重新成为学者研究的热门方向,但都市有充足的流动人口、繁荣的经济,作为技术文明的聚集地,具备另一重意义的媒介资源优势。媒介化的过程是在媒介变迁大背景下展开的,尤其是在中国面临着急剧转型的社会变化中。其次,是历史的眼光,虽然不是历史研究,但微观史学的兴起带来日常生活描述的普通人和日常生活的研究转向,以往研究仅关注精英和主流阶层的叙事显然是不足的。最后,是用技术的目光思考问题,日常生活被技术改变,这是点滴进行而又潜移默化的过程。

以下章节可视为笔者这几年对媒介社会学的观察与思考,是思想与实践之地,也是学术缓慢进步的成果。一些相互关联的文章中有一些已经发表,但收录在本书中时进行了修改,以适应整本书的架构。

笔者想特别提一点个人在质化研究中的体验。田野调查是非常有魅力的,但也时常让像笔者这样的初入者感到困惑。在田野调查中,你会发现属于你个人独一无二的、崭新的社会面貌。当你没有经验时候,最惶惑的就是大量信息奔涌而来,而缺乏经验的笔者像是一台过载的旧计算机,几乎难以招架超额的数据和信息。但当你在田野中待的时间长了,你会逐步找到线索,发现那个至关重要的问题,开始尝试重新编织纷乱的一切,并最终呈现"一个极具意义的发现"。这一时刻可能并不像科学故事中重大发现那么有戏剧感,它由许多细小的灵感、失落、疲惫、沮丧的混合物组成,却是我们发现世界、找寻自我的艰难之路。

第一章　媒介隐喻：感官认知与身体经验

象征着人类好奇的眼神，嗡嗡作响的无人机穿过尼亚加拉大瀑布氤氲的水汽，迎着上海黄浦江的晨曦，穿行于浦东鳞次栉比的摩天大楼之间，顺着奔流的壶口瀑布往上，追踪着奔涌而来的黄河水。这些初次播出就令观众震惊的无人机拍摄的上天入地、自由转换停留的镜头，彻底打破了以往拍摄需要的固定机位、俯仰视角、运动方式，呈现出一种全新的视觉想象，让观众在无人机飞腾而起的那一刻获得了足够的视觉感官刺激。

学习无人机技术并拍摄作品的热度近年始终不减，从专业摄影师到业余爱好者，通过无人机驾驶证测试合格后进行飞行拍摄的人数直线上升，无人机从军事用途发展为日常媒介。在百度等搜索引擎输入"无人机"，除了可以看到无人机控制与拍摄技术交流的内容外，我们还会看到一系列与"上帝视角"（God's perspective）相关的文章：《上帝视角：无人机年度照片 TOP 12》《无人机上帝视角让摄影大开眼界》《无人机航拍之"上帝视角"》《圆梦上帝视角？普通人玩儿航拍究竟有多难》等。在无人机上帝视角相关的新闻和网页中，最高级的形容词频频出现；在大疆无人机贴吧中，发帖和评论的爱好者们描述这种令人惊奇的视觉冲击时用着同一类词汇——"奇妙的""完美的""令人震惊的""高端大气"等，描绘出"上帝视角"的震撼。可以确定的是，无人机拍摄效果与"上帝视角"共同形成了难以分割的观看的感官隐喻。

技术带来的全新视觉展现，让过去无法实现的上帝视角成为媒介景象,呈现出一种全新的技术隐喻。隐喻是我们通过感性思维对世界进行快速、直观把握的方式,它生成于"认知"与"存有"合一的基础上,通过隐喻人们可以迅速获得他人传递的体验。对隐喻与日常生活的关联,以美国知识分子苏珊·桑塔格(Susan Sontag)的论述最为知名。《疾病的隐喻》一书同时收录了桑塔格发表于1978年的文章《作为隐喻的疾病》和1990年发表的文章《艾滋病及其隐喻》,探讨了与健康相关的疾病如何被隐喻化。桑塔格对隐喻,尤其是疾病隐喻持有一种显著的道德评判态度,她认为疾病不仅是一种表现在身体上的病症,在浪漫派的文学作品中结核病总被赋予浪漫主义色彩,而癌症被等同于死亡本身,梅毒更成为腐朽与罪恶的象征,不同疾病被赋予了不同意义。为此,揭示疾病的日常隐喻并摆脱它们成为桑塔格的主要写作动机,正如她在书的结尾所表达的:"使疾病远离这些意义、这些隐喻,似乎尤其能给人带来解放,甚至带来抚慰。不过,要摆脱这些隐喻,光靠回避不行。它们必须被揭示、批评、细究和穷尽。"[1]桑塔格剥除掉疾病千百年来在文化中被误解的种种迷思,显现出真正的批判力度。疾病的隐喻显然来自疾病的基本症状和外在表现,也结合了当时人们对疾病的恐惧、不理解及各种流行文化的演绎,发展出固定于人们头脑的隐喻模式,甚至成为社会文化中对疾病患者的偏见。

从交叉学科视角对隐喻的社会认知功能提出积极看法的是乔治·莱考夫(George Lakoff),他作为生成语义学、认知语言学的创始人,曾主修数学与文学,在行为科学和语言学上均有所建树。他的长期合作者马克·约翰逊(Mark Johnson)既是哲学家,也是认知科学家。1980年他们共同出版了《我们赖以生存的隐喻》这部贯穿语言学与认知学的跨学科著作,强调了隐喻的普遍性及其在塑造人类思维方式中所发挥的重要作用。[2]该著作说明人类的概念系统常以隐喻方式建立,并揭示了我们的思维过程很大程度上是隐喻性的。隐喻和思维的密切联系凸显了隐喻的正面意义,它可以帮助人们在认知领域了解

---

① 苏珊·桑塔格:《疾病的隐喻》,程巍译,上海译文出版社2003年版,第161页。

② Lakoff, G. & Johnson, M. Metaphors We Live By. Chicago:University of Chicago Press,1980.

新事物,打破原本的知识框架,无须借助复杂的概念与理论描述,以一种近乎直觉的方式实现不同思维方式和系统的对接。

新技术刺激受众感官,让人类产生新的隐喻,通过隐喻的本体和喻体系统,描绘新媒介的感受,思考媒介本质,也因此产生了一系列"媒介即何物"的隐喻。多伦多学派的马歇尔·麦克卢汉(Marshall McLuhan),凭借天马行空的极富创意的文学思维方式和灵感写作,生成了"媒介即讯息"(The Media is the Message)、"媒介即按摩"(The Medium is the Massage)等一系列隐喻。纽约学派的尼尔·波兹曼(Neil Postman)同样承认媒介与隐喻的密切关联,并且进一步将媒介、隐喻、人类的感知三者相结合。在《娱乐至死》中,尼尔·波兹曼欣赏麦克卢汉的警句"媒介即信息"(the medium is the message),并将其修正为一种新观念:"媒介即隐喻"(the media is the metaphor)。波兹曼认为,信息是对于世界明确而具体的说明,而隐喻则是人们容易忽视的、内容背后的思维方式。每种新媒介的产生,都开创了人类感知和认识世界的思维方式,不同的媒介环境会对思维方式产生巨大影响。"媒介即隐喻"强调的是媒介用一种隐蔽但有力的暗示来定义现实世界。①

德国技术哲学家弗里德里希·基特勒(Fredirch Kittler)则延续了麦克卢汉与波兹曼的隐喻表述,在对小机械、光学装置与硬件研究进行历史考察后他承认:"我们对自我感官一无所知,直到媒介提供了模式和隐喻。"②基特勒的媒介感官隐喻显露出一种思维方式的彻底变换,他摆脱了麦克卢汉的人本主义思想,转向了"物质中心主义",认为是物质媒介决定了人类身体、感知与媒介关系。他仔细分析了打字机、图灵机、摄影机、留声机等系列媒介,它们都围绕着科技发展得以形成,又因为技术逻辑变化成为代表某一时间段的媒介化石,停止了持续性的演进,成为可供观察与分析的样本。如果基特勒在世,无人机也许会成为他的下一个媒介研究对象,这与他一度关注的冯·诺依

---

① 尼尔·波兹曼:《娱乐至死》,章艳译,中信出版社 2015 年版。

② Friedrich Kittler. Optical Media. translated by Anthony Enns. Malden:Polity Press,2010:34.

曼的计算机有着相似之处，无人机同样经历了军事技术向民用技术的转化过程，并最终演变为受众熟悉的媒介工具。[①]

无人机的"上帝视角"作为一种媒介隐喻被广泛接纳，折射出社会心理与技术神话的丰富内涵。无人机技术渗入新闻生产过程，并与普通民众的媒介使用关联，这种关联隐喻广泛普及开来。以下将通过无人机带给我们的视觉隐喻，以基特勒的技术媒介、感官隐喻的关键词入手分析，借助西方隐喻理论，探寻媒介隐喻发生的社会语境与根源。

第一节　无人机"上帝视角"的技术隐喻[②]

一、宗教与媒介：两个隐喻系统

上帝作为基督教、天主教、新教共同的神，历经 2000 多年发展，拥有了丰富的教义和广泛信徒，这构建了"上帝视角"这一广为熟知的社会心理。当受众普遍接受无人机是"上帝视角"这一隐喻时，或许并没有意识到这一指向的宗教色彩，上帝视角成为一种跨越了不同文化的、不言而喻的、可以被快速领悟的比喻。这种无所不知、无所不在的视点也被广泛使用在媒介内容与文本中。视觉影像拍摄视角的发展呈现为全景宏观与局部微观两条路径：一种是随着现代化思潮的影响和作家技巧的丰富，小说写作视角开始多维度和向内转化，典型的意识流等小说写作手法相继出现。文学领域的"上帝视角"术语在此语境中指向小说文体发展的早期，体现为作者全知全能的写作方式。另一种则是从普通的、局限性的镜头逐步发展为场面化、巡礼式的高角度镜头，拍摄追求视角解放，审美效果上呈现更磅礴的气势。当我们

19

---

① 美国密苏里大学新闻学院是全球最早开设无人机新闻课程的几所学院之一，访学期间笔者曾经观看过相关课程的讲座。当前带摄影功能的云台相机和无人机已成为国内新闻媒体的必要装备。因提供视角和拍摄有独特的视觉属性，无人机拍摄的新闻画面已成为重大事件现场媒体、纪录片场景的标配。

② 本节曾以"无人机拍摄的两种隐喻系统分析"为题发表于《青年记者》2018 年 10 月刊，第 92-93 页，收录时有所改动。

提及无人机的上帝视角时，通常指的是后者。

在《圣经》中散落于故事和箴言中有关上帝的隐喻，包括眼睛、伊甸园、道路、羔羊等都是直接喻体，隐喻建立于过去教徒熟悉的牧耕生活场景中，有助于教义的吸收和理解。为这一隐喻提供直接意象的是基督教的"上帝之眼"（Eye of the God），又被称为"全视之眼"（All-seeing Eye），宗教图案中它经常代表着神注视人类行为的法眼。笔者经过查阅后发现，基督教的《圣经》多处提及的眼睛仅指信徒的眼睛，"上帝的眼睛"或"上帝之眼"均未明确提及。此外，《旧约》也缺乏对上帝的外貌、体态的描绘，通常的一种解释是犹太人认为图画偶像会亵渎神祇而对此有所忌讳。至文艺复兴时期，表现上帝形象的艺术作品大量涌现，上帝形象被符号化为无所不在的视觉器官——眼睛，体现为神对人类的监察。宗教生活的渗透令上帝之眼成为被普遍接受的宗教隐喻，用以描述上帝的无处不在、洞悉万物、知晓一切的宗教教义，"上帝视角"的隐喻则依附于这一宗教隐喻。

如果说受众观看无人机所拍摄的镜头，感觉自我化身为"上帝之眼"的话，这种隐喻的迅速生成必然因为本体和喻体间存在着某种相似性，让人产生思维联想。那么，为何无人机拍摄的影像特质提供了联想的触发点？

首先，无人机自由飞行是对物理重力模式的突破，打破了人类原本低平的角度，具有视觉独特性。它飞行时借助硬件设施模仿人们习惯的视觉语言，受众在无人机摄像头带领下，不仅实现了在任何地方的定点盘旋，也可轻松浏览拍摄区域的整体影像。镜头摆脱了传统飞行拍摄对运动方向和速度的限制，借助遥控飞行获取影像，在视觉广度上突破了摇臂拍摄视角过低的限制，通过机械与数码技术结合来完成影像拍摄。这种拍摄影像不同于航拍，航拍往往需要借助热气球、飞机或直升机，耗资不菲，这些传统的地理影像记录方式费时费力。无人机快速移动且多角度展现的无人机拍摄，优势显著，它可以无线操控，造价低廉，且在高度上填补了航拍的空缺。大疆无人机主要机型的飞行高度通常在 120 米以内，高配置可达 500 米，这一高度区间是直升机飞行或飞机航拍较少涉及的区域，它们普遍飞行高度远高于此区间。目前无人机的机型不断丰富,可以获得更大的拍摄高度与范围的稳定图像。还有一点值得一提,传统飞机航拍通常无法获得完整的起飞镜头,只能从飞行中的舷窗向外拍摄,画面遮挡多且画质不佳。无人机通过较低空飞行补充了这一高度画面空缺,而且获得了完整稳定的航拍画幅。

其次,无人机拍摄与"上帝视角"观看间有着心理感受的接近性。无人机起飞时会向上突然腾空而起,伴随机器发出的嗡鸣,受众视觉被带离地平线。它不需要一段时间的普通飞机滑行助力,而是直接向上飞升,从旁观者的视线看,它仿佛东方神话传说中神仙们的原地飞升。这种镜头特质造就了无人机在上升过程中,通过前中后多重景观的上升拍摄效果,形成最具代表性的无人机镜头。观众可以借助镜头腾空,迅速摆脱新闻事件、庆典仪式拥挤的现场,获得在高处对事件规模、动向的整体观感。无人机还可以随时随地空中悬浮,尾随主体的拍摄,也可以忽上忽下、忽前忽后造就自由视点,或是连绵不断地拍摄中远景镜头,介于航拍和摇摆臂之间的高度,但更为自由。

最后,也是最重要的一点,无人机拍摄改变了"推拉摇移"的传统视觉语言,形成了一种连绵不断飞行的视觉感受。传统的推拉镜头与无人机拍摄的效果不同,一种是纯粹的物理变化,另一种则以受众视点,从观看者的轻松姿态向前推进,以主体向客体融入的态势改变对事实的认知。"上帝视角"提供了前所未有的感知世界的维度,这是受众迷恋这种镜头的主要原因。

二、视觉感官:隐喻的桥梁

新的视觉呈现方式带来全新的体验,依托技术开辟的想象空间,提供了人类视觉和头脑的兴奋点。上帝视角并非指上帝目光所及,其真实意涵是在技术的帮助下,观看者拥有等同上帝的视角,成为新的上帝。但这种隐喻缘何触发?克拉克(H. H. Clark)认为,人类的知觉特性与身体构造决定了我们同环境互动的方式及所获得的感知经

21

验，而隐喻映射正是建立于此经验基础之上。[①] 视觉在身体感官的信息接收中起着重要的作用。鲁道夫·阿恩海姆（Rudolf Arnheim）认为："视觉感知外物的方式与外部事物的存在方式是一致的。"[②]无人机所拍摄的高空超越以往人们所感知的范围，打开了由普通视角和观看方式的视觉体验所局限的视野，以及依靠日常视觉感受很难传递出视频拍摄中具体而丰富的视角。无人机的上帝视角增添了视觉认知的方式，提供了过去新闻缺乏的维度。操作者获得了更多观察世界的方式，可以全方位地感知世界，获得更丰富的拍摄视角，拓展了新的视觉经验。

隐喻系统的建立通常来自观看者对上帝视角的直观描述，它建立于视觉受冲击后的无意识心象之上，也常表现为某一照片、形象及其相关想象的广泛复制和传播。微信启动页面一度受到广泛称赞，其前景是一个背对观众的小人，背景是巨大的地球，寓意是宇宙自然前渺小的人类。其背景照片素材来自 NASA 在全世界范围公开的第一张完整的地球照片，名为"蓝色弹珠"（The Blue Marble），它是人类第一次从太空中看到的地球全貌，是 1972 年宇航员杰克·施密特（Jack Schmitt）在宇宙飞船上拍摄的地球照片。美国国家航空航天局官方对这张照片的说明如下："这是从正前往月球的阿波罗 17 号上看到的地球。这张照片涵盖了从地中海地区到南极洲的冰冠，是首次在阿波罗计划的轨道里拍摄到南极的冰冠模样。南半球当时正被厚厚的云层所覆盖，但同时差不多整个非洲大陆都可见。在非洲大陆的东北边缘是阿拉伯半岛。而离开了非洲大陆沿岸的大岛则是马达加斯加。至于亚洲大陆则位于东北地平线部分。"[③]照片展现出几十年前令观众感到视觉惊奇的内容，地球像是一颗湛蓝色的弹珠，显示出我们从未

---

① Clark, H. H. Space, time, semantics, and the child. In T. E. Moore（Ed.）. Cognitive development and the acquisition of language. New York: Academic Press, 1973: 27-63.

② 鲁道夫·阿恩海姆：《艺术与视觉》，滕守尧、朱疆源译，四川人民出版社 2001 年版，第 92 页。

③ NASA 网站相关介绍见：https://solarsystem.nasa.gov/resources/15849/the-blue-marble/，引用时间 2021-10-07。

感知过的、难以置信的美丽。外太空拍摄所提供的地球整体视觉呈现，我们无法在日常生活中获得，这种在外太空反观所居住的地球的机会只有航天员才可能有。但通过这张被广泛传播的照片，每个人都能感受到非寻常视角带来的震撼。《如何观看世界》一书更直接以蓝色弹珠为开头，讨论了"蓝色弹珠"的丰富意涵和历史演变，并指出，这是从特定观察点看到的"大同世界"，我们通过"蓝色弹珠"照片，才得知地球的样子。①

图 1.1　NASA 公布的"蓝色弹珠"照片

当人们从极高处俯视时产生的心理学中的"总观效应"（Overview Effect）可以提供受众痴迷的初步阐释。② 据称记者弗兰克·怀特（Frank White）在报道中首次提出这个术语，他采访了许多航天员后发现，他们离开地球，回看这个蓝色星体时经历了一种真正的革新体

---

①　尼古拉斯·米尔佐夫：《如何观看世界》，徐达艳译，上海文艺出版社 2017 年版，前言第 5 页。

②　但"总观效应"是否真实存在，有人提出了质疑，更有人在分析了所有相关的采访稿和档案后，认为这折射出了美国在冷战时期统领空中的武力企图，具有明显的意识形态色彩。这一特殊的视觉现象产生于美苏争霸时期，难免被用来炫耀和恐吓对方。

验,其中包含了好奇、惊讶,与自然融为一体的超越感和宇宙情谊。①航天员的心理描绘包含了一种来自传统的宗教情感,其认为自身接近了上帝观察万物的视角。从普通人难以亲眼观看的太空视角拍摄,会形成一种奇幻的视觉大片。2021年日本东京奥运会闭幕式上播放的巴黎美轮美奂的8分钟表演,出现了一个在失重状态下吹小号的男人,背景就是外太空。这一段时空被抽离的寂静唯美的表演,展现了法国无比浪漫的特质,获得一致好评。

我们还想提出另一幅画面。北京时间2021年8月20日14时33分,神舟十二号航天员聂海胜、刘伯明的空间站阶段第二次航天员出舱活动取得圆满成功。最引发人们关注的是聂海胜借助天地协同,站在太空的机械臂上与地球的一张合影,视觉奇观很快与爱国情绪、民族主义意识形态关联,被视觉震撼的网友盛赞:"厉害了我的国!""中国航天员威武霸气!"我们可以发现视觉研究对象既包括我们观看的对象,还包括我们的文化心理模式和民族主义色彩的覆盖。令人惊奇的视觉影像会创造一种重现新奇感觉的视觉模型。"蓝色弹珠"作为流传最广的地球的远景照片,它必须由离开地球的人类在太空拍摄并发回地球。而这种构图和视觉模型会不断地被新加入的航天员自拍更进一步改造,航天员可以背对着地球,与人类的终极家园来张合影,还有什么比这个更激动人心呢?

视觉在人类感官系统发展中始终占据重要地位。历史上,哲学家柏拉图、康德都曾关注视听感官,并将视听感官享受与其审美理念加以关联讨论。具有神学背景的哲学家乔治·贝克莱(George Berkeley)在《视觉新论》和《人类知识原理》中提出了"存在即是被感知"。②视知觉研究巨擘阿恩海姆(Rudolf Arnheim)强调视觉思维对艺术创作、审美直觉的影响。③现象学大师梅洛-庞蒂(Maurice

---

① David B. Yaden and Jonathan Iwry et, The Overview Effect: Awe and Self-Transcendent Experience in Space Flight. Psychology of Consciousness: Theory, Research, and Practice, 2016, 3(1):1-11.

② 乔治·贝克莱:《人类知识原理》,关文运译,商务印书馆2010年版。

③ 鲁道夫·阿恩海姆:《艺术与视知觉》,滕守尧、朱疆源译,四川人民出版社2001年版。

Merleau-Ponty)支持这样的观点："世界就是我们感知的东西。"①在无人机新闻报道刚兴起时,对视觉奇观的兴奋甚至超越了对新闻内容的关注,脱离常态化视觉的"上帝视角"成为人类扩充对世界感知的新方式。在上帝视角的视频新闻中,通过机器操控的飞行视野,我们的身体被悬置,以虚无飘浮的状态观看四周,感受与世界万物的景象共存,找寻人与自然、世界万物的联系。

人类始终在追求脱离某种单一的观看视角,以及完全没有身体束缚的视觉可能。为此,通过无人机技术展示的对上帝视角的追求,其内在动力并非仅停留于视觉层面,还出于观看位置和身体运动的限制。通过无人机"上帝视角"的观看,观看者的身体消失了,他在观看画面的同时,以全视角的感受摆脱了传统的具体观察点,仿佛戴上了电影《指环王》中的"魔戒",获得了不可见性(invisibility),观看者因肉体消失,行动便不受约束。无人机带来了肉体的解放,人类摆脱了"沉重的肉身",借助这种拍摄景象,人们在身体参与情形下享受一种无拘束的视野变幻,而这种新奇的体验过去只存在于神话故事的想象空间中。"上帝视角"的隐喻源自媒体传达的仿真体验,这种视觉方式由低空飞行和拍摄技术在日常摄影中的结合共同完成,它形成的不同视角的视频是短视频时代的内容提供者的个体的想象与新奇视野的刺激物,从本质上更是媒体技术的象征物。

三、技术神话:隐喻的根源

当媒体呈现的感官体验并没有真实存在于日常经验中,却通过宗教中反复提及的非人类经验表达,这种技术隐喻的阐释应与"迷思"(myth)关联起来理解。尽管操控无人机拍摄是需要耗时学习的技术,但此技术拍摄提供的受众体验与独特的影像,带来的新式视觉反应,已经被广泛用于电影、电视与网络作品中,而非局限于某一种特定媒介形式。我们可以将无人机技术视为媒介技术上的小革新,或者是被吸纳至传播的新技术。

25

---

①　梅洛·庞蒂:《知觉现象学》,姜志辉译,商务印书馆2001年版,第266-309页。

传播技术很容易取悦我们，不仅因为它由我们创造，更是因为它满足我们的迷思。在日常生活中我们会发现，无论是媒体、政府、专家学者还是普通人，都对新媒体技术有一种盲目的崇拜。因人类技术进步所带来的过分乐观的"迷思"，可以上溯到工业社会以来文化赋予现代机械和工程技术的一种象征性的神圣力量。这种对技术的满足不仅表现为人们对运输工具如汽车、火车、飞机的迷恋，甚至产生了蒸汽朋克、太空探索的电子小组等特定的科技和技术迷。他们认为西方的先进性取决于对科学技术的崇敬，技术可理解和改造自然界，技术引发了人们的神圣感和好奇心。人们不断追求媒介技术的极致，媒介技术的象征性力量伴随着媒体的生产和再生产，最终扩散到社会的每一个角落。

当技术成为人类社会发展的动力，并许诺提供更为舒适便捷的生活时，新技术与商业结合的产品总是以宗教仪式进行宣传。这从新产品发布会现场的许多细节可以一窥踪迹。许多发布会现场整体布置成类似教堂仪式的祭坛，CEO或产品设计师展示产品时犹如布道，宣称会让受众拥有神迹般的使用体验，酷炫的技术发布引导受众对新技术的惊叹。科学主义崇尚数字化的未来，坚信传播新科技是人类自旧石器时代以降线性发展积累的社会结果，而人文主义崇拜技术所提供的文化发展，将媒体技术视为扩展人类表达和交流能力的工具，这让我们所见的媒介历史充斥着各种技术神话。

技术产生的宗教感可以从对未知世界好奇，试图突破感知局限等深植于人类本性的心理来理解。无人机技术以原本并非人类视线企及的维度进行拍摄并制作成美轮美奂的大片。无人机视角产生的技术赋予的自由感知，是传统宗教中的神独有的。无人机技术满足了人们像神一样来去自由、上天入地的心愿。作为依靠各种技术生存发展的物种，技术迷思满足作为观看主体的我们，这是"上帝视角"为受众迷恋的心理因素。

相信技术可以解决人类未来发展的各种问题，持有技术崇拜论调者多为技术决定论的拥趸，这并非现代技术阶段才有的，技术迷思自古至今都存在。发展早期的普罗米修斯盗火不啻是一则技术神话隐喻,而引发的技术后果被喻为"潘多拉的盒子"。不只是西方,中国古代神话中流传的仓颉造字、嫘祖缫丝、神农尝百草、大禹治水都是技术突破的重大事件。神话传说是人类对未知世界担忧的积淀,它总是与传统宗教情感相关联,影响人们对技术的感知。伴随着征服自然和社会发展,人类所掌握的技术水平由低到高逐步提升,技术自现代化大工业生产获得突破,以开拓更好的物质生活条件。在我们所讨论的无人机隐喻案例中,传统的技术神话作为潜在的历史背景,承担起了隐喻本体和喻体的社会心理与文化桥梁。

通过对无人机"上帝视角"的分析,我们认为,在媒介隐喻研究中,以往的宗教心理影响和新技术惯有的迷思不可忽视。技术迷思包含了人类对未知的渴望,心灵探索和现代技术在这个隐喻中充分混合。

隐喻不仅是一种修辞表达,更应作为连接新旧知识的思维纽带。隐喻分析探讨"上帝视角"的技术内涵涉及技术实现带来的全新感知,以及对社会原有观看心理的突破。无人机的上帝视角拍摄形成了一种易辨识的视觉化影像风格,技术脱离了原有生存维度,获得了自我审视的高度,在日常观看中实现技术隐喻的转变,成为认识论的对象和新媒介认知的新出发点。无人机在视觉上的突破,不仅重新塑造了我们的观看方式,更重新创造了我们的自我意识。

第二节　重新被发现的感官历史

一、感官认知的历史

从婴儿时期开始,人类的日常生活感官经验就来自身体的触碰、吸吮、抚摸,并在经验中逐步累积,与外界的感官接触给予婴儿充分的安全感,有助于其形成自我认知与整体认知。在农耕文明时期,人们参与劳作、文字、歌唱、仪式的学习,社会文化与礼仪通过感官和经验代代相传,形成相对稳定的文化积淀。

在当代社会,因媒介技术对我们身体感官的"征用",自我主体性依靠日常生活中与媒介、与他人的互动不断体察构建，感官与媒介的融合已经越发显著。人类的视听与触觉的生物器官成为更多元的信息接收器，而媒介环境已不止于现代化过程中的声光电的刺激，而是全方位的、立体式的、沉浸式的感官包裹。感受外界事物刺激的器官包括眼、耳、鼻、舌、身和被视为感官中枢的大脑。感觉系统（sensory system）则更为复杂，它是物理世界与内心感受间的变换器，这些感受器、神经通路还包括大脑中与感觉知觉有关的部分。感觉系统是身体感官的综合，在日常生活中负有传递、交换信息的责任，比如嗅觉联合味觉系统，提醒人类对环境中的危险信息做出警觉反应。味觉系统和嗅觉系统一起，帮助我们品味美食，并产生愉悦的心情。眼睛则帮助我们了解距离、方位、层次、比例等的关系，它同时是人类获取信息最重要的渠道。

历史上凡是依靠个人经验传递的传统技艺，其教授主要依赖于个体的感官经验。譬如上古时期神话传说中的神农尝百草、明代李时珍《本草纲目》，都是依靠嗅觉和味觉来判断草药性质，传统的中医药理学正是依据古人感官经验的累积发展而来。《黄帝内经》中的经络是人们的感应通路系统，是人体结构的重要组成，但中医按摩提供的经络图只能依据医师经验代代相传，经络与民众的治疗效果共生，尽管它很难在西医解剖中得到确切的印证，却依靠指压、按摩、刮痧、针灸等手法与身体交流，成为调和身体阴阳五行的方式。中医的基本理念为身体穴位和经络，体外的中医疗法则依靠遍布全身的触觉体系完成，穴位与经络是节点通路，组成了经脉系统。

媒体赋予我们身体感官以新的功能。我们的时空感觉、日常观念的确立都依靠感官。媒介作为中介，连通着传与受双方。身体感官成为信息发出与传递的终端。在新媒体用户行为理论中，感官是一种受众信息终端，既可以扮演信息接收的终点，也可以进行信息上传。当我们还在印刷书籍时代，信息通过视觉感官对文字和图像吸收，在理解接受过程中，刻本、印刷物、小册子的文字描绘与精美插图充分调动了人们的想象力。作为技术中介的感官，既是生理的，也是心理的和认知的生物学工具，作为人类幼年时即开始接触自然与社会的途径，它具有重要意义。马克思的发展史观认为，技术将人类与动物区分开，人类使用技术获取生产资料，技术使人获得了一种区别于动物的能力，逐步形成技术化的人类社会。在技术训练与社会学习的过程中，感官深度参与我们对社会认知的建构。例如，我们划开 iPad 屏幕锁，或通过手指直接在屏幕书写，借助身体的触碰、声音的控制可以与周围环境交互，通过皮肤接触提供心跳、跑步数据给运动监测系统。人类感官被充分调用，参与我们的传播活动。文艺美学的复杂内涵被浅薄的接触替代。"视觉对触觉、味觉、嗅觉等的绝对优先性已经导致生命与身体的严重枯竭与冻结，使我们异化和沦落为单向度的人。"①

检视古典文献，可以梳理出受众的感官认知的基本脉络。前苏格拉底哲学代表人物巴门尼德截然分割了"真理之路和意见之路"；柏拉图认为人的感官不过是对理念的"分有"和"模仿"。在与希庇阿斯的对话中，柏拉图借苏格拉底之口提出，视听快感虽非美本身，却可通达于美。他把人类其他感官排除在美的讨论之外。② 康德沿袭了柏拉图的观念，他直接把审美的感官限定为"视听"。在他看来，味觉、嗅觉、触觉等感觉把人的注意力直接导向自己身体的快适感受，并因此让人对刺激物的"质料"本身进行判断；而视听官感，虽然可以影响人的快意，但因为指向不直接与人发生利害关系的外物，所以才可能"陈述一个对象或它的表象方式"，才可能参与"真正的鉴赏判断"。康德忽略其他"经验性感性判断"，仅对耳目之"纯粹的感性判断"进行审美思考。他把"作为外部感官印象"的第三种美的艺术——"感觉的美的游戏的艺术"，仅仅"划分为听觉和视觉这两种感觉的人造游戏"，而这与它们能"在审美判断中带来一种对形式的愉悦"不无关系。③

早期哲学家们将感官认知划归唯心主义领域，很少深度开掘感官的研究价值，这种情况直到英国近代经验主义哲学家的阐释后才得到改变。经验主义者约翰·洛克（John Locke）尝试区分"第一性的质"

---

① 魏家川：《从触觉看感官等级制与审美文化逻辑》，《文艺研究》2009 年第 9 期，第174 页。

② 柏拉图：《柏拉图全集》，王晓朝译，人民出版社 2003 年版。

③ 康德：《判断力批判》，邓晓芒译，人民出版社 2002 年版。

（primary qualities）和"第二性的质"（secondary qualities），指出"原始性质"的事物的外延和"附着性质"的主观感觉并不一定重合，"第二性的质"让我们的感官产生判断和感知的能力。[①] 哲学家乔治·贝克莱（George Berkeley）则继续发展了洛克将事物与感知分离的观念，并将一切感知作为其哲学基础。在《视觉新论》和之后的《人类知识原理》中，他完善了自己的"存在即是被感知"的观念，更提出具有发展观色彩的"物体是观念的集合"，将个人的感知理论嵌入其哲学系统。贝克莱的观点为大卫·休谟（David Hume）部分继承，休谟的不可知论并不是否定感官的作用，恰恰相反，他极其强调感知与认知。他认为感知先于认知存在，人类知识不可能凭空而来，获得知识必然要通过感官，而感知和认知相互影响、不可分离。在他的观念中，认知并非与其对应的感知的结果，我们的复杂感知与复杂认知具备极大相似性，但这并非说两者完全相同，前者是后者完全的对照与反映。不管怎么样，我们的认知总是可以找到与其相对应的感知，或者我们的感知没有与其相应的认知。[②]

现象学巨擘埃德蒙德·胡塞尔（Edmund Husserl）主张回归事物本身，不以感官经验作为求取知识的途径。虽然他对现象学本身没有做出准确的解释，但在操作上给出了明确要求，对事物要求找寻特殊的普遍本质，并要求摆脱感官的偏见，分析核心事物间普遍的本质，感官在其认知中的地位被降低了。[③] 马克思则将感觉器官与人类认识论的历史相结合，在《1844年经济学哲学手稿》中他强调："人的感觉、感觉的韧性，都只是由于它的对象的存在，由于人化的自然界，才产生出来的。五官感觉的形成是以往全部世界历史的产物。"马克思还指出："除了直接的器官之外，人还以社会的形式形成社会的器官。例如，同他人直接交往的活动等，成为我的生命表现的器官和对人的生命的一种占有方式。"马克思从感官、感觉和精神对立的根源指出生产实践和交往的不够发达导致劳动的异化，将体力劳动和脑力劳动截然区分

---

① 约翰·洛克：《论人类的认识》，胡景钊译，上海世纪出版股份有限公司2017年版。
② 大卫·休谟：《人类理智研究》，周晓亮译，中国法制出版社2011年版。
③ 胡塞尔：《胡塞尔著作集》，李幼蒸译，中国人民大学出版社2019年版。

开,指出:"只要人对自然界的感觉,自然界的人的感觉,因而也是人的自然的感觉还没有被人本身的劳动创造出来,那么感觉和精神之间的抽象的敌对就是必然的。"①

值得注意的是,感官被视为脱离人类身体的组成部分,与我们对世界的观察、体验和感受结合在一起,这包含了对人类生理、心理的自我认知的深化。哲学家尼采将对感官的关注上升到哲学高度,在《权力意志》中他曾经说过:"哲学对感官的敌意是人最大的荒唐。"尼采继承了叔本华对于意志的概念,他希望能够给予人完整的面貌,而不是使理性的思维凌驾于所有哲学之上,更不希望理性至上影响到活生生的个人。在大多数哲学都在蔑视感官对于人的意义时,尼采坚持把塑造完整的个人追求作为原则,因为意志包含的不仅仅是理性,而是人的全部思维能力。②

近年心理学对感官的研究关联着人工智能、人机互动的讨论。感官关于视知觉的研究在争议中前行,大量的实验获得的结果也在不断更新人们对自身的理解。知觉是通过光学排列和光学流动直接和真实的现实体验,这是詹姆斯·吉布森(James Gibson)的核心观念,知觉的机制既不是神经现象,也不是认知过程,而是以错误和人工的假设为基础的。这种直接知觉理论成为吉布森对贝克莱的全新回答。世界就在那里,在我们之外独立地存在着,当我们在环境中移动时,我们以连续变化的形式看见事物,而我们会体验到事物的连续性、真实感,且不依赖我们作为观察者而存在,其他的所有动物亦是如此。只有哲学家们才会去怀疑世界不是我们看上去的样子。吉布森的视知觉理论因而大胆突破了原本的视觉研究,将生理认知、心理反应与认识论全面贯通。③

西方的感官认知代表了一种与东方迥异的解释世界的体系或方

---

① 马克思:《1844年经济学哲学手稿》,中共中央马克思恩格斯列宁斯大林著作编译局编译,人民出版社2018年版。

② 尼采:《权力意志》,孙周兴译,上海人民出版社2020年版。

③ James J. Gibson. The Ecological Approach to Visual Perception. New York: Psychology Press,2015.

法。在东方，感官除了作为认知的重要途径，还与人们的日常感受、生命认知与审美体验紧密相连。中国古代哲人对感官与认知、审美体验进行了充分的阐释，尤其强调通过感官连接个体与自然万物，"天人合一"的感官审美与生命体验构筑了中国几千年文化的核心。中国传统哲学中人与天地万物一体，都属于一个大生命世界，这与儒家学派的"天人合一"观念相吻合。孟子的"亲亲而仁民，仁民而爱物"，北宋张载的"民吾同胞，物吾与也"，理学家程颐的"人与天地一物也"和朱熹的"天地万物本吾一体"都在表达人与万物是平等和谐的美学理想，折射出李白"相看两不厌，唯有敬亭山"的物我相望、物我相忘的境界，一种主体与客体边界消融的纯粹审美世界。这种全息的、与周围交融的审美与生命体验，强调的是欣赏者对待外部世界的内心体验，主客体的边界不存在，感官也不存在，但也可以说身体感官能感知和融入环境，与宇宙万物合为一体。

在古代文人士大夫的曲词歌赋中，对日常生活的感官体验亦有相当多记录。追求美味的苏东坡写下"日啖荔枝三百颗，不辞长做岭南人"，持"凡物各有先天，如人各有资禀"的袁枚认为"食饮虽微，而吾于忠恕之道，则已尽矣"①，他们都注重记录日常生活的雅趣，将感官体验与闲暇游记结合，于学问、交游中体现出日常美学追求。南宋时期文人雅趣将茶道、香道、花道发展到顶峰，显示出优雅的审美意蕴，这种聚会也是文人们感官体验与审美品位的大测试，赋予了生活极高的美学价值。

二、感官的等级

人类感官在媒介发展的历史中是否发展出了等级差异？有学者认为存在着视觉中心主义或视觉等级霸权，对这种说法可以具体加以分析。

首先，视听媒介的崛起于 20 世纪 50 年代，并不是说相关的发明始于这一时期，事实上，留声机等早期小机械的发明时间远早于此。

---

① 袁枚：《随园食单》，江苏古籍出版社 2000 年版，序第 2 页。

电子时代的电视与广播技术将人类从印刷书写文明一下子推进到视听时代。电视带来的视觉冲击是前所未有的，它曾经以屏幕这一载体压缩了时空，将巴黎圣母院的玻璃浮雕、埃及金字塔及所有与人类历史密切相关的文化古迹——这些震撼的奇观被压缩在影像作品中，集中呈现在观众面前。通过蒙太奇的镜头组接找到了电影的表达与视觉的冲击力的实现途径。全球可收看的实况转播实现"媒介事件"仪式化的共享。如果把整个人类历史压缩为一部视觉奇观追化手法拍摄的历史，这应该是一部好莱坞风格的、快速闪动的、激动人心的历史。

其次，这可能是视觉研究被过度发掘、其他领域被忽略的折射。[①]人类身体感官的秩序因媒介的技术变迁而发生改变，上古时期听到的歌谣、格萨尔王的史诗都以口口相传的方式流传，古老的宗教仪式、旷野的民间歌唱、少数民族的婚丧嫁娶中的歌声都具有重要的地位。随着传播即时性与空间延展性获得的扩充，技术通过感官深刻影响人类的主体认知，影响人类与媒介的关系。爬梳媒介发展的历史，从口头传播到文字传播、电子媒介时代和互联网时代构建了我们对媒介形态的感知。不同的媒介状态对人体感官的介入有显著的差别，而传播时间、空间和效果也有巨大的差异。例如，在上古时代以口头传播胜出的巫师、古希腊的行吟诗人都拥有出色记忆和口语表达能力，尽管《荷马史诗》《希腊神话》《西游记》实现了向文学作品的传播，但吟唱并不适合在文字传播时代传播，其音调的高低婉转、声音的个人特色、临场发挥的魅力在文字转化后很难被充分意会。

最后，从人的生理结构来看，听力和视觉始终完全不平衡。大多数人面对视觉冲击时，大脑会从视觉方面首先接收信息，几乎完全忽视其他感官。信息获取的渠道一旦多元化，呈现的丰富性就成为争夺

---

① 视听媒介占据主流媒体时，视觉信息的接收也远超听觉，这与人天生的生理构造有关，视觉接收信息的丰富远超听觉。视觉研究方向在艺术、传播与历史学的交叉领域积极开拓，呈现两种主要的研究取向，一条路径是对视觉行为发生机制的研究，包括视觉现代化的史学与传播学进行讨论，以及近年基特勒等学者从媒介技术史开始对光学系统的发明过程与视觉效果讨论。另一条路径是继贡布里希开掘的绘画视知觉讨论后，从心理学、视觉与美学多角度长期的持续讨论。

注意力的主要因素。① 现代化媒介对视听官能的过度强调与普遍认同产生了感官表面的等级化。也正是在这一层意义上，视觉与听觉长期的媒介"霸权"的兴起遮蔽了遥远的"触觉中心主义"。即使是在新媒体时代，触觉开始被普遍用于手机、iPad 等移动终端中，但与我们日常生活中丰富的触觉感受相比，其仍停留于触屏的肤浅层面。

第三节　媒介形态演变中的感官认知

媒介感官可视为一种媒介技术介入个体的社会参与的建构过程。在通常意义上，感官是认识和了解世界的方式，技术征用我们的感官，让我们在获得资讯便利之后被规训，感官与媒介的关系依靠技术创造的传播通道联结。感官体验的落脚点是所有技术需要实现的生物基础。这在日常生活中时刻得到印证。在广播电视等大众媒体时代，人们全神贯注地紧盯着屏幕，视听感官被虏获。随着受众大脑和主体控制意识的弱化，注意力被分散，受众的注意力变得稀缺。在互联网时代，先进的数字化、信息技术带来了生产力的革新，也将人原本的感官认知提到了重要的高度。社交媒体的全球流行敦促我们思考"在场"传播与我们身体的中介化。

视听确实因为大众媒介发展获得了前所未有的地位，视觉与听觉感官作用被突出放大，这符合电子时代扩音器喇叭和屏幕声波、图像的远距离传输带来的视听感官强化趋向。② 视觉和听觉结合，更容易引发审美、沉浸等心理体验。这是因为听觉系统和视觉系统

----

① 就个人经验而言，在笔者所教授的影视欣赏类课程中，大多数同学会只注意到故事情节的推进或是漂亮的画面，而事后完全回忆不起来刚才的影片中是否有配乐，能注意到配乐的同学通常对声音更为敏感，更有可能接受过音乐方面的训练。

② 现代性生活方式进入中国之后，感官冲击影响到了文学创作。在 20 世纪上半叶形成的新感觉派认为，第一次世界大战后物质文明迅速发展，人们要以视觉、听觉来认识世界和表现世界，即以感性认识论作为出发点，依靠直观来把握事物的表现，主张追求新的感觉和对事物的新的感受方法，然后再给现实做精美的加工。其中的代表作家有横光利一、刘呐鸥、穆时英和施蛰存等。

是人类信息接受渠道中最宽的渠道，而人们的主要信息来自视觉和听觉的接收器官，视觉和听觉可以实现时空的跨越，也可以造出模拟声像。

听觉研究近年围绕着声音与环境、声景概念、听觉媒介、音乐与声响展示主题。听觉的历史文化考古集中于几个特殊时期的媒介研究，并取得了一定突破，包括农村集体主义的高音喇叭、旧上海的战时广播研究等。[①] 听觉与空间研究集中于某些特殊的媒介空间的实践，如现代建筑设计、策展、音乐厅等公共空间对声音元素的关注。听觉媒介的物质性通过媒介史书写的"声音"得以重现。一种共同的理论认知是，听觉研究同时是视觉与空间、历史研究中的另一种补充呈现，它也可以展现人的身体、听觉器官及声音与技术的回溯等。

古人的传播思想本身就包含了对感知的看法，或者说，感知是一种交流的必要通道，而这未必代表着顺畅良好的沟通。对传播影响因素的讨论甚少，传播效果取决于主体的修养，更依赖受众双方的感悟力。出于文化原因，文人士大夫对"拈花微笑"的领悟被视为一种不必言说或言尽于此的意境。与媒介关联殊为密切的视觉、听觉和触觉系统，在媒介技术的介入作为接触媒介的物理和生物体，扮演着与外部交流的中介。

媒介在传统媒体环境中作为一种人类的扩充和延伸，感官扮演着接收信息、理解信息与技术的角色。新媒体环境为人体的感觉器官赋予了更多的功能，除了扮演与媒介接触、控制和接收信息的角色，还具备了传递数据、信息交互甚至情绪表达的种种功能。

技术必须通过感官作用于人的感知，但不同的媒介技术可能借助单一或多元的感官系统工作，这涉及技术与身体、练习过程中所需调动的休系的体察、感官与认知。一旦身体消失，传播便失去其生物学基础。技术与身体的问题有各种延伸的探索，包括技术存在论差异，身体技术对于人的超前性，以及两者在未来这个时间维度的构建方

---

① 季凌霄：《从"声景"思考传播：声音、空间与听觉感官文化》，《国际新闻界》2019 年第 3 期，第 24—41 页。

式。技术是一种在场与不在场的综合，由大堆不在场支配的身体技术与日常生活的技术组成。

人需要操控身体以获得技术，身体、工具和环境物质均成为技术的使用对象。乔纳森·克拉里(Jonathan Crary)在《观察者的技术：论十九世纪的视觉与现代性》中指出，17—18世纪建立在透视法基础上的暗箱模型"界定了内化的观察者之于外部世界的位置"[①]，而19世纪20年代以来，立体视镜便逐渐取代暗箱，开始位于那个时代的"哲学、科学、美学等各种话语，与机械技术、体制需求，以及社会经济发展动力彼此重迭的交叉点上"[②]。我们的感官与技术的进步是交织进行的。媒介的不断发展使我们的整个生存环境都媒介化、技术化了。技术不仅塑造了新的感知方式，而且与其他因素交互作用，形构了新的主体。新主体一方面体现出现代主义艺术中"身体化"的视觉表达，另一方面体现出在经济、政治维度中对身体的标准化和规训。我们的感觉经验不断被层出不穷的技术重塑，这产生的后果是我们快速遗忘传统的感知方式，被迫适应所处时代的新的感知方式。

人类感官使用与媒介技术关联的差异主要来自传播技术的局限性，味觉、嗅觉、触觉在信息传递中大多需要在同一场域中近距离传播才能实现，很少能发展为远距离或跨区域的传播。嗅觉处于被忽视的状态，但嗅觉的特质总是与人的长久记忆紧密挂钩，它可瞬间激发起多年前的场景回忆。中国人的美食闻名世界，美食强调味觉的作用，与地域文化、社会认同、礼仪习俗和社会心理密切关联。电视纪录片《舌尖上的中国》将味觉与视觉结合，提升了饮食的文化层面，将味觉转化为可供欣赏的美学影像。媒介的主体感受从来都是检视接受效果的标准，因为日常生活中味觉十分重要，却很难被媒介化，只能借助感官间的通感联袂传达。难以被调动的味觉系统在纪录片播放过程中通过视觉和听觉传递，通过色彩、声音和对日常经验的联想与回忆，

---

① 乔纳森·克拉里：《观察者的技术：论十九世纪的视觉与现代性》，蔡佩君译，华东师范大学出版社2017年版，第56页。

② 乔纳森·克拉里：《观察者的技术：论十九世纪的视觉与现代性》，蔡佩君译，华东师范大学出版社2017年版，第14页。

刺激观众的味蕾。

在自由主义与消费主义共同推动的商业化背景下,感官消费、感官经济、感官民族志和思想史脉络中的感官与认知版图不断拓展。经济学的感官体验是生产者透过感官提供愉悦、兴奋与满足的情绪,创造知觉体验,为产品增添附加价值。[①] 消费主义风潮鼓吹发现身体、重塑身体与装扮身体。例如,女性内衣品牌"维多利亚的秘密"大秀热度超高,通过挑选身材比例近乎完美且精心训练的超模,确立难以企及的女性身材审美标准,通过内衣时尚走秀,提供强烈的视觉刺激,加上社交新闻造势、明星加盟、歌舞表演,将整个秀场呈现为身体与感官的时尚审美风潮之地。

身体作为信息接收的生物基础,深入特有的生物体系中。从这一层意义讲,身体也不再是传统的、独立的外在存在,而是深植于一个巨大的网络之中,扮演着信息终端和数据输送端。作为信息的受体,身体也是思想、行动信号的发出体,是人与媒介接触最重要的实体。

身体的感官等级并非一成不变的,而是随着媒介技术发展而不断改变。视觉化的发展过程中,其他感官被压抑或者被忽视了,味觉、触觉、听觉等都极大地让位于视觉媒介的发展。在以往的感官等级制中,触觉几乎成为"肤浅"与"低级"的代名词。随着交互技术的深入发展,触觉研究作为感官中长期被忽视的部分,随着手机、平板电脑等移动终端的触屏技术的普遍使用而被更多地关注。伴随着虚拟技术的发展及手机等触屏的加入,一度被忽视的触觉被提升到了重要的位置,触觉操控逐步成为人类与媒介最密切的联系。触觉与屏幕密切关联,触屏成为人机交流最普遍的方式,触觉的重要性被重新认识。触觉感知可以增强消费者的购买愿望。正如苹果手机的出现,其精致且有高科技感的材质和表面处理工艺、简洁的外观设计,超越了过去十年的所有探索,上升到了全新的触觉体验高度。

触感与科技的结合不仅体现在笔记本电脑和移动手机的日常操

---

① Schmitt B. H. Experiential Marketing. Journal of Marketing Management,1999,15(1):53-67.

作中，还体现在各种专业化游戏设备和模拟器及各种穿戴设备上。这些产品紧贴人体肌肤，逐步形成了统一的用户使用习惯。iWatch 是成功应用多感官进行设计的著名的可穿戴产品之一，而这归功于它所搭载的触感引擎。它用触感来代替视觉或者音频的提醒通知，手表里的线性驱动器在手腕上触发温和的动作，结合 GPS 和健身、自行车或导航应用软件，手表用一系列的"轻触"动作向用户传递各种方向或路线的指引。目前有许多设计叠加于触摸系统之上，指纹、手势加入成为触屏与个人认证技术的一部分，各种触屏互动方式被各类艺术装置和会展广泛使用。出生于千禧年后的孩子看到屏幕就预设了它具备交互功能，他们总是用手指尝试点击或者用手左右划动屏幕，去打开新的页面。身体与媒介的互为适应，形成习惯是如此轻易，触屏技术令人们使用习惯从有意识动作到下意识行为，大概只花了几年时间。

第四节　本章小结

多伦多学派最知名的譬喻与中国式按摩产生了关联。扮演着先知角色的麦克卢汉是电视时代的学术巨星，他提出的"媒介即按摩"的隐喻，将人类的身体经验和感受作为喻体。保罗·莱文森在《数字麦克卢汉》中认为："对这个标题（媒介即信息）的议论大行其道，所以他禁不住来一点双关，把 message 改为 massage，并以此命名一本新书。在《把握今天》中，他又把 massage 拆开，写成'大众时代'（mass age）。"[①]麦克卢汉是文学背景出身，对文字敏感，喜欢玩文字游戏，他的作品总是灵光乍现，却又思维跳跃、晦涩难懂。"媒介即按摩"虽然是游戏之作，却有另一种深刻的隐喻，像是电视时代的媒介社会娱乐休闲的放松功能，身体器官的隐喻形塑了人们对电视时代社会影响的理解。

---

① 保罗·莱文森：《数字麦克卢汉》，何道宽译，北京师范大学出版社 2004 年版，第 100 页。

　　本章我们先从感官而非受众谈起，似乎有重视局部却忽视整体之嫌疑，但我们要意识到的是，当前的感官已不再被认为是个体的有限局部，或是大脑的传声筒。感官不仅扮演着认识和了解世界的桥梁，更成为技术中介接入人体的物理和生物基础，由此带来媒介技术作用于身体体验，以及商业化感官与媒介结合的思考。传播学研究的战场从以往备受关注的受众行为分析开始转向受众感官分析。媒体越来越注重感官研究，过去的受众行为、选择与注意力是否不再重要？为何感官突然被提到了一个如此重要的位置？对这些问题，本书都尝试给出更为明确的回答。

　　事实上，媒介技术带来的新可能性，给予人们一种全新的自我探索之路。人类视觉发展史同时也是一部学习如何去观看的历史，视觉观看方式又常常由媒介特质引发。当视听媒介兴起，人们接受光影拍摄时产生的视觉变化，视觉现代化逐渐影响人们的观看与思维。事实上，媒介的每一次进步都是对人类感官的一次全新冲击。对媒介来说，以往的观看方式会对新画面和角度的理解造成局限，突破、适应和转变需要漫长的适应期。技术的每一种进步都实现了对身体某种功能的突破，也可能带来一种新的身体感官隐喻。这种隐喻是一种互构，它通过媒介使用的感官体验重新构筑了我们的经验生活，在不知不觉中改变我们对世界的认知，打开一种新的认知路径。

　　感官扮演着人类与媒介的又一中介，由感官接收信息，并调和身体，与媒介一同扮演着物质与身体的异质性连接。在听觉、触觉加入之后，各类展览的沉浸式体验，身体与屏幕的互动提升了感官的全面性。媒介技术推动人们产生了新的知觉经验，技术的中介化持续塑造了感知、知觉、经验、意识与主体的变迁。在技术进步的过程中，呈现出一种显著的互动关系，即"技术的感官化"和"感官的技术化"几乎同时进行。斯蒂格勒则认为人的问题是技术（technics）或者科技问题，因为人是生物或活着的存在。技术学派在哲学上源远流长，感官与媒介的结合，一旦成功便是海德格尔的"解蔽"，技术之物不再呈现，成功的技术往往是不被关注的，而是成为身体或肉体的延伸。

　　感官研究通常强调人类生物意义所具备的感知：视觉、听觉、触觉、味觉、嗅觉和通感。这包含了两种常见的研究路径：一是通过对这些感知位置此消彼长的对比，发现与人类文化关联的特质，并推演出一些互为建构的结论。二是通过将感官与人类整体的、系统的信息接收特性相联系，弥补了以往研究割裂整体性的缺陷。也许将来我们会有更适合的隐喻对新的媒介感官予以描述。

第二章 媒介化城市:观看与感知空间

第一节 媒介化的城市环境

城市研究作为受各方关注的多学科交叉领域,经不同学科发掘后呈现出多种面向。人文地理学者将城市视为人类行为活动的物理空间;城市传播研究者则将其视为媒介化的社会实践之地;而在城市社会学者的眼中,它又是政府权力与社会力量彼此争夺之所。现代城市是媒介技术使用广泛且媒介组织高度集中的空间,个体日常生活与媒介环境的互动极为频繁。新技术渗透下的媒介发展路径颠覆了大众传播时代的思维模式,也脱离了传统意义上的大众传媒的传播方式,成为杂糅了媒体性质的全新物质形态。随着人类迈入广泛的移动性、交互性和沉浸式世界,媒介从中介变成了与各种原有物质结合的媒介化物质,已不再需要借助传播载体,而是可以随时附着于灯光闪烁的高层建筑、地铁沿线黝黑的外墙,借助感应器、投影仪与四周互动,将环境转化为媒介。

都市的物理空间体现在独立的个体中,也体现在系统中。它是人的观察对象,附着于其上的媒介空间更是被讨论的对象。众所周知,从 20 世纪 70 年代开始,从人文社科和哲学发端,出现了空间转向(spacial turn)。空间理论是相对松散的社会科学理论,其根源是 19

世纪工业革命后都市产生的一系列聚集的问题。在很长时间内，都市空间的建立都聚焦于解决城市发展过程中产生的矛盾。在马克思主义城市社会学派大力推动下，空间研究体现出三种路径：第一种是个体在其中运用媒介创造日常生活实践与经验的空间；第二种是实体性的空间，包括城市、区域及跨国等层面的空间；第三种是列斐伏尔意义上的生产社会关系的空间。本章主要集中于实体性空间的讨论，也涉及人们在空间中的媒介使用方式。

媒介化城市是媒介化对社会的影响的大背景下产生的结果。欧美传播学界近年热烈讨论的媒介化问题突出体现在媒介变迁维度，当代不断增长的媒介影响带来了社会形态、文化机制与互动模式的改变。在大众传媒时代，媒体依附于社会的主导性框架，虽然被称为"第四权力"，实质上缺乏独立性的文化机构，媒介化过程中真正形塑文化和社会行动的力量十分有限。社交化媒体的全球流行及互联网技术发生的传播变革，让移动性、数据化、流动性、物质性成为普遍的传播特质，智能化的新媒体、数字化对社会不同机构与层面的渗透，使媒介与社会的融入情形更为复杂。但媒介化强调的社会形塑的理论预设和基本立场也遭遇了各种批评，因为这可能暗示着社会的线性发展，以及由此推论的，技术可能成为最重要的甚至是单一的动力，从而走向技术决定论的窠臼。

本章我们的关键词是城市、观看与身体感知，这三者将贯穿整个城市传播的案例研究，既包括漫游体验，又包含了户外空间的观看，以及室内空间的视线安排。前一章我们将视觉作为感官系统的组成进行思考，而城市传播与视觉有着天然的关联。当这种观看需要借助媒介完成时，媒介就参与了新的观看方式、观看工具和观看对象的形塑。

以往视觉神经学家通过大量研究告诉我们，视网膜的成像反映到人脑，将视觉与判断相联系，观看是必须亲自体验的神经系统活动。尽管现代技术实现了远距离的虚拟观看，但图像最终仍然是落在观看者的视网膜和各种神经末梢，再传到大脑。一个值得注意的变化是，当前生物学、神经科学、社会学研究开始融合。在设计方面，媒介化环境设计强调整体的感知而非传统的单一视觉刺激。人类更倾向于被看作以同理心连接的公共的、社会性的物种，人类自婴幼儿时期开始，"如何观看"就成为学习的一部分，我们所见之物生成了我们的经验系统，部分集合于知识系统之中，甚至促成我们世界观的形成。孩子作为教育学、认知科学研究的重点对象，他们的学习方式和生活具有重要的研究价值。专家发现，孩子在长期学习过程中的表现，显示出他们需要学习"看"，并接受观看背后的复杂文化意义。

现在，个体感受对象已经从传统的物转化为与环境相结合的新媒体，尤其是具身认知（embodied cognition）的兴起，将身体和思维结合为一整套完整的系统。这种媒介的观看与以往人类的观看经验相比发生了何种变化，是我们想了解的首要问题。

我国传统文化中强调主体与自然交融的全息式观看，以求得内心与环境的交融。中国古代思想家认为，自然界是一个大生命世界，天地万物都有活泼生机，人们在观赏中体验到人与万物一体的境界，从而得到极大的精神愉悦。李白的"相看两不厌，只有敬亭山"有一种独坐群山之间，心中无事、眼中无人，与敬亭山彼此相对的观感。北宋理学家程颢喜欢养鱼，认为"欲观万物自得意"；周敦颐喜欢通过"绿满窗前草不除"来"观天地生物气象"。从美学角度理解，将环境的身体体验与视觉对象在观看中形成内心联结，达到主体与客体的完满，是心灵净化与个体重塑的过程。物质世界有人参与其中，也因为人的存在，世界得以开显，物得以呈现，世界在人的观看中与人相遇。这种"观"早已不是静态的物的再现，而是人与物的相互观看与内心体验，因此原本的观看主体、客体和行动的区分因涉及想象、体验、感情的调动而变得更为复杂。

我们可以从艺术史对视觉的研究成果中获得启示。新艺术史强调观看艺术的美感体验并非完全自然，而是受到文化的极大影响，对艺术的体验属于社会结构的一部分，是诠释作品时必须论及的生成与接受的环境因素。视觉文化研究的风潮的兴起源于 20 世纪 90 年代美国学者米切尔（Mitchell）提出的"图像转向"（pictorial turn），其背景是 20 世纪后期哲学、史学、艺术学必须面对与处理大量图像问题的困难，米切尔呼吁图像研究视图像为介于视觉、机械、论述、身体与形态间交互作用的复杂结果，解读图像不能只以文本的形式来理解，社会与政治面向均牵涉其中。他将风景视为文化力量的工具，也是创建国家和社会认同感的核心工具，这形成了研究方向的突破。通过跨文化、跨地域、跨学科的学术交流，人们会发现风景流通的方式、风景如何成为交换媒介、视觉如何占有地点、身份如何形成焦点成为有价值的讨论话题。① 因此，观看在文化领域已脱离了简单的视觉动作层面，发展成为艺术史、哲学、现象学、心理学共同牵涉其中的交叉领域。

"图像转向"之后的 20 世纪 90 年代下半叶，"视觉文化"作为一个新兴研究领域备受关注，某种程度上艺术史成为视觉投射的边缘化的注解。在更早些时候，20 世纪 80 年代，艺术哲学家阿瑟·丹托（Arthur Danto）和艺术史学家汉斯·贝尔廷（Hans Belting）提出重新思索艺术与艺术史内涵的呼吁。贝尔廷的《艺术史的终结？：当代西方艺术史哲学文选》质疑自文艺复兴以降的艺术史传统研究方法与史观，主张必须有新的艺术史书写以因应现代主义之后的艺术与文化景况。② 阿瑟·丹托的"艺术终结论"则从哲学视野出发，认为 20 世纪 60 年代后艺术风貌的巨大改变使以传统美学看待艺术的观点不再适用，现代艺术和日常用品的界限变得模糊。这些呼声已获得艺术史学界的重视与认同，晚近的研究成果显示出，艺术史与文化研究、视觉研究等领域开始交汇。

作为主体性视觉行动的"观看"被重复论述，并在艺术史和艺术欣赏领域取得了令人瞩目的成果。约翰·伯格（John Berger）通过对观看的解惑帮助受众欣赏艺术，正式确立了观看的地位，并证明观看事物的方式总是受到原有知识和信仰影响。③ 而美术史专家巫鸿近年在历史领域中试图通过物质、空间与视觉领域的交融找寻突破口。他认为视觉文化不单单指所有制作出来以供观看的事物之和，比如绘画、电影。视觉文化不只是那些可见之物，还包括不可见或者被排除在视

---

① W. J. T. 米切尔编：《风景与权力》，杨丽、万信琼译，译林出版社 2014 年版。

② 汉斯·贝尔廷等：《艺术史的终结？：当代西方艺术史哲学文选》，常宁生译，中国人民大学出版社 2004 年版。

③ 约翰·伯格：《观看之道》，戴行钺译，广西师范大学出版社 2015 年版。

野之外的事物。^①巫鸿将目光转向故宫空间摆放、书画的画框、镜框、各类媒材等以往研究中忽视的对象，其案例解析常常有令人耳目一新的感受。

美国艺术史家、视觉艺术、电影、摄影研究专家乔纳森·克拉里 (Joanthan Crary)有系列关于"观看"的研究。他在《知觉的悬置：注意力、景观与现代文化》中考察了现代注意力的悖论性质，一方面，它是个人自由、创造力与经验的根本条件；另一方面，它又是经济及规训体制有效发挥效力的核心因素。^②克拉里论证了我们有意识地观看或聆听的方式，来自人类知觉性质的关键性演变，这一演变可以追溯到19世纪下半叶。那时绘画艺术的发展卷进了欧洲视觉机制的深刻变革。他在《观察者的技术》一书中以媒介考古为路径考察视觉现代性之发生。克拉里考察了历史上的暗箱、立体视镜等光学仪器，并将其置于各种话语、机械技术、体制需求，以及社会经济动力彼此重叠的交叉点上，讨论作为知识与权力之场域的光学设计如何作用于个人身体，从而令作为新型主体的观察者得以产生。从视觉考古学出发，他指出，现代主义所呈现的断裂，并不是崭新的事物。现代主义的出现与发展，其实是由更庞大而具有统一规范性的视觉模式所牵引派生的。^③

近年视觉与现代性的关联研究的成果，令人信服地说明视觉与现代媒介形式的变化存在着密切关联。沿着视觉工具和观看方式对主体性加以塑造的路径，彭丽君探讨了19世纪80年代至20世纪30年代这一动荡历史时期，中国市民主体与新兴视觉文化的相互碰撞中观看自身的多重方式。书中广泛涉及了印刷术、摄影、广告、电影与戏曲表演等一系列媒体，同时也视其为视觉形式。市民积极投入并享受这些视觉文化，它们由新兴、刺激与时尚等抽象和短暂的观念组成。彭丽君不仅将视觉作为一种现代性看待，还将其拓展和转换成凝视与观

45

---

① 巫鸿：《"空间"的美术史》，钱文逸译，上海人民出版社2017年版，第7-12页。

② 乔纳森·克拉里：《知觉的悬置：注意力、景观与现代文化》，沈语冰、贺玉高译，南京：江苏凤凰美术出版社2017年版。

③ 乔纳森·克拉里：《观察者的技术》，蔡佩君译，华东师范大学出版社2017年版。

看的本土文化塑形。① 连玲玲对新中国成立前上海女性对百货商店展开讨论，指出百货商店的橱窗形塑了现代女性，她们在流连观看中获得了时尚资讯与自我认知，从而开启了一种现代性生活。连玲玲把握了百货公司橱窗代表着上海繁华的幻象这一核心，并由此描绘其如何产生了"欲望的民主化"的效果。② 葛凯（Karl Gerth）探讨了中国现代的国货运动和反帝抵货运动，也涉及了女性发型和服装、商品展览会、爱国企业家形象的塑造等消费文化的诸多方面，显示出民族主义怎样将商品区分成"中国的"和"外国的"，消费者又是怎样被提倡"买中国货"的，从而将消费文化转变成一种民族性概念。他关注到1928年展览会建立的民族主义视觉认知问题，并进行了深入讨论。③ 视觉现代性形成伴随着现代大众视听媒介的发展，近年历史研究、传播史研究范畴从较为狭窄的报刊史扩大到对现代化过程中各种视觉文化，月份牌、海报、百货橱窗、广告等媒介形态的全面考察，试图恢复以往的视觉景观，并在视觉现代化背景下，为研究丰富性提供了更多史料，展示了媒介阐释的新可能。

第二节　都市漫游：流动中的观看与体验

　　漫游是许多哲学家观察城市、形成个人哲理思考的方式。感官与都市的关联在名人游记中随处可见。近代视觉性问题因大量媒介景观生成变得迫切，更与现代性紧密交缠。瓦尔特·本雅明（Walter Benjamin）在巴黎、柏林两地的城市游记中书写了他的观看体验，他浏览人类文明的场所，尤其关注桥梁、骑楼、公园等人造景观，捕捉记忆和现实中的感官体验，回忆过去的生活。在他的感觉书写中，观众的

---

　　① 彭丽君：《哈哈镜：中国视觉现代性》，张春田、黄芷敏译，上海书店出版社2013年版。

　　② 连玲玲：《打造消费天堂：百货公司与近代上海城市文化》，社会科学文献出版社2018年版。

　　③ 葛凯：《制造中国：消费文化与民族国家的创建》，黄振萍译，北京大学出版社2007年版。

视线被引导，观看的内容被逐步展示。主体意识体现出"场景式"的氛围，多少由于本雅明对尺度、气氛、光线异常敏感。他的哲学观念与建筑、城市发生了关联。他行文流畅，夹叙夹议，从城市空间的敏锐内省中提炼了对城市空间与建筑的洞察，即使是在今天，这些对建筑师和城市研究者仍有哲学理念方面的启示。[①]

旅游作为一种现代交通与休闲产业推动的短期流动现象，一直受到旅游学和休闲产业的普遍关注，招牌景点、景观符号、游客体验都成为旅行中的必备组成。作为一种脱离常规生活的休闲活动，旅游产业创造了一系列供游客凝视的符号，游客们一路收集着这些符号的照片、文字、物品，通过媒介化参与，新的被凝视对象不断被创造出来。将"游客凝视"建立在这一被普遍认同的事实之上：我们的双眼被社会文化安置了框架，凝视是一场表演，是不同时期、不同社会建构与强化的过程，它并非以一种方式存在，而是"以动态影像和再现技术建构而成的视野（vision）。视觉凝视就像医学凝视一般，它在现代旅游所取得的权力，其实结合了各式各样的设备技术，诸如摄影机、电影、电视、相机和数字影像"[②]。例如，当代旅行与互联网上的地点打卡和图片分享在各种社交媒体上交织，既包括了文学性的感受抒发，也包含了视频图片与地点的多重指涉。当我们身处一个充满想象和新奇体验的旅游休闲城市或者充满奇观的自然人文景观中，以往的体验被如今的即时分享所替代。最明显的是，人们在行走中的感受不只是身体运动和情绪放松，还可能伴随着移动的个人媒介发布。[③]

城市游走中感官刺激的密度远高于乡村漫步。喜爱和关注城市的人，都试图描绘个体在都市大街小巷穿行的场景，品尝美食，调动味

47

---

① 本雅明：《巴黎，19世纪的首都》，刘北城译，上海人民出版社2006年版。

② 约翰·厄里、乔纳斯·拉森：《游客的凝视》，黄宛瑜译，上海人民出版社2020年版，第3页。

③ 旅行书写是典型的视觉与空间的互相成就。早期殖民化视角下旅行者的文化冲击，体现在他们在东方世界、太平洋小岛等地的游走观看中，过程伴随着他者的目光与民族、身份差异，移动中的空间变化和文化体验在他们的旅行记录中时时可见。18世纪中叶以来，旅行书写在欧洲殖民主义扩张进程中的作用，大量南美洲、非洲的案例，具体阐释了旅行书写如何为欧洲读者生产出一个"欧洲以外的世界"。当时的旅行书写，关注占支配地位的宗主国文化，从属的、边缘的接收端文化，以及两者的互动。

觉、嗅觉、触觉，发现地理位置的变化，感受听觉在城市的不同时间的变化。视觉和味觉在城市纪录片中尤其得到强调，同期声的采访和声音的收录给人带来全体空间的乐趣。对人群及其生活的探究成为这类纪录片的重点，展示另一个群体、另一个地点的生活方式。这类纪录片或摄影作品尝试抓住城市的某种特质，也可能印证或细节化了以往报道中所展现的形象，比如香港关于笼屋的新闻图像和照片都凸显了钢筋水泥都市的压抑感。底层人士逼仄的生活空间，压抑的构图或镜头语言有力地传达出的信息，让观看者同样感受到外在世界的压力。

借助现代技术的支撑，人与自己创造的人造物在日常生活中发生了更为频繁的互动。当代的环境美学主张对传统审美感官进行扩展，并且重视人的感知环境。物理学科背景的恩斯特·马赫（Ernst Mach）提出物质是"感觉的复合体"，认为物质是颜色、声音、压力、空间与时间的感觉，他提倡实证路线，尤其反对心物二元论。作为一位物理学家，他试图通过物理与心理方面的相似性来理解自然世界，并以达尔文的进化论为理论依据，几乎讨论了一切与感官密切关联的身体组成，比如眼睛装置与空间、声音的物理特质等方面。他认为感觉是"一切物理和心理的共同'要素'，……而这两种经验不过是要素间不同形式的结合，是这些要素之间的相互依存关系"①。哲学家们为反对心物二元论而倡导认识的主体与世界的不可分离特性。法国身体现象学的代表莫里斯·梅洛-庞蒂提出了具身存在的哲学思想，他主张知觉的主体是身体，身体嵌入世界之中，就像心脏嵌入身体之中，知觉、身体和世界是一个统一体。②

真正的突破来自与人类生物学相关的实证研究成果。神经科学家弗朗西斯科·瓦雷拉（Francisco Varela）提出自创生理论，其"心智生成观"进一步突破了原有心智进化观，超越了原本的理性主义（rationalism）与经验主义（empiricism）立场。个体的感知运动能力自身内含（embedded）在一个更广泛的生物、心理和文化的情境中。所谓

---

① 马赫：《感觉的分析》，洪谦、梁志学译，第四版序言，商务印书馆 1986 年版，第 13 页。
② 莫里斯·梅洛-庞蒂：《知觉现象学》，姜志辉译，商务印书馆 2001 年版。

行动则强调了感知与运动的过程、知觉与行为本质上在活生生的认知中是不可分离的。[①]生物心理学家詹姆森·吉布森（James Gibson）在1979年提出的知觉生态学理论，成为具身认知（embodied cognition）的理论源头之一。在传统认知心理学中，认知和身体是分开的，而具身认知观则认为，心智锁在身体之中，认知是身体的认知，心智是身体的心智。离开了身体，认知和心智根本不存在。吉布森则提醒我们，认知与身体状况及身体所处的时空紧密相关。我们持有这般认知，是因为我们拥有身体和头脑；而我们之所以拥有如此这般的身体和头脑，是因为我们生活在一个如此这般的世界之中。我们的思维和我们的身体与我们所处的世界互为隐喻、互为镜像。

　　梳理具身认知的理论源头，可以发现，具身认知是不承认所谓中介化的，身体不是中介，也不存在身体与头脑的二元对立，它们是一个整体，形成和影响我们的知觉，甚至是身体的记忆存储。具身认知理论的发展与媒体对沉浸式感官的深入挖掘彼此呼应。具身认知理论突破了以往心理学对身体的忽视。肖恩·加拉格尔（Shaun Gallagher）形成了以"具身、嵌入、生成和延展"为核心的"具身认知"思想。其理论观点都强调了身体活动的内化对思维和认知过程的作用，给具身认知的思想家以启示，促进了具身认知研究思潮的形成。[②]20世纪80年代以后，哲学的认识论探讨逐渐与认知科学结合，并涉及心理学。如今，许多实验认知心理学家开始从具身的角度看待认知过程，许多实验也支持了具身认知的基础假设。

　　城市是媒介化的空间，它不仅凝聚了文明的力量，各种建筑、大街、庭院都表达了人类的理念，促进了人与人的交流。城市建筑师、设计师通常以强调受众体验的方式，引导人们通过人行道台阶设计、水幕投射或建筑灯光秀的具身体验来接收传播讯息。当人们来到陌生

49

---

① Thompson, E., Lutz, A. & Cosmelli, D. Neurophenomenology: An Introduction for Neurophilosophers. In A. Brook., K. Akins (Eds.). Cognition and the Brain: The Philosophy and Neuroscience Movement. New York & Cambridge: Cambridge University Press, 2005: 40-97.

② 肖恩·加拉格尔：《现象学导论》，张浩军译，中国人民大学出版社2021年版。

的城市，身体感受与环境通过感知发生信息交互，全身感官都被调动参与信息过程。如果身处音乐厅或是高档餐馆，周围流淌着小提琴手拉出的音乐，我们的身体会自然地舒展放松，因为周围环境传递出优雅舒适的信号。人文地理与休闲文化的考察重点是户外休闲方式、休闲设施和满意度，这涉及大量的设施使用调查，比如，设施是否便利、休息区域是否足够等，以满足游客需求。旅行中的身体移动是通过全身心地感知新的地点来获得新的审美体验，感受到愉悦，而过度疲劳则可能让人丧失审美兴致。我们身处强调感官的环境装置中，环境与我们身体发生交互，我们的生理构造、活动方式、感觉体验决定了对环境的整体评判。

优秀的城市设计师总是尝试解除高大建筑物的规训和压制，展现城市生动鲜活的样貌。废旧街区的转换是近年城市建设中面临的主要任务，以休闲改造方式居多，注重趣味性、参与性与交互性。近年废弃厂房、高架路、铁路等大型空间的改造，通常的思路是将其设计成文创产业园区，游客自由穿行其中，体现出和谐的、可持续发展的生态观。2009 年，纽约市将一处长达 2.4 千米的废弃高速路改造成了一个空中花园，这条路原本贯穿了西曼哈顿的 22 个街区，改造后整个路段被绿色植被包裹，火车轨道成为时隐时现的背景，现在它已经成为深受纽约市民喜欢的休闲去处。

2017 年荷兰建筑事务所 MVDRV 采用类似思路，将韩国首尔一座废弃的高架桥改造为面貌全新的首尔 7017 步行街，开放后大获成功，成为近年游客在首尔旅游必去的地点。新的步行街呈现出的显著特质如下：首先，植物被大量引入，改变了高架原本破败的样貌。总计有 23195 株植物被引进，所有植物都以科目来组织，通过韩文字母排序，形成别具一格的空间组织形态。其次，空间里设置了足够多四通八达的、可自由行走区域。大量人行天桥与楼梯将高架桥和周围的建筑物相连。游客游走于大小不一的圆形盆栽间，领略自然与人工交织的景色。此外，步行街还有足够的消费休闲区域，满足行人的不同需求，有小朋友喜欢的亲水空间、女性的庭院管理体验馆、咖啡厅、展厅和花店等。这一都市景观设计既回归了传统的视觉化追求，重新回到美学意义的观赏性，又强调与时代的碰撞，重视都市居住者内在的身体感受与外部世界的关系。步行街的成功在于它不再仅仅是一条道路、一个公园，更像是身心可以投入并体验的花园小镇，视觉、触觉、听觉和行走的身体都参与并享受其中。①

这原本是一个物质老化的废弃高架桥，处于结构性与功能性衰退的阶段。在城市中，其原本的交通作用已经消失。我们能看到建筑师的刻意引导，建筑所附加的信息层次，比如植物的排序、道路的整体方向非常明确，但有各种曲径通幽的岔路、各种小空间，这些要素共同构成了独特的休闲空间。对向前不断延伸的高架桥而言，这是唯一的方向，给游客心理暗示是这指向终点，但创建更多空间设施可以起到弱化这种压力的作用，让城市行走变得更有趣味。城市体验的探究提供了新的可能，人们在新城市空间内废弃的立交桥上，不仅能感受到立交桥上的植物或将其作为一个休闲地点，还可以通过宽广的视野，向周边眺望，感受周围的建筑、文化氛围、城市设计，又在履行行走和观看的空间实践，通过对建筑、空间、绿植、人行道的感官接触，达到了解城市文化气质、放松身心的目的。在这种轻松浪漫的氛围中开展休闲活动，实现了改造工程的设计师对人与空间动态关系的真正设想。每日沉溺于社交网络的虚幻交往，封闭于"信息茧房"的单一信源，都市人群对社会交往日渐淡漠，在流动的现代社会中公共交往空间显得尤为必要（见图 2.1）。

在陌生之地，参与者总是会全方位地接收周围环境的信息，在作为媒介的环境中产生沉浸式的感受。在参与美学阐述中，身体作为一种特殊的媒介或基础设施，对物质性研究中潜在的二元论构成挑战。值得一提的是建筑哲学家阿诺德·伯林特（Arnold Berleant），他深受梅洛-庞蒂影响却另有突破，"虽然感觉领域对环境的感知如此重要，我们若想清楚地描述其外部特征，却会碰到不少难题，包括实践与理论上的。其中，首要的困惑是：人们通常把对环境的经验视为与世界

51

---

① 《首尔废弃高架桥迎来"新生"》，http://www.xinhuanet.com//world/2017-05/19/c_129608966.htm，引用时间 2021 年 6 月 12 日。

图 2.1　首尔 7017 步行街设计

表层间(所谓的'皮肤'的接触,换句话说,仅仅接收外部现象界的感觉输入。虽然现象论本身是极重要的概念,但几乎不存在纯粹的感觉)"①。他认为"有必要超越传统认识,引进其他感官参与审美","其他感官"包括味觉的、嗅觉的、触觉的感官,甚至有"肌肉感觉和骨骼、关节感觉"等。"尤其在环境感知中,通感更为强烈,因为我们投入了全部的感官系统,它们相互作用。正是通感身体与空间的贯通,我们才成为环境的一份子。"②他的美学思想影响了当代许多城市建筑设计师的理念,他关注新媒介环境对人们建筑审美感知力的争夺,并提出了深度批判。③

但媒介与建筑并非二元对立的,新技术的使用也可能创造出更为独特的审美。日常生活中,具身认知的体验也不再是仅限于哲学家的

---

①　阿诺德·伯林特:《环境美学》,张敏、周雨译,湖南科学技术出版社 2006 年版,第 18 页。

②　阿诺德·伯林特:《环境美学》,张敏、周雨译,湖南科学技术出版社 2006 年版,第 18 页。

③　近年阿诺德·伯林特将注意力转向了感性体验是如何被误用的,更批判性地提出"感知力强行征用"的概念。在大众消费文化中,人们审美感知力被强行征用和故意扭曲,主要在四个层面表现出来:味觉层面的征用、技术层面的征用、情感层面的征用、心理学层面的征用。例如,便携式电子设备的过度使用改变着人们的听觉感知力,却不被重视。它不仅会侵占感知注意,而且引导人们将注意力集中于智能手机、移动电话、便携式计算机,诱使人们沉迷于替代性的感知世界中,从而忽视周围真实的感知环境。参见:阿诺德·柏林特:《"美"被颠覆——消费文化对审美感知力的强行征用》,赵玉译,《南国学术》2018 年第 3 期。

思辨,可能表现为设计师在建筑理念设计中对观众视觉、听觉、触觉和全知觉的调动。主题为"城市,让生活更美好"的中国 2010 年上海世界博览会作为经济、科技、文化、城市设计与理念的盛会,大量的国外展览设计令人大开眼界。其中英国馆里有一件引人注目的作品,是一个名为"种子圣殿"独特创意空间,它由英国著名设计师赫斯维克(Heatherwick)用 60680 根透明的光纤维杆建成,每根光纤内部都有一粒种子,白天光纤将自然光线引入内部,折射出七彩阳光,从外部看整个空间光芒四射,就像一只巨大的蒲公英随风摇摆,有一种强烈的视觉冲击感与蓬勃的生命力(见图 2.2)。这个设计产生了两个相互关联的体验元素:标志性的种子大教堂和 6000 平方米场地的多层景观,游客穿过中心宁静、沉思的空间,可以欣赏到每根纤维中包裹的种子。其内部空间的设计与造型非常像西方的教堂,是一个安静冥想之所,也提供了一种与自然对话、与世界暂时隔绝的体验。从外部看,这些光纤对外部光源特别敏感,因此,在种子大教堂内部向上看,看不见的云的运动被观众们的视觉捕捉为一种波动的光影变化。从远处眺望,种子圣殿的外在形象是一只巨大的方形礼物盒,外部的多层景观可以被理解为打开的包装纸。设计师赫斯维克因这件作品获得了世界性声誉,他在 TED 演讲中曾描述了自己的设计理念,指出对参观者的感官体验而言,以往很少考虑到的受众在空间的视觉和触觉体验,甚至是通感表现,在"种子圣殿"都得到了充分重视。其空间设计体现出一种纯粹诗意与感性体验的交织,通过参观者感官的复调达到空间与情绪的反馈,人与空间产生了积极的互动。

　　从设计理念对参观者身体全方位的调动,可以加深对近年被高度关注的具身认知理论的理解。具身认知赋予了身体在认知塑造中的决定性意义,在认知的解释中也提高了身体及其活动的重要性。具身认知的主张是:思维和认知在很大程度上是依赖和发端于身体的,身体的构造、神经的结构、感官和运动系统的活动方式决定了我们怎样认识世界,决定了我们的思维风格,塑造了我们看世界的方式。传播中使用的材料所具有的物质性对效果呈现具有重要意义,当然有时候除了原本可能完成的效果,还包括了设计者所赋予的人文意义。每根

图 2.2　"种子圣殿"的内部

玻璃光纤不仅传递着风吹过来时光纤互相碰撞的声音，每根纤维管中间还镶嵌着一颗来自昆明植物园的种子，它们由中国科学院昆明植物研究所提供，该所是英国千年种子银行的中国合作伙伴。纤维管作为"媒材"，成为效果传递管道和符号意义的载体。

身体的物理属性对认知的重要意义不仅在体验上。认知的内容也是由身体提供的，认知是具身的，而身体又是嵌入（embedded）环境的，这对当前的城市传播的实践具有突出意义。认知、身体和环境组成一个动态的统一体。"种子圣殿"的设计理念让我们真切地认识到，我们用自己的身体以合适的方式与世界中的其他物体互动，在互动的过程中获得对世界的认识。这种独特的认知感受是个体在实时（real time）环境中产生的，储存在记忆里的认知信息不是抽象的符号，而是同身体的特殊感觉通道相联系，身体的感觉运动系统在认知过程中发挥了重要作用。而这种全方位的身体体验，与风吹过光纤维的沙沙声、云在头顶变换带来的光影变幻，无数从昆明种子中心调来的植物种子被放在一根根光纤中，体现出"一花一世界"的微观意境，配合奇特的蒲公英造型的圣殿，更容易刺激人们理性思考，观众头脑、身心都受到全面的冲击。

第三节　G20 灯光秀："在地性"地缘媒体与爱城主义

一、问题与研究方法

2016 年，G20 杭州峰会（以下简称 G20）灯光夜景工程完工后初露新颜，灯光璀璨、照耀夜空的照片与视频迅速点燃了夏日的微信朋友圈，全城人民排队观看灯光秀一度成为当年 9 月杭州最热门之事。灯光秀将钱江城市阳台区域变成了真正的交流和观赏空间。一场灯光秀通常持续 20 分钟，加上开场前等待和散场时间约半个小时，现场小贩游走叫卖、亲友彼此招呼、找寻最佳位置、帮忙拍照、讨论观看内容，呈现出一派和谐热闹景象。在杭州的夜晚，人们轻松闲适地与家人观看灯光秀，不同年龄、阶层、收入、地位的人彼此向共同的方向观望，灯光秀让杭州都市夜晚的魅力得以充分展现。[1]

随着城市与媒体的交融日渐深入，多重技术、政治和经济背景兴起之后，媒体与城市越来越密不可分，媒体城市（media city）的边界不断向外扩充，显现出新媒体技术促动下城市媒体融合的趋向，灯光秀是这种高度媒体化城市中最富光彩的组成。在都市化进程中，城市灯光秀已经成为对外宣传的名片，国内的旅游城市上海、青岛、杭州都开始打造都市夜景，以拥有高知名度和公众认可的灯光秀展演为城市现代化的标志。国内灯光秀利用了历史悠久且体现了传统文化的自然场景，技术成就了这种集合户外建筑、山水风景的大型灯光会演，形成了媒介化的日常奇观。

我们想探讨的重点不在于新技术如何由环境和材料的物质特性

---

[1]　提及杭州的 G20 灯光秀，人们印象深刻的是两天峰会期间，全国观众通过电视观看、贵宾们在现场观看的张艺谋导演的 G20 杭州峰会文艺演出，这是在西湖原有的《印象西湖》的实景演出基础上经过一年多重新编排而成，将大量水幕灯光、交响音乐、情境表演加以融合，受到了极高的评价。我们讨论的则是在 G20 期间点亮杭州都市夜景的灯光秀，播放地点、表现形式、参与者、时间都有较大差异。

呈现出艺术效果，而是 G20 灯光秀作为与媒介事件关联的媒介之特殊性。为什么是灯光秀，而不是别的媒介方式被选中，并迅速成为极具中国特色的公共场所的城市媒体？观看者如何被指派于某种预定的"框架"与"位置"，而民众对这种"安排"的真实反应如何？换言之，作为一种媒介的灯光秀，何以在地点、形态、内容等方面被有意识地选择，并通过新媒介形态引导人们去观看精心挑选的、反映政治外交意图的播放内容？

我们通过媒体文本收集资料进而对整个事件的发展过程进行描摹。在研究过程中，笔者收集了两个阶段的材料：在 2016 年 8 月 G20 之前，对五大灯光秀进行了拍照和录像，为迎接 G20 峰会杭州搭建的高速口或路边的小型景观灯带不列入其中。G20 后，选取钱江新城灯光秀为主要考察对象，对钱江新城灯光秀内容的修改、不定时播出的新内容均及时跟进，并进行资料留存。这段时间进行了 12 次田野调查，对灯光秀约 30 名观看者进行了随机采访，并对灯光秀的摄影展、新闻报道和国内报纸杂志视频的访谈进行了资料收集。

二、"在地性"的地缘媒体

历史上的城市与灯光两者关联密切、如影随形，在向现代文明推进的过程中，灯光作为光明击退蒙昧的象征，发展为现代化表征和诗人讴歌的对象。[①] 灯光伴随人类城市社会发展和市政建设逐步系统化。随着电脑声控技术和新媒体融合的发展，从基础照明工具发展成光影展演和文图讯息共存的播放体。当城市媒介化成为社会发展趋势，灯光秀不应被简单视为美化城市的手段，而是已成为一种新的"媒

---

① 中国古代城市自形成便与灯光关联，当时照明以油灯和蜡烛为主，中元节的莲花灯、元宵节的满城花灯，在唐诗宋词描绘的古人日常生活中大量出现，从唐代元稹的"洛阳昼夜无车马，漫挂红纱落树头"、白居易的"灯火家家市，笙歌处处楼"，至宋代辛弃疾的"东风夜放花千树"，尽呈熙熙攘攘的观灯景致。城市的灯光集中、张扬、铺陈，折射出的灯红酒绿、衣香鬓影，不同于山野乡村的零落灯光，显现出城乡自古意趣的差异。

介化"传播主体。①

G20 杭州灯光秀是分散于不同地点的多场灯光秀的总称,它们同属 G20 峰会这一事件主题,但播放的环境空间迥异。灯光秀所选择的区域地点均有代表性,兼顾了杭州的历史、文化、自然和商业等功能区块,依据所设立的环境空间,精心确立不同的灯光主题。媒体与空间建造的"环境媒体"与以往媒介经营管理和广告设计所关注的商业化户外媒体有密切关联,过于落实在基础,缺乏理论空间深度。环境媒体关注物理空间与周围的地理和空间融合,并不涉及政治或社会意义层面的深入阐释。

正如大卫·哈维(David Harvey)对巴黎变化的历史地理阐述中所提及的观点:"空间不是外在场所,而是事物的自身属性。"灯光秀的表现内容是由空间的各种因素决定的,建筑、广场、湖水构成了几处杭州灯光秀的必要组成,也成为必要的表达形式。我们通过表 2-1 列出 G20 灯光秀具体地点环境、灯光载体与特质。对新闻报道中市民熟悉的五大灯光秀进行整理后发现:五大灯光区域中只有钱江新城属于城市新区,集中了杭州市政府行政部门和杭州大剧院、城市阳台等文化休闲场所,所在场地宽阔,一组高层建筑群形成的非连续巨幕的灯光秀深受关注;武林广场地处传统商业区,裸眼 3D 灯光秀和八少女音乐喷泉在此空间先后演出,音乐喷泉以高度为看点,壮美稍逊;西湖景区灯光秀由原有西湖音乐喷泉改造而来,体量大、气势恢宏,映衬西湖夜景,最受游客欢迎;京杭运河灯光工程总长度达 22 公里,整体布灯规模为五处中最大的,与市民生活融合度高,奇观化不显著;南山路的 LED 灯饰缠绕于路旁法国梧桐上,整条路满布星光和小红灯笼,梦幻至极。② 表 2-1 所呈现的环境地点、播放内容、区域功能等方面可观察

---

① 灯光秀走完了许多媒介需要长时间才能走完的艺术化的提升,它可以与舞台、灯光、多媒体、音乐、电脑、建筑融合,成为先锋艺术空间。数字化灯光控制的户外灯光秀可以综合光、声、水、影、色等视听元素,拥有极为丰富的表现力。

② 南山路的灯光秀不属于智能灯光秀,没有电脑控制的灯光屏幕或是音乐喷泉,灯光只是起装饰作用,没有成为信息和图像载体,其实质为传统的亮灯工程的延续。但在报纸和民众的理解中,未有灯光秀和亮灯工程的区分,两者均被认为是 G20 灯光秀建设的一部分,因此一并列入讨论,特加以说明。

到灯光秀的表现内容、灯光形式和传播环境的显著关联。

表 2-1　G20 灯光秀的主题与空间差异

灯光地点	灯光内容	环境特质	空间功能	区域象征
钱江新城区域，钱塘江岸边	建筑巨幕，灯光秀和音乐喷泉	钱塘江水面宽阔，桥梁大厦映照江景	新行政中心和会展中心	现代化的城市象征，国际金融资本的体现
杭州展览馆，武林广场	裸眼 3D 灯光秀和音乐灯光喷泉	区域不大，交通中心，人群密度高	纯商业区，庆典活动多由附近西湖文化广场承担	新时代政权的象征，社会主义历史与意识
西湖景区和湖滨商业区交界处	大型音乐灯光喷泉，改建工程	苏堤、白堤所在处，移动人群流量大	景区与商业区交接处，传统且知名的西湖景点	文化遗产，人文与自然风景的融合
濮家站到拱宸桥，京杭运河一线	运河两岸的亮灯工程，灯带和少量建筑巨幕	水上巴士运行线路，两岸宸运绿道	历史上的水运交通要道，现仍担当着水运责任	城市的历史象征，市民生活与历史感交织
南山路，城市与西湖相交处	南山路的亮灯工程，梧桐树上缠满 LED 灯	连接北山路，环境容量大，景点丰富	艺术气息和异国风情浓郁，市民和游客休闲地	消费社会和休闲时代生活的格调象征

　　灯光秀的硬件是公共空间的建筑和安装其上的 LED 灯，中控等软件系统、包括了人工设计与内容产品。根据 2016 年西湖区景区管理处对西湖灯光秀改建工程的采访，以及《都市快报》对江干区区长在新浪微博的直播收看管理，我们发现，虽然灯光秀所在区域有较大差异，但他们对灯光设计的思路与官方需求大致吻合，即以表现杭州本土特色及城市宣传与美化任务为主。现场灯光强调与景观衔接自然，与杭州人文环境匹配，注重了局部环境氛围的融合。然而，除却这些环境媒体（environment media）或空间媒体（space media）的特质，G20杭州灯光秀还有其他城市灯光秀所不具备的"地缘媒体"性质。

　　地缘媒体（geomedia）概念由澳大利亚城市媒体学者麦奎尔（Scott McQuire）提出，概念指向公共大屏幕这类城市新型的媒介形态，认为它们融入了城市的日常基础形态。麦奎尔敏锐地发现了城市媒介的地缘媒介化，他认为地缘媒体并非指媒体作为一种地缘政治的部分或某种结合，更是以一种地缘思维方式把握城市媒体。基于城市空间受到权力体系影响的思路，麦奎尔关注这种媒体如何承担培养公民参与和公共空间的策略角色。① 他早先在《媒体城市：媒体、建筑与都市空间》一书中对灯光和建筑的结合有过深入阐述，其理论建立在现代城市媒介地理定位、数据处理和环境融合提升的基础上，受众、媒介与公共空间的参与互动成为他所关注的问题。尽管 geomedia 一词源自澳大利亚的公共屏幕研究，但这种公共屏幕与灯光秀同样属于新媒体，这与空间维度的讨论紧密相连。与大众媒体相较而言，灯光秀的播放的内容需要更长时间的精心制作，时间更有规律，从其播放效果和公共空间的意义上理解，灯光秀是公共大屏幕。

　　将杭州 G20 灯光秀定位为地缘媒体有几点理由：首先，G20 灯光秀是由地缘政治事件所引发，地缘媒体形态强调的是更接近媒介地理学使用的概念，是带有一种全球化和地方化的双重视角，这种特性与 G20 这一重大的地缘政治背景紧密关联。峰会是中国政府的外交姿态与政治亮相，这一重要的国际新闻事件成为杭州灯光秀建设与改造的背景。地缘媒体呈现出显著的"在地性"（localization）特质，体现出与所在地的物理和空间关联，概念本身蕴含了一种宏观视野，一种将单一地理位置与政治领域的关联。灯光秀带有本地性、内容设计形成江南特色，这种地缘特色和空间并非局限，反而奠定了地缘媒体的基础。

　　从空间特有的物理意义考察，地缘媒体更接近环境媒体，考察媒体自身形成的环境特质，以及它与周边环境的融合，都成为重要内容。G20 灯光秀除了西湖边原有的音乐喷泉是改造项目，其他新增项目地址均经过仔细甄选，它们代表了杭州市不同的功能区域，具备江南意蕴的空间美感，灯光在夜间重获生动鲜活，形成新时空凝聚，同时强调了城市的代表性的区域特质。城市规划学者简·雅各布斯（Jane Jacobs）观察城市光亮区域后指出："火光不能达及的地方也就是城市

59

---

　　① 莱恩·德尼克拉（Lane DeNicola）使用 geomedia 一词时候提及两点：一是需要专门的研究工具，二是关于其讨论需要跳出人类学对其他媒介研究的既定框架，它或将重新定义数码人类学的研究边界。根据其研究所讨论的大量卫星定位等地理关联，geomedia 的确适合被译为地理媒介。参见：丹尼尔·米勒、希瑟·霍斯特：《数码人类学》，王心远译，人民出版社 2014 年版，第 97-111 页。

中缺乏活力的地方，也就是缺少一个基本的城市形式和结构的地方。……这是城市设计可以帮助形成的最基本的秩序法则。那些拥有活力的城市地区需要向整个社会阐明在它们那里运行的出色的实用秩序法则。"①也就是说，灯光秀照耀之处为城市的亮点，是最值得向他人推介的城市区域。G20 灯光秀选址展示出城市的优质区域，景观良好、空间舒适、受欢迎程度高的区域经灯光投影，灯光产生的人工环境呈现出都市性的"魅惑"。灯光秀像是城市的精品展示橱窗，点亮了城市标志性区域，那些不够精致的、待改造区域则退隐在夜幕中。

充分利用原有的水、山、树、人工建筑等外部环境的灯光秀，在安装好 LED 灯后，通过电脑中控可以产生视觉凝视（gaze）的焦点。随着媒介化向城市规划和设计理念渗透，灯光设计师改造建筑之后，建筑白天承担着办公或日常居住等实际用途，夜晚成为灯光和屏幕的复合媒体，或是组成海浪般的灯光幕墙，或是扮演片片楼宇中雄居高处的辉煌灯塔，在提升城市天际线的同时扮靓夜空。灯光秀与户外屏幕结合成为具备传播信息内容和美感的信息物理装置。萨拉塔（Slaatta）同样关注建筑物的媒体化现象，他强调建筑物已然成为信息化和过渡性的物品，有不断变化的装饰和媒体功能。②钱江新城的建筑外墙灯光秀的发展印证了萨拉塔的判断，在 G20 灯光秀中，建筑物只是灯光秀的载体，有无限的色彩和图案变换的可能，灯光总控作为一种电脑操控平台，扮演着灯光秀的大脑，通过建筑上安装的发光管依据程序编排出各种效果，完成整体灯光的表演。

保罗·维利里奥（Paul Virilio）回顾视觉技术发展时指出，正如广告摄影接替了古老公共空间的图像，电视屏幕和电子显示屏超越了林荫大道和公共广场，他期待这些明日的"视觉机器"代替我们观看和发现。③LED 灯光、水柱、投影、音效形成的撼动人心效果远胜于户外的普通广告或电子屏，灯光秀现力极大地增强，在国际灯光秀大赛上，这

---

① 简·雅各布斯：《美国大城市的死与生》，金衡山译，译林出版社 2006 年版，第 346 页。

② Slaatta, T. Urban Screens: Towards the Convergence of Architecture and Audiovisual Media. First Monday, https://doi.org/10.5210/fm.v0i0.1549, 2006-02-06.

③ 保罗·维利里奥：《视觉机器》，张新木、魏舒译，南京大学出版社 2014 年版，第 126 页。

种视觉艺术先锋性和技术现代性表现发挥到了极致。^①灯光秀可以延长游览时间,创造新的景点,或成为游客攻略的必到地点,为各景区周边延伸的区域带来利好。笔者认为它实现了一种多重结合,即在将屏幕与建筑合二为一的基础上,实现了视觉与空间环境融合,甚至将听觉的音乐与水幕的表演性结合为一体。

社会学家沙朗·佐京(Sharon Zukin)认为,地景(landscape)为市场和地方之间的脆弱妥协,即地景的诞生是市场之间的对立及角力,如19世纪欧美新建的工厂城镇代表市场规范下的社会空间结构化。地景不仅代表一般常用的实质环境地理意义,也指涉物质与社会实践及其象征再现的总和。狭义的地景代表强权机构强加的社会阶级、性别和种族关系的结构。但广义而言,地景代表我们看到的整个全景……不论在象征上或实质上,地景都介于市场暗示的资本的社会—空间的分化(socio-spatial differentiation)与地方意味的劳工的社会—空间同质性(socio-spaital homogeneity)之间。^②杭州作为一个都市地景,是传统的旅游城市,与西湖紧密关联,而作为浙江的省会,其经济快速发展的表现与痕迹需要在某个场景中加以展示。上海外滩具有历史阶段的空间性(spatiality),而钱江新城的城市阳台是一个全新的公共空间,也代表着杭州近20年的快速发展成果。灯光秀处于系列大型建筑周围,观众通过城市阳台这一适宜的高度和距离尺度,可以观看灯光秀全景。它是一种休闲人居的自由空间,也是由高大建筑随时转化为灯光幕墙的媒介。

---

① 中国近代道路电灯第一次在上海外滩街头出现,灯光作为新生事物被郭沫若等文人加以歌颂,城市与灯光结合在一起,成为现代性来临的象征。朱自清的《北河沿的路灯》中这样形容城墙上一行半明半灭的灯光:"他们怎样微弱! 但却是我们唯一的慧眼!"在上海街头以霓虹灯、百乐门、汽车车灯为代表的灯光,更成为现代性的标志。灯光被商业化和广告迅速利用,借助灯光橱窗布置和户外大型灯箱广告,灯光成为城市消费者的欲望投射对象。在20世纪30年代的现代文学作品中,灯光开始显现出多重意味,穆时英的现代作品中的灯红酒绿、《子夜》中吴老太爷进入城市,为飞驰汽车上所见到的城市灯光所惊诧,现代灯光令传统生活场景在灯光的照耀下土崩瓦解。

② Sharon Zukin. The Cultures of Cities. Cambridge:Blackwell Publishers,1996.

三、从照明到美化：灯光的政治功能

城市美化运动作为一种高效且颇具争议的方式将长时间存在，尤其是在政治事件和仪式类表演等多重任务叠加时，各力量主体的参与、协作都有突出的特点。在 G20 灯光秀工程中杭州市政府作为规划制定者和投资主体，在灯光设计实施中考虑了国际传播宣传效应，不仅表现出东道主的宣传意图和对贵宾的欢迎姿态，更成为城市宣扬现代化和大都市感的途径，在灯光表现内容的潜在语境中，国家、城市和政府机构三方的立场融为一体，彼此难分，共同作用，贯彻了精致的城市设计理念，努力实现了山水、城市和灯光的融合。

灯光秀的发展受地方政府投资与推动，不可避免地渗透了权力的控制意图，从政治制度维度思考地缘媒体不能忽视这一关键因素。强权或集中制度下的国家和政府在广场和建筑设计中更偏向庞大的规模、流畅的视觉效果和奢华的建筑材料，向民众提倡一种仪式性的、系统化的、有管制的公共生活。但这并不是说个人的趣味和空间在这种庞大的外在空间中难以存在。

历史学家谢维尔布什（Schivelbusch）注意到照明和政治控制之间的关系。他关注人造光源的发展历史，其著作并非简单的灯光技术史回溯，更关注了人工技术如何形塑现代意识，以及灯光所引发的资产阶级的沙龙文化、橱窗艺术等，并从欧美历史线索中探讨了煤气灯和电灯出现的主要原因，即服务于工业革命时代昼夜连轴生产的需要。① 灯光作为基础设施的发展历史，也是城市现代意识觉醒的历史。现代大都市如同不停生长的巨人，不断扩展延伸，城市变得巨大，令人惊异的艺术化、先锋式超大建筑拔地而起。基础性的电网与灯光建设完成后，作为城市夜间象征的城市灯光美化的需求开始提上日程。

钱江新城的灯光秀是 G20 期间国家形象及地方政府执行能力的展示，它具备一种政治事件与现代仪式的双重特性，因而成为媒体瞩

---

① Wolfgang Schivelbusch. Disenchanted Night：The Industrialization of Light in the Nineteenth Century. Oakland：University of California Press，1995.

目的焦点。杭州通过人文、自然、现代技术的结合，描画了一幅中国式的山水夜景图。复杂的灯光规划、推行、采纳包含了巨额资金、行政保证和技术支持。灯光秀更与强大的政府权力紧密联系，体现在城市的规划、设计、改建的意图上，灯光技术的成熟程度决定它能否被采纳，而其所表达的效果是否符合权力者的预设成为更直接的推动力。曼纽尔·卡斯特（Manuel Castells）在对社会全球化的超文本特性进行分析后指出：文化是一种沟通系统，它正逐渐围绕着符号的生产、分配和操纵进行组织，因此政治行为已被卷入媒体舞台中，政治不只在媒体中发挥作用，更准确地说，民主社会中政治过程基本上由媒体决定。这意味着政治的象征层面比过去更重要，因此信息必须首先产生可以获得支持的符号。① 从符号传递的仪式感、空间凸显特质、信息效果的预设性来看，灯光秀是权力所有者的最佳选择，显现出不局限于环境美化的传播效用。

如果以功能学派的角度思考，灯光秀的播出内容包含了一种精心构建的政治产物，将其视为服务于临时政治事件的社会公共物品，似乎并不能完全解释杭州 G20 灯光秀的本质。此次灯光秀的产生确实与国内灯光秀通常的建设逻辑不同，因为借 G20 宣传和展示杭州与中国是其主要任务。经过查阅，杭州灯光秀的开支有专项拨款，但报道的主流媒体都未提及灯光秀的总体支出与造价。而我们访谈的市民们态度更为乐观，他们认为最终的支出即使超过预算，也算是做了国际性的广告，是颇为值得的。这用曼纽尔·卡斯特的"集体消费"（collective consumption）概念可以进行解释，即通过政府支出得以实现的城市社会消费。卡斯特的集体消费不是通过市场配置，而是通过国家权力，作为一种特殊的商品消费，其生产不是通过资本利益来保证，而屈居于资本某种特殊和总的利益。② 作为播放的平台，G20 后杭州市钱塘新区政府对所属的钱江新城灯光秀进行了数次招投标，主要

63

---

① 曼纽尔·卡斯特：《全球化、信息化与城市管理》，杨有仁译，《国外城市规划》2006 年第 5 期，第 90 页。

② 曼纽尔·卡斯特：《发达资本主义的集体消费与矛盾》，姜珊译，《国外城市规划》2006 年第 5 期，第 30-38 页。

是根据建党 100 周年、新中国成立 70 周年等重大庆祝事件,重新制作播放内容,每一次制作的整体预算在百万元左右。① 当然,经济成本并不是最重要的,城市的影响力扩大、无形的品牌广告都是重要的考虑因素。

那么,此时有一个问题会自然浮现:为什么是灯光秀? 它因何成为宣传的责任和万众瞩目的焦点? 借助人类学的仪式概念可以理解这种选择。中国古代烟花象征着普天同庆、国泰民安,在庆典中烘托仪式氛围,G20 灯光秀的促发因素是峰会在杭州举行这一举国皆知的政治事件。G20 灯光秀中钱江新城区域最能代表国家身份,从地理位置来看,这里也最靠近主会场,方便各国嘉宾观看。

此外,技术进步和环境保护问题成为灯光数码技术盛景取代以往西湖博览会的烟花大会的重要原因。烟花和灯光秀在视觉审美特质上有相似性,都具有极强的视觉冲击力。烟花升腾向上,摆脱引力的束缚,在高空突然绚烂绽放;灯光秀中激光柱射向高空,配以高压水柱,同样令人情绪亢奋。两者恰同希腊神话中的水仙纳西索斯,通过倒影增强美感。而同时两者又各有缺憾,烟花的存在对高层建筑是潜在危险,灯光对其所覆盖区域和周边建筑存在光污染。但灯光秀不同于烟花的一次性消耗,虽然前期投入大但播放边际成本很低,方便重复观看,投资主要集中于前期硬件和设计过程,后期只需要维护软硬件设施,并适当开发新的内容产品。

灯光秀除了展演作用,还能加大地域魅力。城市空间中有活力的地域的形成不完全依靠行政干预,聚集行为会因为地点的舒适度、独特的区域气质、社区需求等高频率发生,这种功能使用与权力并不吻合。② 芒福德在《技术与文明》中注意到成熟的电灯网络与城市电网发

---

① 《钱江新城改革开放四十周年灯光秀动画制作项目中标结果公示》,https://www.hzyjfz.cn/index.php? m=news&a=read&id=1475,引用时间 2021-10-21。

② 以北京为例,天安门广场的每日升旗已经成为重要的国家仪式,每天发生在天安门特定的时空,体现出北京作为中国心脏的权力地位,仪式的流程、仪仗兵的服装、国旗和军乐队都体现着社会主义国家的意识形态色彩,北京正是布莱恩·贝利(Brain Berry)所述的"社会主义城市",它奇妙地混合着中国古代皇城的权力和社会主义国家的行政色彩。

展紧密关联。① 通过电力发展资料回顾，人们发现，灯光的推广过程包含着权力作用的身影，伦敦和巴黎对灯光的强行推广以国王法令颁布形式完成。强大的控制意图背后隐藏着权力需求。当灯光早期形态未发展至电灯时，历经了多次照明灯的类型变幻。煤气灯曾一度风行，由于不便于管理和潜在危险性，它很快被电灯替代，电灯依靠电网迅速发展，网络化优势便于政府管理和控制，最终电灯胜出，获得的奖赏是城市公用照明设施的统一。

对杭州市来说，灯光秀有助于杭州定位身份的转变，实现杭州由"花园之城"向"梦幻之城"的跨越。② 无须城市设计规划方面的专家特别说明，摄影爱好者和普通游客也深知灯光对物体的造型作用，它能够提升夜晚的城市形象，并且对其进行美化。③ 灯光秀是城市空间设计与灯光表现艺术发展到一定阶段的产物，灯光艺术对物体、人物、建筑的表现到达了新高度，这种艺术般的造梦功能伴随着摄影、摄像技术的发展而不断提升。作为精心设计的、特定的时空以特定程序完成的梦幻作品，灯光秀将杭州从白天的花园城市变身为夜晚的梦幻都市，借助玻璃、水面、灯光、建筑幕墙等不同材质，以及融媒体的声光影

---

① 刘易斯·芒福德：《技术与文明》，陈允明等译，中国建筑工业出版社 2009 年版，第576 页。

② 结合城市战略很容易理解 G20 期间杭州的努力。过去以"上海的后花园"为定位的杭州，近年来经济实力迅猛发展，大杭州行政区域也在不断扩张，萧山市、余杭市及富阳市先后撤市设区将杭州扩充为长三角第二大城市，获得了区域大都市的发展空间和资源支撑。得天独厚的自然风光、人文底蕴，代表着"诗画江南，山水浙江"，杭州给人以"花园城市"印象，G20 打造的杭州夜景实现大都会魅力，建立城市标志夜景，是迈向"梦幻城市"的必经之路。

③ 保罗·维利里奥提到灯光与视觉的关联。他提及当时的法国的拉雷尼发明了"亮化监察"，鼓励巴黎人夜间出行，巴黎拥有 6500 盏路灯，不久被同时代人称为"光明之城"，引发巴黎人口的快速增长，城市成为新巴比伦制度，照明标志着居民和机构的经济繁荣，而且这种闪亮疯狂开始从各个方面发展，灯光结合玻璃镜、反射器，让真实变得虚幻。"人造亮光本身就是一种表演，不久将奉献给所有的人。"他也指出灯光这种眩目性所造成的伤害。参见：保罗·维利里奥：《视觉机器》，张新木、魏舒译，南京大学出版社 2014 年版，第 20-27 页。西湖宝石山亮灯工程开始时就有市民和专家提出灯光对鸟类作息的影响，为此西湖边的亮灯一直是有节制的。通常国内城市在人流活动较多的商业区域，对灯光并没有太多限制。从 G20 灯光秀案例研究中可以发现，市民和游客仍沉浸在灯光的效果中，并未有维利里奥提出的这种反思，也许这类反思很长时间都不会或很少出现，因为灯火通明过于符合中国社会文化中对喜庆热闹的理解。

控，达到一种令人讶异的美感，美化和再造建筑物。建筑凝固的材质给人冰冷的触感，灯光秀则是一种变化的、鲜活的装饰，投影在物体上可以创造出全新的视觉幻象，"让建筑物脱去了水泥和笨重墙体外形，显现出一种漂浮的、梦境般的美"①。

四、灯光秀激发的"爱城主义"

灯光秀主要体现的是城市空间的象征意义，它代表了一种城市符号。在中国，灯光秀的发展则加入了地方改造的需求，地方政府在达到举办国际会议的标准，把握好灯光秀的设计思路的基础上，还可以加入城市的个性化内容，达到宣传效应。武林广场裸眼 3D 灯光秀表现内容历经 20 多次调整，传递出让各方面满意的不断修正的态度。从南山路的灯光秀"杭州欢迎您"受欢迎的程度，以及武林广场灯光秀出现的"我爱杭州"图样，我们会发现，随着杭城的快速发展，一种朴素且真挚的"爱城主义"正在兴起。灯光发展为灯光秀多媒体且与环境融合的媒介形态后，能形塑社会空间，推动社会交往，并赋予区域以某种象征性的文化意义。

沙朗·佐京研究城市文化如何勾勒出城市发展的景象，她笔下的城市是一个日益商业化的以象征经济为主导的场所。她通过一系列生活实例向我们展示了文化策略如何加附于人们的日常生活及文化，如何成为控制城市空间的一种有力手段。② 杭州 G20 没有北京奥运会持续时间长，也没有产生大量的设计、符号与衍生物，更遑论为城市带来大量的经济收入。G20 最大的收益在于提升了杭州的知名度，这不仅因为会议报道，也由于主办地美轮美奂的灯光秀，提升了城市形象。

贝淡宁和艾维纳提出的"爱城主义"（civicism）不同于爱国主义或民族主义带来的意识形态意义，它既满足人们归属感的需求，同时又符合全球化的开放性和宽容性，城市不仅属于规划者、管理者，也属于

---

① 斯科特·麦奎尔：《媒体城市：媒体、建筑与都市空间》，邵文实译，江苏教育出版社 2013 年版，第 163-181 页。

② Sharon Zukin. The Cultures of Cities. New Jersey: Blackwell Publishers, 1996.

普通公民，他们都在找寻或共同创造一种城市精神。① 这种爱城主义几乎都出现在城市发展的上升期，在 G20 后，杭州在国家媒体的新闻报道中已由二线城市跃居新一线城市行列，这种口吻的变化也引发人们对城市前景的更为正面的推论。互联网环境下人们个性化意识和共同情感既矛盾又相互推动，虽然西湖灯光秀前期设计和建造都是自上而下地推动，但许多细节上政府都做到了良好和耐心的沟通，不仅由杭州市民网络投票决定西湖音乐喷泉的播放曲目，将决定权赋予公众，更在 G20 之前给予市民一周时间先睹为快，可以认为，市民阶层正在获得他们的城市权利（the right to the city）。市政府温和的治理态度、与市民的良好沟通构成灯光秀日常化的政策背景。②

播放灯光秀时，现场并非只有欣赏灯光的在场者，还有经过的行人驻足观看，有隔江住户的远眺，有乘坐交通工具者的匆匆一瞥，还存在着不在现场，借助社交平台得以"在场"的观看者，或是通过视频网站点击播放的观看者，这与现场不属于同一传播时空。隔断了物理空间，空间的虚拟和泛化，同时又极端地呈现出一种"在地性"，包括对个人、对所在空间的情感的深刻认同。这种空间流动正是现代社会的主要特征。空间的液态化扩展在网络时代颇为显著，城市新媒体传播的便捷，带动了图像和视频的即时生产和流动，在观看灯光秀的同时，流动人群不间断地生产流动图像。尽管在腾讯视频等网站有完整的灯光秀视频，微信公众号推送中常有压缩播放时间灯光秀的动图，却没有影响受众参与现场拍摄并将图片、视频上传到网络的热情，自媒体时代受众较之电子时代受众更乐于参与热点、寻求自我表达。

自拍由环境氛围催生。西湖边的南山路是杭州的休闲区，以轻松闲适风格受到市民与游客的喜爱。在此次 G20 灯光中，南山路一时间"天上繁星地下灯，灯星交映满园明"，灯如昼，人如海。社交媒体强化

---

① 贝淡宁、艾维纳：《城市精神：全球化时代，城市何以安顿我们》，吴万伟译，重庆出版社 2012 年版。

② 笔者于 2016 年采访了西湖音乐喷泉的管理人员，了解到杭州市对 G20 前期的灯光秀改建投资和施工十分用心，灯光秀开始正常播出后观众的热情令他们感到骄傲，也倍感压力，每天都有大量游客前来观灯，给西湖边维持秩序和安全保障带来的压力很大，工作量也增加不少，其他几处灯光秀情况类似。

了人们在线分享交流的欲望，呈现出有趣的个性，而对类似创意拍照的模仿成为常态。市民和游客尤其愿意在"杭州欢迎你""恋上南山路"的灯光前拍照发朋友圈，在南山路的梧桐树悬挂的灯光映照下，观众以满天繁星般的灯光作为背景，举起手机自拍，以一种"日常仪式化"的方式记录生活。图 2.3 这对情侣在南山路的合影中温馨、梦幻般的背景正是南山路被 LED 灯缠满的梧桐，装饰着星星点点的红灯笼。

图 2.3　背景为南山路灯光秀的摄影作品①

灯光秀作为一种政治外交事件的媒体，被民众转化为对地域性文化的高度认同。城市正成为重要的身份共识，它代表一种人生选择，选择哪个城市就意味着选择某种工作与生活方式。大都市不断从周围中小城市吸纳新鲜的人才和劳动力，使人群不断流动。大城市是容纳新来者的物理空间，夹杂着投射的城市想象和日常文化隔阂。G20灯光秀通过不同时间地点的人群聚集，构成"日常生活的魅惑"表达，通过奇幻灯效形成幻象，完成公共空间的灯光仪式。人类学家笔下描绘的原始族群仪式繁杂冗长，篝火、烛光都烘托着仪式的现场气氛，现代都市中灯光秀也扮演了仪式中的道具，辅助完成在场者的幻象建

---

①　照片为"最美记忆·与峰会同行"——G20 峰会杭州国际摄影大赛作品展获奖作品，名为"爱在南山路的星海"，摄影：刘大为。

造，得到情感的共同体验。在这几十分钟播放的仪式中，在场者的共同体验和连接具有非凡意义，灯光秀现场承担了城市共同体的心理构建，它以盛大的技术式的仪式创造推动人们深刻地融入现代都市。

五、结论

作为城市美化运动的重要组成，国内灯光秀历经了户外媒体向环境媒体的转变，超越了媒介实物层面，成为城市公共空间的氛围营造者和信息传递工具。本案例更具独特性，在 2016 年 G20 杭州峰会的政治事件背景下，G20 杭州灯光秀所显现出的"地缘媒体"特性，其中包含的政治色彩和全球化特质超越了一般意义的环境媒体，显现出一种城市的"全球化"和"在地性"的交织。曼纽尔·卡斯特的城市社会理论对国家政治、城市力量的阐述在 G20 灯光秀中显示出中国当代城市生活的特质，这既包含了作为"地缘媒体"所隐藏的灯光与权力的运行逻辑，也包括了国家和地方政府的"集体消费空间"如何与传统中国的仪式性关联的问题。网络社会中受众的"日常仪式性"的观灯行为如何在观看中显示出一种富有情感的"城市"创意表现，也包括了国家政治意义的淡化，城市传播和地方色彩成为一种主要的趋向。①

G20 杭州灯光秀不是单独作为城市传播现象而存在，它紧密依附于新闻和政治事件的影响，此次灯光秀建设由国家政治事件引发，结合了地方城市的宣传和美化任务，可以观察到中央政府与地方、杭州市民从上而下多重力量的参与。本书试图对国家、地方政府和民众共同参与的地缘媒体的诸多关联加以思考。对城市空间和人际传播方式进行考察后，我们可以更深入理解灯光秀在空间聚集中的作用。在 G20 灯光秀这个典型例证中，借助政治事件的推动，地方政府为事件所发动的社会运动，目的是展示地方城市文化，以及借助新媒体技术赋能的城市美化工程推动的结果。G20 之后，灯光秀在长期而固定的休闲空间、短暂时空的人群公共汇聚中所体现出的城市交往空间的文

69

---

① 曼纽尔·卡斯特尔：《发达资本主义的集体消费与城市矛盾》，姜姗译，《国外城市规划》2006 年第 5 期，第 30-38 页。

化意涵，以及对未来城市活动和相关传播效果的影响，还可以继续进行验证。

第四节　城市策展中的地方知识转译

一、研究目的与背景

近年国内一批地方博物馆借助地方政策的扶持快速崛起，完成了建筑设计、空间布置与展品收集的草创之后，开始以地方文化为主题组织策展，探索社区文化功能，以实现博物馆弘扬地方文化、整理地方知识、扮演文化社区的任务。① 尽管博物馆的社会功能日渐复杂，策展仍然是其最重要的工作任务，因为它代表了一座博物馆的馆藏实力与专业水准，展览成果也是与受众沟通的重要渠道。目前国内博物馆展览的相关研究，除了文博专业对自我策展的介绍宣传，对博物馆展览的构思陈述、新技术和新创意的使用、整体效果功能评价，以及观众的观感与体验研究均有不同角度的阐述。无论是文化治理的实用主义者还是文化批评的学者，对博物馆的意识形态色彩均不予以否认，他们普遍认同：传统博物馆具有社会宣教功用，是福柯式的权力规训的体现。对博物馆界从业者而言，他们更明确地感知到当前博物馆正面临着前所未有的机会与挑战，其在理论与实践中必须积极应对。故宫博物院近年在文创、展览、社会服务中的突出变革，触动和转变了博物馆的原本观念，通过调动博物馆各项资源，打造精品展览，吸引观众前来观展，就是成功案例。

本节将目光集中在地方博物馆的策展行动，期望打开观众观展之前的"黑箱"（black box）。"黑箱"是拉图尔在行动者网络理论中所阐述的重要概念，他以社会学家视角观察自然和社会如何被制造出来，

① 拥有贝聿铭设计的知名建筑和苏州市的地方支持，苏州博物馆在文创与策展两方面均获得较高关注，不仅获得较高知名度，也成为许多地方博物馆学习经验的对象。

而后又是如何被抹去其制造性痕迹的。科学家在进行科学研究时，无从知晓自然和社会是什么，他们所能做的仅仅是在一定的传统之下操纵并不断修正仪器的运作，最终得到数据、完成论文。论文一旦完成并得到科学界的认可，那么，论文中所展现出来的内容自然就获得了超越性。[①] 在另一项研究中，拉图尔通过巴斯德细菌的故事和史料梳理，发现科学家们对此进行了"翻转"操作，即将这一超越性的细菌置于科学研究之前，可以说巴斯德并非建构了细菌，他仅仅是发现了细菌。拉图尔认为自然的超越性仅仅是一个假象，假象之所以会产生，就是因为人们在科学实践结束后用细菌来指称一种"物"，而黑箱化了真实过程中的"行动"。[②]

观众在博物馆所欣赏的精美展览、摆放好的展品和精美的图录都成为一种被固化的事实，是被阐释和安排的结果，而大部分人都不了解策展背后的"黑箱"。事实上，博物馆的种类很多，功能也各有差异。每一家博物馆都有其形成和发展的特殊性，需要联系博物馆的学科、产品的物质特性、实践背景等方面来讨论。只有通过具体而微观的在地考察，打开策展黑箱，才能理解展品的话语阐释、空间展陈、观众接受之间的关联。本节聚焦策展人及其具体的博物馆工作情境，跳出以往博物馆展厅呈现和社会交往空间等"前台"，找寻博物馆策展的"后台"的决策和组织工作情境，理解展出的前期准备与后期把控的专业性如何从其根植于地方的文化、社会语境中转化生成知识的。

我们进行田野调查 N 的博物馆属于杭州市，该市的茶叶、丝绸都是全国知名的特产，且拥有较长可追溯的历史与技术，极具地方特色，与以瓷器、茶叶、丝绸为主题的博物馆几乎是同时建立的，据了解 N 博物馆是当时杭州市市政府希望有体现文化特色的博物馆而专项拨款建设的。N 博物馆位于山脉西麓，地处西湖风景区，是中国第一座依托古窑址建立的陶瓷专题博物馆，主要研究和展示南宋官窑瓷器，因

71

---

① 布鲁诺·拉图尔、史蒂夫·伍尔加：《实验室生活：科学事实的建构过程》，刁小英、张伯霖译，东方出版社 2004 年版。

② 布鲁诺·拉图：《巴斯德的实验室：细菌的战争与和平》，伍启鸿、陈荣泰译，群学出版有限公司 2016 年版。

为一次大规模的考古遗址发现，让官窑遗址得到了普遍的认定，因此在原本的遗址附近建立了这座博物馆。游客沿着博物馆外围翻越小山坡，便可以走进官窑遗址。博物馆自 1992 年正式对外开放后，经历 2002 年综合改造、2007 年二期扩建，以及 2010 年三期工程完工，增加了名窑传承馆、历史陈列展厅和休闲馆，官窑遗址坡道和考古现场，现占地面积约 43000 平方米，是浙江省目前占地面积最大的博物馆。

博物馆常设展布局构思皆精心打造，主要是对浙江省的官窑考古发掘情况、宋代的官窑进行介绍，但常年不更换，博物馆生机活力通常体现在经常更换的临时展览中。该博物馆目前主要有两种展览方式，一种是自设展览，全部由自己策划完成；另一种是引进展，是将其他地方现成的展览借用过来，好处是可以节省一些精力，也方便与文博同行交流切磋。N 博物馆一年会安排 4 次临展，每次展览为期 3 个月。展览过程中每个月在特殊的节庆、民间节日或是博物馆日等节点都会设置一个活动，目的是保持热度，加强与受众的交流。策展主题来自以下渠道：一是博物馆正在进行的研究主题，这种选题根据研究方向、展品和研究成果综合确定。二是通过对外联系借调而来的展览。三是宣传部门、主管部门自上而下的选题安排，通常是为了配合某项宣传教育活动。平时展览主题大多围绕宋代或陶瓷这两个关键词展开。选题与博物馆自身的题材属性基本关联，主要是陶瓷类、北宋南宋时代特质、古代文人的日常用具等文物展览，也有该博物馆自己组织研究的展览。据了解，该馆的展览布展流程大致可以划分为三个阶段：首先是策划阶段，主要根据博物馆自身情况，捕捉创意，落实方案；其次是具体策划实施过程，包括文案、美工和活动策划；最后是展出阶段，通过多方面组织活动，引发观众的普遍关注。

二、研究方法与理论框架

通过田野访谈和深描的方式，我们进行了长达一年的田野调查，与策展人及其团队进行深度访谈，试图打开博物馆策展的"黑箱"。通过参与地方专题博物馆的策展、布展和办展过程，了解地方文化如何通过展览进行知识转译与建构，思考策展中知识专业化如何体现在博物馆的空间、解说词和展品的布置中，并最终体现于作品中。以拉图尔的行动者网络理论理解，这是两个不同的社群（专业人士与观众）之间、不同的物种（文物与人类）之间如何进行转译的问题。

每位观众和专业人士在进入展厅后，因所具有的先天条件及不同的知识框架，每个人对展品、展览解说和展厅布局都有较大的欣赏差异，因此博物馆需要通过转译的方式，在不同环节的设计者、不同水准的观展人士之间建立沟通，并以叙事学的方式进行表达，对观众的社会身份（共同体）、兴趣的发掘和引领（文化），行动的资源是人也是物。

通过前期调查，我们的问题集中为以下内容：对于从设馆之初就定位于某种地方文化和地方知识的专题类博物馆，在展陈过程中，如何调动物品和话语体系，如何实现地方性知识的建构？博物馆策展的大众化和专业化这对矛盾如何转化？研究方法是自 2019 年 2 月初至6 月底每周抽一天时间在这家博物馆进行参与式观察，对新展览的开展和宣传配套活动，均进行深度参与。我们对策展人进行了多次结构化访谈，与策展团队均进行了半结构化深度访谈，主要针对每一次展览的思考、操作和执行中的困难，访谈录音共计 38 小时。

从知识层面来看，专业人士与非专业人士的关注和取向差异很大。从知识社会学路径思考，博物馆策展人对展出的文物、图像、文字及其系列复杂工作都是专业阐释与重新建构的过程。对地方性知识的理解有差异，主要有两层意义：一是"地方性知识"（local knowledge）在文史领域所具有的特殊意义。特定的"地方性知识"正是这一变革的产物之一。这里所谓的"地方性知识"不是指任何特定的、具有地方特征的知识，而是一种新型的知识观念。在知识社会学层面，其意义在于，知识总是在特定的情境中生成并得到辩护的，因此我们对知识的考察与其关注普遍准则，不如着眼于如何形成知识的具体的情境条件。二是可以理解为地方博物馆所构建的地方知识体系。这种地方知识包括了各种地方独有的、具有文化特质的物质和非物质的、实践的经验观看过程，其中包含了鉴赏能力的学习和知识的整理与细分。"地方性"（local）就不再是特定的地域意义，而是涉及知识的生成与辩护中所形成的特定的情境（context），包括特定历史条件所形成的文化与亚文化群体的价值观,特定的利益关系所决定的立场和视域等。

三、研究发现

(一)"代理者"的日常工作

从近年博物馆的理念来看,博物馆实践活动设计围绕着人本主义思想进行,它以人类的活动为中心,以受众为参照的展馆实践,大到展览选题,小到现场休息的椅子的摆放位置,都以观众的感受为主要考量。博物馆策展的日常工作大概包括三个层面:确定展览主题、挑选展出文物、写作解说文本、图画照片穿插、设计活动各环节。策展人 F 老师是该博物馆展教部主任,作为多次临展活动的总导演,她是整个展馆策展的灵魂人物,也是我们田野调查的引路人。完成一项策展工作十分复杂、繁杂,F 老师直言不讳:"那种引进展,有时候光是合同就要签十来个","要上保险,特别是国家级的文物,写保证书也可以,由官方背书",文物的保险、运送、展出各环节都必须严丝合缝,不能出任何纰漏,在长达数月甚至一年的筹划工作,团队成员需要在不同组织、机构、社区间来回沟通。成功的策展人既需要回应观众所需沟通的学术研究与展陈设计,提升展品的当代意义,又需要通过观展体验提升大众修养,履行博物馆的教育使命,提升其社会价值。可以说,策展成功与否,关键在于策展人对不同社群的连接行动是否成功。策展人作为博物馆展览宣传教育研究部门的负责人,需要组织协调展览各部分工作,其职能涉及多方面:策划各文物主题展览、制定预算、选择展品、作为与各部门间的总协调、制定布撤展方案、参与整个展览,对规模较小的博物馆而言,策展人亲力亲为参与各环节是必不可少的。

当代博物馆空间设计理念与人际交流实践成为传播学、建筑学和城市学者们关注的焦点,城市建筑设计师们不仅将博物馆打造为人与物、自然交流碰撞的空间,拥有"感知力场"(perceptual fields of force)的博物馆更被视为教育和文化实践的地点。当代博物馆已发展为信息存储、展览策划、活动组织的场所,尤其是地方博物馆更成为社区功能探索的实践者。博物馆包含着一系列矛盾:文化传统与技术创新、精英文化与大众文化、物质藏品与受众资源……努力保持二元平衡成为博物馆面临的普遍挑战。策展人必须整合策展部门内部意见纷争，对文案提出创意或加以修正，推动所关联的各部门的互动。个人文化资本和艺术敏感与展览之间起化学作用，包括了繁杂的文案、美工、展品、策划，最终以物品、文字、空间等中介化的方式呈现。策展中有长期经验性的思考，或许是日常生活中的灵光一现，也有对其他博物馆布展的学习与借鉴，更多时候是对脚本的写作与演练，以及对新的展陈方式的吸收与参观。

在笔者第二次访谈结束的时候，F 老师送笔者到车站，她顺路去杭州市档案馆给个人课题找寻配图，她的日常写作与考证需要的资料、文物，即文博界常说的图文互证，依赖对馆藏文物的深刻了解和个人钻研能力。这家博物馆的策展团队有浙江大学历史系的硕士生，也有中国美术学院毕业生，年轻人的专业差异大，也各有长处，依靠她以师傅带徒弟的方式培养，在策展过程中积极参与团队工作。一般博物馆的策展人员关注展陈、故事叙述、讲述方式。对笔者调查的这家博物馆的策展团队而言，对专业性的陶瓷、瓷片也需要有足够的理解。在考古发掘之后，文物专业人员会对文物进行鉴定，再进行藏品登记，主要流程包括：瓷片称量并将数据记录在纸质档案中、实物拍摄并将图片录入电脑。如何从残缺的、纹样不清晰的瓷片中获取有效信息并进行归类、命名，辨认瓷片很考验研究者的水准。该馆推出的暑期少年学子们学习瓷片的活动一度很受欢迎，活动由他们主办，邀请专家现场讲解，整个活动由旅行社代理。文博界的学者给孩子们讲述窑址和瓷片的故事最具价值。

笔者与 F 老师一同观看浙江省瓷器外销大展时，她一面点评整个展览的布置，一面端详某件瓷器，说"这件到宋代是没有问题的"，出于瓷器专业的鉴赏能力，她对标签中所注明的年代提出了质疑。文博人士的日常研究大多建立在对馆藏和考古的瓷片的辨认、恢复、比对等方面。对器物的分析、比对、重构等研究，包括年代测定、计量与测绘、描述记录、比较与解读，会形成一种基本的共同认知。工作人员在这些研究的基础上再进行策展设计，因此，自我策划的临展考验着博物馆的专业水准。

除了文博展览必须具备的学识背景，策展能力是另一种更为复杂的组织、调配和管理技术。最关键的转译部分是将其转变为完整的叙事或理论化的过程。与公众直接联系的策展部门与科学实验室的日常工作有相同之处，其器材是策展使用的文物研究、文本撰写，叙事方式上需要根据展品挑选、设计解说和美工来确定。

（二）物的叙事“转译”

展览的故事线索必须有其存在的真实历史背景，同时必须与馆藏文物贴合，形成一种包含趣味的叙事，通过点（展品）和线（时间、人物、故事）结合的方式，展现出想要呈现给观众的内容。展览的文字工作包含前言和结语等文案，还有介绍展品的文字说明，再加上设计展现的方式，三者缺一不可。博物馆中文物是重中之重，展品无法自己说话，只能依靠专业人员帮助表达和反映其精华。但如何让文物诉说和表达自我，让观众能了解和正确接收到其所传达的信息，需要实践摸索。国内策展人学科背景各不相同，这一行业处于快速上升期，抱着学习心态旅行参观其他博物馆成为他们日常生活的一部分。

伴随着策展实践的变化不断突破，以往的策展经验也需要更新，近年策展中引人入胜的故事安排颇为风行，对喜欢“剧本杀”的年轻观众产生了吸引力。叙事或者说讲故事是博物馆强调的交流技能，知名文物将观众吸引进博物馆，好的叙事结构则让人们享受到观展的趣味。叙事是一种编织式的“转译”，将器物要表达的内容传达出来。研究者对策展的类型进行分析，有当前国内历史类展览的组成形式分析，提炼出四种叙事模式，即古代社会史类、近现当代社会史类、近现代人物史类、科技发展史类。[①] 这种分类在常规展中仍较为多见，但在策展水平日渐提升的当代已经发生了极大变化。策展还包括选择展品，它是非人类因素（non-humans），需要博物馆的策展人根据经验与构思在现有馆藏中找寻，并将其中精彩的部分，经考证、讨论后编织进

---

① 刘佳莹、宋向光：《历史陈列的叙事学模型解读与建构——从内容设计到展览表现》，《中国博物馆》2017 年第 2 期，第 122-128 页。

入展览的叙事系统中。

……现在的博物馆类场所的策展人,大部分专业都是历史系或者考古系,文博是非常专业的,要把它转换成比较能够让大众理解的语言,其实对我们来说是一个挑战。我觉得特别专业的展览,一般观众真的看不懂,也不感兴趣。所以我们就在语言上进行转换,尽量加入一些流行元素,比如现在很流行一种做法,把展览做成情节式的。比如说我有一个故事的主线,就是我们《临安人的一天》那个例子,很多展览后来都采取类似的形式。……最好的展览是通过故事的叙述方式来告诉参观者一个广阔的历史背景,这种类型比较流行。还有一种流行的展览做法就是跨界。跨界就是说我有古代的文物,也有现代的文物,如何把这个古代文物和现代文物有机地结合起来,谈一个有趣的话题,类似这种。但是这种展览在我们这里成功的不多……噱头真的是很好,想法很好,而且宣传做得也蛮好,但以我们专业眼光去看这个展览,我觉得还没做好。因为它让一些很出彩的展品掩盖在了展览的构思里。(F 老师访谈,2019-04-27)

就 F 老师的认识而言,她觉得文博类策展人不仅要了解传统布展,更需关注现实生活和社会心理变化,在公众兴趣点和专业学术知识之间找到关联,用平实生动的语言和合理的文案传达严谨的思考,同时对展览的空间设计和平面设计进行文化阐释。有的展览过于强调公众兴趣,专业度不够,就很难获得同行认同,也直接影响到展览的精彩程度;有时候过于专业化也会曲高和寡。例如有一期关于印章瓷的临展,整个策展团队花了很大力气进行考证,展览颇受业内好评,但因题材太过小众、内容过于专业,没有引起大的社会反响。

具体到每一次解说词的写作中各种环节的问题,中国台湾学者黄圣哲曾以展览个案分析批判展陈的叙事文本,认为导览成为一种自我沉浸的表演,愈发成为脱离艺术作品的空洞话语游戏,它的行动结构完全建立在自由联想随意游走的闲聊上,导览行动成为与被导览的参访者拉近彼此关系的社交活动。他认为,艺术展览的数字导览修辞成了"脱离艺术作品的空洞话语游戏"，艺术欣赏需要观看者的感悟与理解，而不是"与被导览的参访者拉近彼此关系的社交活动"。其批判的关键是：美学经验建立在活生生的知觉上，它不能由理论去理解，也不能由他者设定，它完全仰赖欣赏者能否自主地进入一种危机式的沉思冥想之中，开展自身的欣赏事件。[①] 他的激烈批评源自这样一种认知，即作为当代艺术的观展导览，审美艺术需要读者的自我感悟而非博物馆的时刻引导，但专题博物馆相比较而言情况有较大不同。文博类展览中知识和阐释功能的叙事仍然非常重要，需要受众提供必要的社会历史背景和人文内容作为语境，观众的接受度不像艺术博物馆参观时那样，其衡量标准有一定模糊性，审美感受也各有差异，美学感受中更偏向顿悟而非知识吸纳。但就我们的研究对象而言，在历史类博物馆中导览和解说词必不可少，观众需要在参观后获得专业知识，也对此有所期待。如果对策展过程进行深度了解，就会发现叙事文本创作过程需要多方面的平衡：观众的接纳程度，太过专业显得不够亲和；但在"接地气"的同时，也要体现出博物馆的专业能力，因为还存在同行观展的评议。此外，受众分为许多层面，有的受众相当专业，会以较高的专业眼光观展。自设展是对当地知识的重新梳理与展现；引进展则侧重于他者的地方知识的转移再现，对观众而言会有新鲜感，也能促进其对地方知识的了解。

（三）社群间的知识转译

在传统的博物馆功能研究中，知识社会学强调博物馆作为知识生产机构所扮演的角色。[②] 文化研究倾向于视博物馆为文化意识形态载体，福柯式的权力规训渗透于展览设计与参观过程。[③] 从市民社会视

---

① 黄圣哲：《美术馆导览的自我搬演：一个艺术社会学的个案重建》，《文化研究月报》2010 年第 110 期，第 25-42 页。

② 宋向光：《知识生产者，抑或遗产守护者？——博物馆藏品的内涵及定义》，《博物院》2018 年第 4 期，第 50-53 页。

③ 潘宝：《空间秩序与身体控制：博物馆人类学视域中的观众》，《中国博物馆》2014 年第 4 期，第 37-44 页。

角考察,博物馆发展历史显示为逐渐与公众连接的清晰的历史进程。[1]
博物馆公共化是发展的主要趋势,无论是内部结构还是主要功能都体现为对受众的强调。随着博物馆宣传和意识形态色彩的弱化,其所承担的社会功能日趋复杂,许多博物馆都开始尝试与公众进行有效连接,并不断累积实践经验。[2] 以科学类博物馆为案例,研究者意识到提升公众参与度对博物馆实践有重要意义,可以促进青少年的知识理解和科学参与。[3]

博物馆对公众发挥的社区化和知识传播的重要影响,表现在对文化社区的引导和博物馆新功能的发展。传统社会学视角中博物馆扮演着社会组织者与传播者的功能,但伴随着越来越多地方性、专项性和私人博物馆的兴起,小规模的地区性博物馆以社区行动方式发挥文化动员作用,沟通社会文化。博物馆对大规模辐射性社会传播到扮演区域的行动节点均有所关注。博物馆作为"不追求营利的、为社会和社会发展服务的、向公众开放的永久性机构",经济、社会结构的系列转型给博物馆带来机遇与冲击,实践通常与社会脉动紧密关联。如何动员社区,扩展博物馆的社区功能?

在"宋代书房文具展"开展现场,策展团队的姑娘向前来采访的记者解释文物的亮点。一般展览中的高级文物是整个展览的重头戏,会备受关注,例如故宫的《清明上河图》的展出,即使不懂古代书画的普通观众也会慕名前来,一窥究竟。有的文物等级不算高,但可能是名人用过的,或是背后有一些故事,或有某种工艺、技艺等代表性内容,甚至是观众喜欢的"萌点",这都需要策展方重点提醒。这些有助于记者写文博类新闻稿的素材,一般都会在策展时事先准备好,现场来采

---

[1] 杨志刚:《博物馆与中国近代以来公共意识的拓展》,《复旦学报(社会科学版)》1999年第 3 期,第 54-60 页。

[2] 每年 5 月 18 日国际博物馆日会确定一个主题,引领世界各博物馆参与讨论。以往的议题涵盖了博物馆面临的挑战与机遇,包括:如何社区化、历史争论、新技术渗透等,还包括博物馆始终关注的,与特定人类或物质群体连接,如土著、青少年,与社会遗产、记忆、社会变革、难以言说的历史、与非法文物贩运的关联等。

[3] 江淑琳、张瑜倩:《更民主的科学沟通:科学类博物馆实践公众参与科学之角色初探》,《传播研究与实践》2016 年第 1 期,第 199-227 页。

访的记者还会问询并拍照、记录，方便回去写稿。有的展品故事已经提前整理好，推送在博物馆公众号的展览亮点里。策展团队的实践是对观展"目光"的引导，对普通观众，尤其是很少看展的人来说，当缺乏基本的文物历史知识，也不太知道要看什么、怎么看时，介绍和引导就非常重要，可以帮助他们理解展品。有的观众一进来就会奔向某个明星展品拍照合影，说明他们已经做过功课了。在看"弄青影"展出时，策展老师专门给我们讲解了展览的重要展品和设计构思，旁边的观众非常专业，对许多的问题都能给出回答或者与策展团队搭上话，也让我们见识到了接近专家水准的观众。

一次好的展览的完成，最终需要对其进行评判，除了关注展品质量、内容及形式策划、传播手段及配套活动的设置，博物馆人员作为实验者，要记录、分析、监控整个策展活动。此间观众扮演了实验对象，因为良好的展出效果而发展为策展者的催化剂。沉浸式体验的展出现在非常受欢迎，策展人需要为观众设计故事，引导观众参与。观众反馈是每一次展览中最能给策展人鼓励或启发的部分。通过评展可以了解展览的结果是否良好，是否产生了预计中的化学反应。传统博物馆人员需要依靠归纳出的标准并提供实验数据，证明展览若能引发四类观众的强烈共鸣，那么展览在观众层面上就是成功的。①

我们在访谈中了解到该馆与受众沟通的基本情况。

> 这个博物馆系统，还有一些评比活动，其实对我们这种推广也是很有吸引力的，就不管自己内部，比如说每年都搞十大陈列精品展，还有这种"十大"，浙江省、全国都搞，然后还有优秀教育设计案例，就是博物馆教育设计案例。今年我们馆的教育案例，跟上课的那种比赛一样，一大堆材料。我做过的案例都是有方案的，然后我把它们总结成汇报材料交上去，然后由专家评比，就是这种类型。（你这个材料里面会不会包括观众的反馈那些东西？）嗯，也会有的，必须有，像我们那个十大精品展，一定要把观众的

---

① Andrew J. Pekarik, James B. Schreiber, Nadine Hanemann, Kelly Richmond, Barbara Mogel：《IPOP：体验偏好理论》，王思怡译，《中国博物馆》2017 年第 2 期，第 109-121 页。

意见都放上去的，我们每一个展览都会做一个观众留言本。（他们会好好写吗？）嗯，只能从里面挑，有些真的是乱留言。肯定会有乱七八糟的，但是对那种很认真的关注者，作为我们博物馆来说会单独回复他。（那你怎么找到他？）有的时候他们会留联系方式，哎，很有意思，有的人会留邮箱，有的会留电话号码，特别是建议我们要改进的，我们是第一时间一定要回复他的，不回复他的话，就是说，会觉得有点让观众失望，另外呢，也是体现我们的一个态度嘛，博物馆的态度，这个还是会回复的。（F 老师访谈，2019-01-04）

可见，引导参与、反馈评价、社会共鸣都是博物馆整个策展的重要环节，必须认真对待。博物馆的社会效益也是重要的评判标准，社会效益包括对不同层面观众的影响力，展览结束后在人们记忆当中留下的印象与痕迹。该馆经常设计一些活动，在公众号上推出，欢迎热情观众参与。团队老师告诉我，放 10 个名额一下就被抢光了，还有人问后台，于是又加了 10 个名额。有了官方公众号，信息很容易传递给文博爱好者们，也可以很快得到他们的反馈，新技术带来的沟通便捷，让团队十分兴奋。活动通常需要受众感兴趣，文物的制作技艺等几乎不可能进行手工教授，但可以进行相关的活动策划，例如"桂林博物馆藏南方少数民族银饰展"，在展览的同时举办了"三月三女孩节"的活动，还有女生手工饰品的现场制作，由中国美术学院首饰设计专业的研究生来教学。在参与活动之前，会有策展团队人员带领大家参观展览，并进行详细解说。这类活动通常是用来维持展览的热度。陶艺体验区的手拉坯教学是该馆在杭州博物馆系统中最早设计采用的，现在其他博物馆也纷纷跟进。除了日常提供观众体验，该馆还主办了杭州市中小学陶艺大赛，吸引很多中小学生参与，增加了互动体验与博物馆的知名度。他们还做了虚拟仿真的动画，观众参观窑址的时候，只需要扫码就可以看到古代烧制瓷器的技术流程动态演示。作为区域性与专题性博物馆，拉近与受众的距离，弱化以往的宣传色彩，在功能上更加强调服务社会和公众的有效连接是整体发展趋势。

四、结论

地方策展是地方知识在空间重现的过程，也是通过物的挖掘重新对知识进行阐释的过程，因此从展览主题的确定到展品选择、解说词的阐述，都显示出一种主观阐释与客观知识的交织。对文物和考古学界而言，可能会有许多不确定性，也有大量的事实之间的潜在关联，需要经过考证，以图证史，或是通过关联物品的推导变成定论，转化为新知。传统意义的策展是一种由精英专业团队进行构建的过程，对博物馆而言，这是一种对学术水准、馆藏物品的全面策划与检验，同行团体彼此的关注成为重要的连接。新技术与策展互动、媒介化的过程让这种规训权力变成一种知识普及、吸引观众的过程。发展中的地方博物馆正在进行着一种实验性的地方知识构建空间。

第五节　本章小结

以上我们讨论了都市漫游、杭州 G20 灯光秀与地方博物馆的策展，围绕着观看行为与感官认知思考日常生活中媒介化与城市环境的结合，以及新媒介形态对受众感知方式的形塑。从视觉理论出发，对室外空间环境与室内展览进行全方位考察，观看是空间发生的视觉活动，观看者（主体）、被观看者（客体或物）、观看的行动、观看的媒介技术环境都具有考察价值。

过去我们对媒介的认识主要集中于其所传递的内容与象征符号，对媒介的实体部分，即包含对文明秩序有着重要影响的各种物质、器具（devices）的研究成果多集中于历史学与人类学领域。媒介过去被认为拥有巨大影响力，但很少被放置于社会基础性（infrastructural）地位。现在情形发生了改变，媒介开始融入人类所有的存在方式，我们正在成为不断蔓延的媒介化的终端。媒介技术延伸了人类沟通与传播本能的边界；媒介部分或完全取代社会行动及社会机构；媒介行动渗透到越来越多的日常生活与专业化领域中；各种不同专业领域里的组织或个人必须迁就媒介操作信息的方式。在我们讨论的案例中,媒介扩大至各种传统意义上并不属于媒体的物质形态,各种建筑、灯光和展览,印证着这是个万物皆媒的时代。

杭城的 G20 灯光秀是典型的中国式媒介化案例,"观看"和"身体感知"极具价值,灯光秀中政府的集体消费和民众积极投入的"爱城主义",都体现出此消彼长的媒介创造与重新诠释的力量。博物馆同样表现为争夺受众感官的媒介,作为地方知识的阐释者、传播者,它的实践是在新媒体技术的推动下人与物之间的"转译",这构成了城市自我历史书写的一部分。这类研究是艺术环境设计、传播学、社会心理学讨论的交集,未来需要警惕的倾向是,感官的技术化导致的感官均质化,使带有文化特质的复杂观看变成单一的"凝视",让"身体体验"流于缺乏深度思考的表层新奇感。当前这一趋势不仅在艺术与商业的实践中有所体现,在研究中也出现了类似的扁平化倾向。

第三章　女性物质消费与在线情感

第一节　他人导向的女性媒体呈现

2020 年 10 月 12 日，一篇名为"我潜伏上海'名媛'群，做了半个月的名媛观察者"的文章引发刷屏热议，"上海名媛拼单"话题冲上微博热搜。据该文章所述，"名媛"多出生于普通家庭，她们面容身材姣好，希望借这一身份进行包装后结识富家子弟，或吸引粉丝成为带货网红。通过社交媒体发布照片或视频，她们努力营造一种过着精致生活的人生赢家形象。这一现象被曝光后，确实有人找出很多网红拍照时间、地点的重合之处。这些年轻美丽的女性在高档酒店打卡，共享着背景相同的酒店早餐、晚餐、生日宴会，但事实上，每位女性都是摆拍流水线的产品，她们也为流水线拍摄付费。传统炫富行为如包私人飞机、背铂金包等不再需要巨额费用，只需要像拼多多一样，以拼单的方式低成本共享。名媛被群嘲为一面哈哈镜，照出的不仅是独辟蹊径的商业化运作，更有被社交媒体激发的人性虚荣，以及消费主义与拜物教风行后个体被扭曲的媒介呈现。

社交媒体是十余年来席卷人类社会的传播交流方式，它是否真正促进了人际交流或许仍是个问题。QQ、微信、Facebook、抖音等社交媒体的长期使用产生了一种席卷全球的集体性倦怠，但在阶层或品位在线展示上,却吸引了较低阶层对较高阶层的仰望和模仿。年轻职场女性经常接收各种手机 App 中的明星、网红、带货主播的消费示范、美照美妆与穿搭指导信息,在日常职场生活中饱受同侪压力,期望在社交媒体中晒出个人成功与幸福。每当新的社交媒体、新的自我表达方式出现,喜欢并能快速接受新事物的人群就会投身其中、积极使用,并在互联网公司的社交逻辑推行下,通过日常生活分享,继续生产新的媒体内容。

美国社会学家大卫·理斯曼(David Riesman)在《孤独的人群》一书中确立了社会模式与个体心理的重要关联,他描绘并分析了美国社会发展不同阶段的三种社会人格类型:传统导向、自我导向和他人导向。传统导向者的行为处处受传统文化模式的控制,被认为是稳定社会的典型性格。自我导向者的准则是幼年时习得的价值观和内化目标,不囿于传统,这种人具有强烈的自我意识、欲望和抱负,是早期工业化社会的典型性格。而他人导向者往往根据别人的期望来调整自己的行为,依靠他人的不断认可与支持来确定自我形象,它是都市、工业、科层制社会的典型性格。[1] 理斯曼通过个体社会性格分析,精准地把握了美国社会的特质及其社会变迁的深刻影响。

当代中国都市社会中,年轻人的生活压力、消费压力巨大,而更大的是精神压力。一部分青年会努力通过社交媒体展现出"穷精致"的生活,在消费主义的鼓吹之下,与周边人群攀比和炫耀,不顾后果地消费。营造社交媒体中理想化自我的根源在于摆脱现实的自我,并在外界羡慕、赞美、嫉妒的目光中获得自我满足。年轻人的职场压力本质上是一种焦虑,他们的外在行动可能是无节制地购物,这在中国社会的都市年轻白领中表现得尤为突出,这既有对时尚的模仿和追随,也伴随着消费的无目的性、无节制和随意跟风。一部分年轻人甚至抛弃了物质实体消费,开始追求消费"盲盒"的刺激。购买不再是传统社会人与物在使用中形成的情感、审美的联结,而是成为一种拆礼物的游戏,人们不断地购买却未必使用,购买已经成为一种上瘾机制,人们的

85

---

[1] 大卫·理斯曼:《孤独的人群》,王崑、朱虹译,南京大学出版社 2003 年版。

关注点从购物的物质实用性转向了购买行动本身。盲盒的设定使它带上了赌博的性质，打开时获得瞬间刺激。年轻人为追求这种刺激，甚至背负网络借贷压力。这种消费显示出，物质已经从具有唯一性的精美艺术品变为数码时代的复制品，成为某种粗糙的象征物，甚至已经失去了物的本质意义。种种新现象让我们思考，对于身处互联网时代的人而言，在消费主义大潮与商品拜物教的裹挟之下，传统社会的自我观念、身份塑造和主体性认同变得十分困难，它与消费行为紧密地捆绑，让我们误认为依靠购买就可以通过外在的个性化来实现个体差异性。人们满意地挑选各种消费品，利用消费实践塑造带有个人标志的生活方式，将个体兴趣更多地放在消费主义的满足与享受中。

生活在高度碎片化的风险社会中，我们无法再依据传统经验来应对复杂多变的现实，不确定性的挑战给人太大的压力，这或许可以解释为何少部分人开始退回更狭窄的个人空间，安静地生活在自己精心构筑的狭小世界里，并乐于守护这种短暂的安全感。与严肃的公共政治话题相比，如今人们普遍更关注与私人领域密切相关的生活话题，比如电影、饮食、娱乐八卦、情感、购物和健身等。身体感知、个人爱好与生活休闲等方面的话题取代了严肃的公共政治议题，成为众人普遍关注的对象。日常生活取代宏观的社会政治，公共领域的地位不断下降，私人领域开始成为人们生活的重心。自我认同、自我取悦成为年轻人的行为核心，他们充满了个体需求与期待认同，想拥有更多不被干扰的私人空间。个体主义日益盛行的后果是，人们总是优先关注自我，帮助他人只是关注自我的衍生物，总是最后才被纳入考量。以自我满足为中心的个人主义和自恋主义逐渐泛滥，大多数人的内心逐渐变得只容得下个体、自我和私人生活方式，只关心个人的生活体验和自我表达。

人们个性化的自我表达的外在表现为消费主义的深远影响，这包括日常的消费行为与媒介使用习惯，或是社交媒体上大多数热门话题，它们与个体体验密切相关。私人事务包含微观层面的生活方式与自我表达，具体表达方式与内容并不重要，重要的是个体需要表达的途径。媒介则负有帮助他们构建自我形象、在过程中找寻自我的义务。

当前中国社会中青年人的快速变化体现出多画面的复杂图景,都市圈的快速发展与吸附力将人口向中心城市吸引、城市文化与青年文化、小众文化圈层混杂;职场上的年轻人没有享受时代红利,却成为被企业公司压榨、被消费主义洗脑的对象,他们以"社畜"自嘲、反抗互联网企业的"996"工作制,拒绝担负起沉重的社会责任,而特立独行的《奇葩说》、自"黑"他"黑"的脱口秀都成为他们充分表达自己声音的平台。个体更为深入地卷入大众传播的活动和过程中,主动性和创造性进一步被激发,产生了多样化的大众传播方式和个性十足的文化符号。

受众在媒体所搭建的这个"舞台"上,开始进行属于自己的表演,不断追求着其他大众对其的瞩目和关注。表现型人格乐于将自己获得的媒体信息与其他的受众进行分享,通过自己的表现将信息对外传播。这种极度的寻求瞩目和关注,原来的"媒介对人们做了些什么"之类的问题已经被"人们用媒介做了什么"的问题所取代,受众积极参与媒介这一"舞台"上的表演,并开始扮演着极为重要的角色。大众由原来的"观众"向着"演员"进一步转变。"表现性自我"随着新媒体的不断涌现和社会化媒体的进一步发展,以及这种进步与发展所带来的个人化趋势的加深,导致个性化传播方式的出现,为受众提供了极为丰富和多样化的选择,进一步刺激和推动了受众的自我表现。

受媒介化的影响,随着数码技术和互联网的深化,身体影像被广泛传播,身体信息被上传,无不证明着一个巨大的商业化的身体社会正在崛起。唐·伊德(Don Ihde)从技术哲学出发,探索技术身体如何被建构,对该问题的不同理解构成了他的三个身体理论:首先,身体是肉身意义上的,我们把自身经历视为具有运动感、知觉性、情绪性的在世存在物。其次,身体是社会文化意义上的,我们由社会性、文化性内部建构,如文化、性别政治等身体。最后,身体是技术意义上的,是在与技术的关系中以技术或者技术化人工物为中介建立起的。[①] 商业化

---

① 唐·伊德:《技术与生活世界》,韩连庆译,北京大学出版社 2012 年版。

与技术的媒介产品结合，形塑了作为整体的中介。

媒介环境学派的研究议题为当代欧洲的媒介化社会理论的"中介化"概念所继承。中介化是描述特殊社会语境下媒介传播的具体行为。如果以人类的传播经验作为研究主题，那么，媒介何以中介了身体的感知经验，从而使依靠环境的传播与交往成为可能，就成为核心议题。媒介环境学派的成就不仅仅局限于作为环境的媒介研究，尽管他们开辟了这一新研究路径，他们也切实讨论了作为物种的媒介，并产生了一些有启发的成果。众所周知，麦克卢汉的《理解媒介》一书对两者均有论述，第一讨论作为环境的媒介，第二则是分析作为物种的媒介。[1]

个体社会性格的深刻变化与以下几种趋势密切相关：一是人类充裕物质生产能力和层出不穷的商品消费阶层社会的出现；二是后工业社会的消费与闲暇产业的兴起；三是社交媒体中对他人关注的需求，年轻人将媒介视作建构自我和主体性意识的物质性源头。为此，消费主义与媒介情境成为本章要讨论的背景。

本章的研究对象选择了值得描画的中国新中产阶层女性，她们对消费有热情，是时尚和社会风潮的重要推动力量。尽管她们没有上流社会或精英阶层引领潮流的责任，却推动潮流真正走向流行。她们的知识水平和消费能力较强，是商业力量期待的有品位、有格调、有激情的消费主力，作为消费观念上的先行者、社会地位的追求者、生活品位的实践者，她们有着独有的消费激情，扮演着令人瞩目的前卫角色。[2]如果说中产阶层是消费生力军的话，那么，中产阶层女性更是个人和家庭消费的掌控者，中国社会购买力的70%以上掌握在女性手中。从职业分类来看，中产女性包括自由职业者、小私有企业主、专业技术人员、教师、医生、公务员、企事业管理人员等，这些女性是尤其值得关注的群体。

笔者所居住的杭州正成为长三角地区重要的准一线城市，但杭州

---

① 胡翼青：《智媒时代我们如何理解媒介——与麦克卢汉的断片式对话》，《新闻界》2019年第9期，第11-16页。

② 周晓虹：《时尚现象的社会心理分析》，《社会科学战线》1994年第5期，第84-90页。

的白领女性与上海和北京的白领女性仍然有着重要的差异,她们缺乏上海的国际潮流感,也很少有北京女性的时尚大气,但她们具有小资特色,很容易辨认出。举一个笔者长期观察的地点为例,杭州市西湖区的黄龙商圈连接着浙江大学西溪校区和玉泉校区,并拥有早期的绿城大厦、海关大楼、国家电网浙江公司大楼等知名建筑,旁边是经常举办演唱会的黄龙体育中心。这里的高档写字楼一度吸引了一批金融机构和国内外重要银行落户。千禧年之后,每天中午,黄龙的嘉华国际写字楼的星巴克两层店面都挤满了时尚的白领丽人,也偶有出差在外,购买杭州标志星巴克杯子的男女商务人士。这些女性家境优渥,衣着精致,带着海外旅行时购买的奢侈品牌围巾或手袋,说着流利的杭州话,她们或是年轻美丽的妈妈带着孩子,或是与闺蜜、同事一起喝咖啡,点单时与星巴克店员的闲聊显示出彼此的熟稔。

在田野调查中笔者发现,这些外表光鲜的中产阶层女性在喝咖啡的休闲时光中也并非处于松弛的状态。她们一面对自身要求极高,一面对子女教育十分关注,显示出一定的阶层焦虑。在星巴克聊天时,她们的话题基本围绕着各种教育选择展开,可能是学区房的选择,也可能是出国学校或是孩子补习班的选择,大量的教育信息在这里互相交流,不时有各种焦虑相互传染。她们想要保持有吸引力的、充满少女感的身材,保证孩子们能按照政策获得最好的教育资源。让孩子在最好的学区房就学,送孩子们学习舞蹈声乐,参与各种表演与竞赛,赢在人生的起跑线,读常春藤名校,实现令人称羡的人生目标,是这些女性始终最关注的话题。

本章我们以这些白领女性为研究对象,完成两个不同的研究设计,尝试分别讨论两个议题。议题一是描绘中产阶层利用微信履行母职的基本情况,并关注她们因何在微信使用中产生焦虑情绪;议题二是对国内女性在日本中古奢侈品店的在线购物所进行的田野考察。两者都与女性在线信息获取和媒介使用相关,显示出在社会消费环境、媒介生态环境中的女性日常面对的诸多压力。

第二节 母职焦虑叙事：微信中的家庭教育

因发送语音的便捷设置，微信的普及率迅速超越了QQ，将中老年群体纳入后，微信公众号、视频号提供大量内容产品，形成了一个半封闭的社交媒体和媒介生态圈。作为与普通中国人关系最为密切的媒介产品，微信成为人们获取资讯和彼此互动的方式。通过微信群进行家庭内部联系、遥控子女教育成为大部分在职母亲日常履行母职的主要方式。笔者对这些母亲进行访谈时发现，她们使用频率最高的词语是"焦虑"，而当前流行的反映心态的"佛系"一词，与显示教育竞争之残酷的"鸡娃""内卷"等词同时出现。受访的母亲们的焦虑只是偶尔陷入一种类似的情绪状态，基本集中于子女教育这一议题。研究过程中，话题涉及长期的子女养育和激烈的升学竞争压力，许多母亲在叙事中流露出焦虑症状。得知孩子考试考得不好的C妈妈觉得人生很没有意思，"想到这些心里就拔凉拔凉的"。孩子在某次大考中成绩退步，B妈妈难受到几乎以头撞墙，这让其他家长听说后感到害怕。但情绪低落的持续时间并不会太长，这些妈妈会尽快调适好心态。《成为母亲：一位知识女性的自白》《我是个妈妈，我需要铂金包》《中国妈妈"焦虑指数"报告》……这些自媒体的爆款文章经常被母亲们转发并评论。笔者所累积的访谈资料已经足以勾勒出一幅中产阶层母亲们对子女教育的焦虑叙事画卷。

焦虑早已成为我们的时代病，2019年中国精神卫生调查发现，焦虑症患病率最高，已经占人口比例的7.6％。焦虑包含生理性焦虑和病理性焦虑，严重的焦虑会影响个人正常生活。受访的母亲们没有去医院进行临床咨询。联系整个社会精神压力普遍较高的情形，对访谈中母亲的话语叙事无须大惊小怪，尽管有情绪低落、消极失望等负面心理伴随而来。这种焦虑情绪并非病理层面的，更应该视为个体或社会心理层面的。当前国内中小学教育内卷日趋激烈，阶层流动的愿望与无法逃避的社会现实，让中产家庭在子女教育竞争中举步维艰。在日常母职执行过程中，焦虑体现为母职履行困境与外在压力相互引发。

一、文献爬梳

母职（motherhood）通常指对母亲所扮演角色职责的期望和规范。与父职不同的是，母职被赋予过高的社会期待甚至是伦理色彩，其基本特点就是"自我牺牲"，把个人利益置于家庭利益之下。但是，伴随着女性自我意识的觉醒，她们开始追求自我满足与个体完满，同时社会日益将个体的权利置于和家庭同等甚至更高的地位，从而令女性权益和母亲职责之间形成了矛盾的张力。当前母职研究集中于对母职的某些特殊阶段的深入研究，如哺乳阶段、生育前后，抑或是讨论母职缺失对孩子成长发育的影响。母亲的教育焦虑还来自母职意识的压迫性力量造成的认知失调，被迫在多种身份压力间喘息。正如阿德里安·瑞奇（Adrienne Rich）所说，一个母亲必须完全放弃自己的目标，才能给小孩无条件的爱和注意力，才能合乎社会对好母亲的期待。身为母亲，任何保有追求育儿之外的个人发展意愿，都是与这种"牺牲自我"的期待相悖的，因此她们不得不在他人的评价及自己的罪恶感中挣扎。[1] 大量的女性主义研究与社会学研究均认可母职的焦虑性与母亲的职场身份及社会对女性的期许密切相关。

当前社会中产阶层的母职范畴，作为教育竞争加剧及教育市场化背景下的一种适应性变迁，城市家庭中的母职实践突破了私人领域内照料子女的传统内涵，母亲教育职责陡增并呈现出"密集母职"和"经纪人化"。有研究指出，母亲们对母职经纪人化趋势与个人职业角色冲突的处理态度也因家庭结构、工作压力和自身角色认同等方面的差异而有所不同。总体而言，当前中国母职经纪人化的趋势体现出现代性、条件性、本土性和多面性等四个特征。[2] 研究注意到母职变化与当

---

[1]　金一虹、杨笛：《教育"拼妈"："家长主义"的盛行与母职再造》，《南京社会科学》2015年第2期，第61-67页。

[2]　杨可：《母职的经纪人化———教育市场化背景下的母职变迁》，《妇女研究论丛》2018年第2期，第79-90页。

前的教育形势及激烈的社会竞争的现实关联，"内卷"一词在教育领域被频繁使用，甚至引发了全民性的焦虑，子女是否能进入名校、是否获得美好人生的入场券并实现人生的逆袭，成为商业机构贩卖焦虑的主要配方。

罗伯特·帕特南（Robert Putnam）接续了布尔迪厄社会资本的讨论，但将其内涵从富人之间的社会交往、一个内向的社会网络如何有利于网络内的人，扩大为全社会资本，来讨论一个外向的社会网络如何作用于社会整体。《我们的孩子》即展现了美国穷孩子和富家子在成长过程中逐步形成的全方位差距。中上层阶级的父母有更多时间陪伴孩子、给予人生引导、提供社会资源；而寒门子弟，不仅是经济上贫穷，还更有可能生活在残缺不全的破碎家庭，在成长过程中无法得到父母双全的关爱或在隔代教养的环境中长大。贫富阶级在家庭结构、父母教育方式、学校教育、邻里社区等方面都有鲜明的反映。[①] 帕特南除了做对比研究，还提及了关键的一点：中产阶层父母具有更好的合作性、更为稳定的家庭传统和社会资本，家庭实际扮演了一个成功的分工合作组织，这让他们的财富可以被继承。当前的母职文献大量论及的是当前的教育制度、阶层再生产、防止阶层坠落的心理等。

我们所讨论的母职焦虑，并非媒介使用时的错失焦虑、虚拟身份迷失所产生的压力，而是母亲对子女教育和学业的难以把控，在越来越激烈的竞争中造成的心理压力、挫败感和个体不适。本书从母职日常情境中思考家庭组织内部的性别权力关系，以及中国式的家庭结构、社会阶层再生产与教育体制的多重外部影响。这些外在因素操控着社会及家庭内的性别关系，家庭社会学者普遍视家庭为一个有共同利益的社会实体，是作为行动的主体存在的。一个显著的缺失是，当前母职焦虑研究很少对家庭教育的作用、家庭成员的作用，以及家庭作为组织所扮演的角色进行讨论。

通过前期观察笔者发现，女性对母职的认识和自我要求呈现出诸

---

① 罗伯特·帕特南：《我们的孩子》，田雷、宋昕译，中国政法大学出版社 2017 年版，第 255-274 页。

多个体差异,既有来自教育体制的差异,也有个体所定目标的差异,此时母亲的格局和视野变成焦虑的解压阀。即使研究对象均为中产阶层,根据母亲的教育观、教育水平、家庭年收入的不同,也会细分出许多差异化阶层。传统家庭仍然抱有旧经验,对中国20世纪70年代末产生的高考神话和高考对个体命运的改变深信不疑,这体现在教育水平较低的家长身上,就是坚信考上好学校能改变生活。有着较高教育水平的家长则更相信终身学习,对抹杀灵性的应试教育多少持有怀疑态度,后者通常会给子女准备留学教育基金作为未来继续深造的支持。普通家庭的心理压力尤为突出,将中考、高考视为人生最重要的部分,媒介化影响更是放大了这种焦虑。

为此,我们期望在田野调查中回答一系列问题:在母职执行过程中,母亲与父亲、祖父母辈的关系是加重了还是减轻了焦虑?在中产阶层的子女教育中,夫妻两人究竟谁的意见占据主导地位?男性配偶在家庭中通常作为一家之主,大多并不直接管理孩子的学习,这是否意味着他们可以摆脱这种焦虑叙事?最关键的问题是,家庭组织是否同时具有不和谐及统适特质?过去对家庭的研究强调家庭对抗外在社会力量时,家庭作为行动主体的统适性及成员彼此的相互依赖。家庭内部的权力层级是否会给母职带来压力,构成了母职焦虑叙事的主要内容。

本研究放置于社会学的家庭组织研究,讨论框架中的母职涉及多重社会关系和家庭内部的大量劳作,我们想要了解并推测,在教育和消费的双重压力下,作为家庭子女教育的直接关切者和执行者,母亲如何应付或是执行学校的日常教育标准,甚至创造性地完成或发展子女的学业设计。同时,家庭中的父亲和祖父母辈在母职行动中又扮演何种角色,母亲是否可能突破父权体制的性别层级关系?假如父职履行得不足够,母亲因为压力陷入焦虑情绪时,家庭是成为一个可以缓解情绪的减压阀,还是火上浇油的燃料桶?

二、研究方法

自2019年2月开始,笔者以杭州市被称为"公办中的民办"的某公办小学为田野调查对象，对 6 年级某班 10 户杭州中产家庭进行了为期一年半的调查，他们家庭年收入在 20 万～50 万元，普遍在杭州市区拥有 2 套以上的自有住房（这一点非常重要，因为也许他们的家庭年收入并不算很高，但拥有 2 套以上住房在准一线城市算是一笔不小的家庭资产，可以确保其大部分家庭收入充分地用于家庭休闲、消费和子女教育方面）。这些家庭的女主人均高度关注子女教育。这次调研包含了线上观察和线下参与式观察，笔者以学生家长身份参与，与其他的家长能进行良好沟通。除了平时以面谈及在微信、QQ 等社交媒体上保持充分联系外，笔者个人组织的写作群和家长群内也常有与子女教育相关的深度交谈可供田野考察使用。调研期间，笔者以参加各个孩子的生日聚会为契机，对家长进行了 5 次、每次约 40 分钟至 1 个多小时的小组焦点访谈，了解母亲们的母职履行和社交网络使用情况，此外还包含笔者半年内在培训课程现场的参与式观察和现场交流。调研发现，焦虑是母亲们在教育子女学习过程中表现出来的普遍状态。

　　家庭的经济资本、社会地位、文化资本决定了父母对孩子的未来规划，这些在实现过程中是不断互相影响的，孩子的学习状况、家庭经济情况、学校申请或就业都成为影响因素。阶层向上流动趋于缓慢，阶层背景下的家庭教育研究紧密围绕着社会不平等研究、代际传递过程的中产阶层焦虑、中产阶层母亲们对子女教育的关注等议题展开。如果家庭收入有极大差别，其在生活水平、子女教育的选择上会出现重大差异。经济基础具有重要性，但父母的文化水平也是显见的影响因素，这影响到其能否为子女制订完整的规划、做到长期的陪伴等。与我们最初对焦虑原因设想有异的是，焦虑并非主要来自学校的竞争与教育机构的宣传，而是家庭成员对信息的处理与消化，因此需要纳入各种社会因素进行讨论。

三、研究发现

（一）微信母职与创造性使用

　　即使同属中产阶层，根据母亲的教育观、教育水平、家庭年收入，家庭之间也可能细分出许多小群体。在笔者的研究过程中，因为涉及长期的子女养育和杭州激烈的升学竞争压力，母亲表达出对孩子学业表现的普遍性焦虑（generalized anxiety）。在过去，焦虑可能局限于家庭范围或人际交流中，随着社交媒体扮演着家庭与学校教育的桥梁，这种焦虑会不时被微信朋友圈的内容所引发。

微信一度成为国内中小学教育履行母职重要的媒体工具。家长每天要做的工作包括：因工作不能陪伴在家的孩子时，遥控布置学习任务、督促学习、交换考试信息、完成教育平台的作业等，微信的内容包含了阅读各种教育公众号、使用各种学校教育平台、微信群的信息处理，作为家长还必须帮助孩子打卡、做小报、参与各种社区活动等。许多学校会通过微信群进行家校沟通，学校老师经常发布信息，公布学习内容。期中和期末成绩排名一般不公布，但往往会以表扬的形式提及前十名的同学姓名。因为体制差异，公办对省教育厅的规定遵照执行，在小学阶段，期中、期末成绩和排名都不会公开，但到初中后，每个孩子家长会收到排名的纸条。通常经过多年学习，家长们已经习惯了学校的信息公布方式，有时候忙于工作并不会一直看手机，会遇到信息错失的情况。刚开始入学时，有的家长还会有错失恐惧症（fear of missing out）的表现，即害怕漏掉学校信息，但等到习惯了学校的信息发布规律后便不太在意了。重视成绩的家长 B 会不停地刷公布成绩的软件，每次大考都第一个知道成绩公布了，如果孩子考得好，其会把成绩发布在朋友圈，高调地广而告之。这种行为给其他家长带来了压力，许多家长都很反感这种行为，会在微信设置中选择不看其朋友圈。

母职除了接受学校任务，还需要获取各种课外培训班资讯，并督促孩子完成各种课外作业。在升学和择校时期，母亲们搜索相关资料，迪过社交媒体公众号了解招考和政策信息，利用人际关系找寻好的辅导老师，或者是了解各类招考政策。访谈时家长对待媒介的态度相对宽容，虽然认为焦虑可能会通过社交媒体传导，但相比微信提供的便利，还是可以忍受的。问及对类似《我宁愿孩子做个路边鼓掌的人》这类鸡汤文的看法，她们不以为然，因为这种看似有安抚作用的文章,实质上并没有真正的抚慰作用,因为每个家长都不可能放弃在内卷时代参与比赛的资格。自己是重点高中年级组长的 C 妈妈对中考了如指掌,她的表述是:"就边走边看吧,看他是不是这块料。现在中考压力确实很大,上不了重点高中,很多就去职高了。真不行的话,像我弟弟那样,当厨师有一技之长也可以的。但得先努力看看啊。"(访谈时间:2019-10-03)

而母亲们的朋友圈则丰富多样,除了母亲作为职场人发布相关的信息,或多或少会发布与子女教育相关的内容,会晒教育子女的成果。朋友圈的使用目的更多是获得生活仪式感、分享学习节奏、炫耀孩子取得的成绩和炫耀资本。朋友圈中转发的课外辅导和在线课程的相关内容,透露出父母为子女未来教育路线的设定,包含了信息的收集和对教育问题的讨论,成为一个私领域与公领域混杂的圈层。从小学高年级开始,孩子们普遍拥有自己的社交媒体账号,他们偶尔发与学习有关的内容,在父母指导下使用朋友圈,多数时间是与同学联系,查问作业、讨论考试情况或闲聊,以及接受父母的遥控指导。

有趣的是,尽管焦虑与心理疾病已经成为时代病,但每个人都不愿意承认自己的焦虑,在访谈时,母亲们都喜欢夸大他人的焦虑,低估自己的焦虑,只有面对子女教育中的困难,才会卸下防备,流露一二。笔者对访谈的母亲均进行了焦虑量表的测试,母亲都完全不觉得自己焦虑,但在焦虑测试中得分甚高。事实上,母亲们的焦虑绝不止于对子女学习和未来教育的担忧。女性工作中的升职、晋升、考核都会造成巨大的外在压力,社会对好妈妈的自我克制、服从精神,以及对时尚辣妈、冻龄女神的宣传让大多数女性深感维持外貌的压力。承认自己焦虑是一件比焦虑本身要困难得多的事情,这或许是因为焦虑容易让人联想到抑郁或者其他相关的神经官能症。这样的话母亲很容易被认为是能力不足的,或者是在教育孩子上有较大问题。

我们在调查之初估计,自媒体贩卖焦虑的内容,可能成为家长们焦虑的触发点。在访谈中笔者提及多篇自媒体热文,许多家长表示看过,也转发过,但与其他的社会新闻理解类似,并没有引发真正的个人焦虑。引发焦虑的往往是加分、考试方式等重大信息。

母亲的焦虑源自她与孩子关系密切,在接受与孩子切身相关的信息后都需要实践,包括教育、辅导、接送等任务。孩子的学习状态、学习动力不足会影响母亲的心情,尤其是当孩子因陷入早恋、厌学情绪、压力过大而发生成绩退步。家庭中的母亲维持着家庭的正常运转,母亲的心情会直接影响整个家庭的氛围,甚至是生活质量。每一个家庭都在生产一种独特的、难以复制的教育环境。

在江浙等经济和文化较为发达的地区,如果父母的教育程度和社会地位有差异,对"知识改变命运"这句话的理解就会不同,对孩子未来的想象也有所不同。母职的教育背景的差别直接产生了对教育本质与方法的认知差别。高校教师或者高学历母亲,往往并不太在意日常成绩得失,反而会对孩子进行许多创造性引导,也会坚持能力和思维方式的培养。笔者认识的名校学霸妈妈经常把自己获得过的所有奖学金和证书拿出来给儿子"打鸡血",对儿子的所有学习辅导班都进行了精心的规划,并以学术研究的态度和方法对大量信息进行收集,为"小升初"做准备。

教育是一种家庭的劳作与协商。中产阶层家长的教育方式大致有两种:第一种是比较民主的家庭,采取自由主义态度,对孩子进行"放羊式"养育。这种家庭夫妻关系较为亲密,全家经常一起出游活动。在教育结果导向上,试图调和素质教育和应试教育的矛盾,两条路线并行发展。这类家庭也会注重孩子的在校表现和老师的评价,但同时父母还会保持一种自我评价体系,比如某些个人特质或技能发展的天赋显现,都成为重要的考量内容。笔者访谈的这些家庭都让孩子们学习了一两项能拿得出手的才艺,如钢琴、提琴、小号等乐器或足球、绘画等。在家庭重大事件上鼓励孩子参与并发表见解,孩子学习状态不佳时会与孩子一同思考可以改进的方向。在这种环境下成长的孩子通常更自信,但也存在一些问题,比如在个性和性别发展上有些模糊。笔者认识的出生于这种家庭的小男生大多表现出极其乖巧的性格,通常教育学家可能会认为这是因为母亲在整个家庭教育中权重过大,取代了孩子的自我意识的发展。这里也分两种情况,看上去都比较极端:一类家长以科研的方式对孩子进行管理,或者是以科学

97

育儿的方式刺激孩子。另一类则是放养，但大多出于对自己的自信，对孩子也有充分的自信。高级知识分子家庭往往不完全听从学校安排，而更注意其他的素质培育。

第二种是比较传统的家庭，会在教育中强调父母的权威性，或者学校、老师的权威性，对学校布置的学习任务基本上不打折扣地完成，与学校的学习进度保持高度一致。

两种家庭的差异与父母是否为高学历有一定关联，父母如果拥有研究生及以上学历，会认为中考、高考甚至研究生考试都只是人生的不同阶段，这类家庭的母亲会对学校在压力之下的政策或规定持不同意见。

事实上，家庭已经替代学校成为孩子教育的中枢，母亲和孩子是其中的亲力亲为者。在家庭中，笔者所访谈的女性大多未能占据经济的主导地位，家庭的经济基础由作为主要劳动力的男性所决定，当然也有夫妻收入接近的情形，大多数收入较高的家庭中丈夫收入是妻子的一倍到数倍，因此教育中的决策地位也呈现为性别建构的结果。日常的教养过程中，借着日常生活的亲子关系、家庭的夫妻互动及女性社会规范的内化，夫妻的性别认同及教育决策地位逐渐被建构，子女教育和未来发展路径是在不断沟通和讨论中决定的。

焦虑并不一定是踩在某些重大的时间节点上，相反会在各种生活阶段发生，有趣的是这种焦虑情绪并不会随着父母的付出而减少，反而会进一步加重。本研究所访谈的中产阶层的母亲均受过相当系统的教育，都积极为子女做学习规划，并不惜使用文化资本。D妈妈是浙江大学当年的工科学霸，拿过浙江大学本科最高奖学金，当年她学习异常刻苦，但对子女学习这件事情，她与我交谈时抱有"随便啦，每个关键点他想要用功读书都会有机会啊"这种轻松的论调。事实上，她的行动与论调间存在比较明显的差异，她会为孩子考证、出国、考"坑班"①进行全面的信息收集，并利用自身所长，帮助孩子参加各种机

① "坑班"是小升初家长之间的一种暗语，指的是小升初刷题班推考学校的机构。——编者注

械大赛,获取名次。但她很快意识到,无论进入哪一个新领域,"牛蛙"都太多了,无论是钢琴学习还是机器人编程,很多孩子都是从小就开始学习,而且有高人指点,且家庭投资不菲。看起来,所有的捷径家长们都想到了,也都提前了解进入门槛并谋划路径,但新的压力总是源源不断。

笔者访谈的这些家长都给孩子报了补习班,因为他们对个人时间和精力投入比较敏感,而对补习班的价格不敏感,家长们认为补习班"不补不行"。这基于几点原因:一是家长们清晰地认识到自己辅导孩子容易急躁,亲密关系不利于建立学习氛围,甚至可能伤害亲子关系。二是学业难度的提升,当小升初、中考的竞争加剧之后,在校的所学课后作业题目之难,让即使是名牌大学毕业的家长们也望而生畏,不打算投入时间做学习上的低效陪练,花钱可以将自己从课业辅导中解放出来。三是经过与周围人群的对比和长时期的氛围影响,补习班已被视为必要的家庭消费开支,家长们也认为孩子应该牺牲休息时间去提升学业。传统社会中由家长陪伴孩子学习的情景早已由补习班和培训课程替代。母亲们通过微信群、公众号收集资料,也通过朋友之间相互介绍和口耳相传找寻辅导老师,并为孩子排定授课时间,根据子女的学习能力与学校进度定制课程。西方精英阶层的素质教育对中国中产阶层产生了巨大的吸引力。改革开放后,大量有产家庭绕过高考,选择出国深造,为子女获取西方名校毕业证和社会资本,这也在中考之际引发了分流。这些孩子需要过出国前的语言关,通过雅思或托福考试。

与此同时,家长的母职也在发生变化,在陪伴和学习方面获得了部分解放,从而有精力扮演孩子未来竞争中的设计师和掌舵者角色。母亲们的日常工作包括接送孩子学习、挑选课程、参加各种考级考试、设计复杂的国外学校申请等。作为教育竞争加剧及教育市场化背景下的一种适应性变迁,城市家庭中的母职实践突破了私人领域内照料子女的传统内涵,母亲在教育方面的职责陡增并呈现出典型的"经纪人化"的新特征,以"教育经纪人"般的职业化标准来追求子女在教育市场中的经营业绩,发挥着维护信息网络、了解教育市场产品与目标学校需求、定制个性化学习路线、规划影子教育学习时间、亲身整合教育资源等一系列功能，以帮助子女在激烈的教育竞争中获得优势。母亲们对母职的经纪人化趋势与个人职业角色冲突的处理态度也因家庭结构、工作压力和自身角色认同等方面的差异而有所不同。总体而言，当前中国母职的经纪人化趋势体现出现代性、条件性、本土性和多面性四个特征。① 中国家庭中大多数是由母亲扮演着孩子教育中监护人和经纪人的角色，而在以考试争取更优质资源阶段，从学区房的选择、小升初的作战到中考，乃至高考的比拼，都涉及家庭中的每个成员。

教育不再是孩子的事情，而是包含了母亲的亲力亲为。自身教育水平较低的家长，坚信考上好学校就能改变生活，过往经历会影响着家长对子女学业的要求。每个人对孩子的想象都基于个人高度，母亲的视野与其焦虑程度相关。从访谈中了解到，工科博士毕业的母亲 C 全身心投入孩子的学习教育中，不仅对教材、各种教育体系差异了如指掌，对孩子的性格特征、未来的前景规划也非常明晰，对子女教育方向、细节设定和师资的追求具有典型的"经纪人化"趋向。这种对更高的教学资源的追求，母亲的专业化的育儿思想、执行力和系统工程般的过程，凸显出为子女追求更好的教育资源是中产阶层的刚需。② 城市家庭拥有更为可观的社会资本和文化资本，并始终在努力获取更高层次的教育资源。他们不仅能接触到海量信息，还可以挑选好的渠道，更多地为孩子的未来进行教育定制和素质培养。城市中产阶层对教育的渴望可能远超普通人群，他们对子女在学习中的师资、效度、效率、针对性，以及学习策略方向的变化更为关注。

（二）面子与同侪压力

强烈的焦虑情绪来自朋友圈家长炫耀性发布的成绩，因为引发焦虑的通常是周围具有可比性的对象，也就是中国家长口中的"别人家

---

① 杨可：《母职的经纪人化——教育市场化背景下的母职变迁》，《妇女研究论丛》2018 年第 2 期，第 79-90 页。

② 金一虹、杨笛：《教育"拼妈"："家长主义"的盛行与母职再造》，《南京社会科学》2015 年第 2 期，第 61-67 页。

的孩子"。教育过去是局限在私人家庭的活动,微信将私人领域变成半公开的领域,教育的过程、成果甚至其具体实施过程不断地被暴露。据人民网的一项调查显示,92.8%的受访家长对孩子的成长教育存在焦虑,98.6%的人认为身边有家长存在焦虑现象。家长网上社区是妈妈们彼此交换信息、获得支持的重要阵地,网购喵喵机打印错题,让孩子针对错题反复训练,许多这样的提分经验都由妈妈们互相交流得知。妈妈群的交流在情感上具有双面性,可以互相吐槽某些"鸡血"妈妈的做法,大家互相安慰,充当焦虑的释放带,但也可能会成为焦虑情绪感染、放大的空间。每年中考、高考都有大量的信息通过这些群快速流传,内容包括聊天记录转发、新闻转发、"牛蛙""鸡娃"妈妈们的自曝信息,可以说妈妈们都卷入了这场无止境的竞争。教育焦虑并不是源自对孩子的怀疑,而是源自外在环境对优质教育资源的争夺的残酷性,而这种残酷的竞争受到市场操控。所有受访的妈妈都认为如此疯狂的内卷是不正常的,自己卷入其中是出于无奈,没有人对此乐此不疲。相当一部分家长曾做过不同形式的反抗,如不送孩子去培训班、不响应学校安排的额外任务,但大多以失败告终。分散的个体力量难以与庞大的社会系统抗衡,妈妈们被迫压迫自己和孩子的社会结构"共谋"。

微信朋友圈成为"牛蛙"的每日展出场所,尤其是在期末考试等特殊的时段,某些家长可能会刺激到大家,从而引发焦虑、对子女的暗示及对其他家长造成心理压力。但在中国式的教育环境中,始终会受到外在学业压力的困扰,每次单元测试、期中和期末考试的排名,会造成一种攀比心理或无形压力。当孩子考得不好的时候,母亲们也会互相安慰。"今天早晨儿子让我给他准备的香肠煎蛋,努力考 100 分(笑脸)""今天科学英语期末考,应景地吃两个 100 吧,加油,少年"(记录时间:2019-01-15),看到这种朋友圈大家可能会谈笑几句或者随手点赞。有的家长对孩子学业的关注体现在:每一年买参考书、报辅导班都会在朋友圈报备,或是农历二月初三迎接文曲星等,显示出一种仪式感及情绪上的亢奋,这多少与长期关注学业带来的压力有关。有的家长喜欢把孩子的好成绩晒出来;如果孩子没考好,父母则通常比较低调。母职焦虑体现在某些大考之前和考试后的结果中，尤其体现在排名或者是攀比的氛围中，某些"鸡血"家长会对其他家长形成一定压力。培训市场需要制造需求和匮乏的焦虑，夸大学习中的困难，挑起母亲的焦虑，然后提供商品、服务、技术、专家建议等解决方案，让母亲为此不断付费，这成为培训业获取市场的不二法门。

调研过程中，笔者特别关注了喜欢发布孩子学习动向的 B 妈妈，她与丈夫都是铁路职工，据她说小时候家境不好，还有个妹妹，因为有亲戚在铁路系统，中学后去读了南京铁路学院。她当时学习成绩不错，现在业务能力也比较强，但她对自己没有深造留有遗憾，所以她希望孩子有更好的发展。她的育儿思想很朴实，就是教育孩子现在多吃点苦，以后会少吃点苦。她的孩子小时候比较调皮，到 4 年级后换了一个严格的班主任后开始认真读书，现在考试基本排在全年级前几十名、班级前几名。

从这个案例中，我们会发现母职焦虑叙事同时渗透着叙事者的女性生命经验，产生了自我教育理念与实践行动策略。所有的母亲在担忧或是谈及对子女未来的期许中，都有个人经历的渗透，都试图规避某些"坑"。C 妈妈在高中时曾经交了不良朋友，开始厌学，所幸她父亲非常重视教育，当机立断地让她转学，遏制了这种苗头。她有惊无险地考上了某医科大学本科，后从南京大学医学院研究生毕业。她对孩子的期望是不用读书那么好，"以后我老了她留在我身边也挺好的。我就是有时候看到医院那些开票收钱的，收入最低，做的都是些最没有技术含量的活儿，我就怕她也那样过一辈子"（访谈时间：2020-03-11）。透过讨论，焦虑叙事不只是外在环境的压力，也可能包含家庭规划、教育资源争夺、关注制度性变化对子女升学影响的系列操作，其本质就是社会框架下的阶级再生产，母职的个人叙事与社会结构相交织，这种焦虑远超越个人心理层面，既是国内中产阶层母亲的普遍困境，也是子女社会阶层流动和女性自我发展的交叉议题。

（三）家庭协商或冲突

通常焦虑很容易传染，母亲如果感受到其他家长的炫耀或是焦虑又不能很好地消化，就可能会将负面情绪传递给家人，直接影响家庭氛围和孩子成长。因此，家庭协助互助的机制是否顺畅，夫妻教育理念是否一致，父母和孩子是否有良好的沟通机制，家庭与学校间关系是否良好，都关系到家庭可否协商解决教育问题。一旦这些关系出现问题，会影响整个母职的履行效果。为此，家庭很多时候需要扮演一种商议机制，而这种机制的第一关通常是父母间的协调。

父母亲的文化水平与收入不仅影响子女的日常教育模式，还会直接影响夫妻关系，中产阶级家庭状况对教育这种家庭协作的重要工作有影响。访谈中我们证实，家庭收入偏低、文化程度较低的家长更偏向于权威高压式的家庭相处模式。母亲们亲力亲为，在网上搜索辅导班的资讯、督促孩子们日常学习、给孩子买衣服、接收学校的各种通知与安排。我在母亲们的微信群中经常听到对父亲的吐槽。因为大多数父亲平时基本不过问子女的情况，只是偶尔关注微信群的家校通知。但在子女未来前途的选择中，父亲是关键时刻的决策者，决定孩子是否留学、考研、报什么学校等。他们对子女学习情况的关心，更像是突如其来的干预，被戏称为"诈尸式育儿"。这种家庭氛围总是高度关注学业成绩和压力，对孩子的奖励惩罚也与学校的表现密切联系。父亲总是在更高的位置，与社会的联系也导致他们对子女的未来有更多考虑。

而在女性拥有较好的社会地位和学识的家庭，夫妻关系亲密。在这种环境下成长的孩子通常更自信。这类家庭也会注重孩子的在校表现和老师评价，但同时父母还会保持一种自我评价体系，比如在某些个人特质或技能发展上的天赋显现，尤其是在中考、高考后显现出的数字教育的优势，会成为重要的考量内容。这类家庭的特质是在中国式教育环境的学业压力和素质教育的学习重压之间游走。

较为良性的家庭关系包含了长辈对家庭的协作或帮助，日常体现为对孙子孙女辈的关爱与提醒。母亲工作繁忙时由老人帮忙接送孩子是常见的家庭互助情形，特别是杭州本地的父母，祖父母接送孩子的情况非常普遍，但祖父母普遍文化层次不太高，课业辅导还需要母亲回家后进行。

B家庭的外婆早年从同济大学土木专业毕业，膝下就一个外孙女，对孩子的教育非常重视，平时在群里看到消息，比孩子父母还要紧张，会不断提醒工作中的孩子妈妈，及时收看和回复老师的信息。她极为关心孩子的学习与成长，甚至替代母亲发现小朋友学习或作文中出现的浮躁情绪。她在家庭群里跟孩子妈妈抱怨："小姑娘把×××叫来玩了，我问她前些日子的语文、数学卷错的重新看了吗，她回答我：看完了，拜拜！这么个不肯多用功的孩子，这叫幻想型小姑娘，前几名是怎么好得的？"（访谈时间：2019-05-10）外婆虽然要求严格，但对孩子的物质需求几乎是有求必应，生日礼物或平时的零花钱都尽量满足。这种家庭群的主要任务是帮助分担母职，协助完成母亲养育子女的主要工作。

母亲是否遵从父亲的建议，由夫妻双方的相处模式、家庭地位、经济收入及母亲的文化资本等因素决定。笔者所访谈的女性很少负担家庭的主要经济开支，她们多有较体面的工作，而夫妻收入接近的家庭在访谈样本中偏少。换句话说，我们所访谈的对象，不存在夫妻双方年薪都高的情况，年薪较高的均为父亲。经济基础由家庭的主要男性劳动力所决定，因此教育中的决策地位也呈现出性别建构的结果。在日常的教养过程中，借着日常生活的亲子关系、家庭的夫妻互动及女性社会规范的内化，夫妻的教育认同及教育决策地位逐渐被建构，子女的教育和未来发展路径是在不断沟通和讨论中决定的。但在教育过程中，这种归因逻辑体现为女性的弱势，因为父亲工作繁忙，对教育无法亲力亲为，所以孩子的教育失败（通常是某次考试情况不理想）由家庭成员中的母亲担责，作为学习主体的孩子也需要承担部分责任。

父母在教育中的协作是家庭合作成功的关键，但我们在研究中还发现另一种重要的关系，即成长中的子女和父母的关系是动态变化的。中产阶层的孩子在家庭中有较高的话语权自由，在小学阶段就表现出一些前青春期的兆头：女生更早一些开始有自我意识，喜欢打扮、有厌学情绪，不喜欢听父母唠叨，会顶嘴等；男生通常出现这种情形更晚一些。我们了解到一个有趣的事例：老师眼中的好孩子 B 去了英国，他带了手机但没带 iPad，于是微信上的信息一直在 iPad 上同步，他和同学在微信群里调侃外国女生,说了些与其平日乖巧形象不太相符的话,他父亲在 iPad 上看到了信息后非常震惊,整晚都没睡好觉,陷入一种短暂的焦虑情绪中。母亲倒觉得还好,她可以接受孩子与其他人的调侃,但当她知道有女生暗恋她的孩子后就显得较为忧虑,认为早恋是对学习最大的妨碍。在我进行田野调查的两年时间里,这些孩子从小学五年级升至初中二年级,不少家长才开始意识到孩子已经进入了青春期,同时,孩子与其他同学的聊天让他们感觉陌生,隐约生出一种害怕孩子学坏的担忧。

家庭内的性别权力关系指出,父权制与资本主义经济制度环环相扣,操控着社会及家庭内的阶级和性别关系。我们在研究中发现,虽然家庭组织内有上述性别层级的划分,仍不可否认家庭社会学者所主张的家庭是一个有共同利益的社会实体,也是行动的主体的本质。换言之,家庭组织同时具有不和谐及统一的特质。对抗外在社会力时家庭表现出作为行动主体的统适性及成员间的彼此依赖。在激烈的社会竞争压力下,家庭可能发展出一套与孩子兴趣相符合且家庭资产可以承担的教育道路,而家庭的经济实力可以为孩子的未来提供充足的空间,这一阶段母亲能否成功有效地操作则是最关键的。

(四)结论与讨论

近年来国内中产母职教育功能的转变开始为家庭研究和性别研究所关注。在激烈的子女教育竞争背景下,保持甚至突破原有阶层的压力,成为母职的焦虑心理的主要原因,使用微信已经成为履行母职的重要方式。我们研究了学校微信群中家长如何接收学校各项通知、完成学习任务。我们对比了各位家长朋友圈发布的有关孩子的信息,家庭群中的各种商议,父母如何与子女沟通。研究以参与式观察和深度访谈的方式记录了杭州中产家庭母亲在子女求学、升学竞争中,如何通过微信收集信息、沟通家校、规划子女未来等系列工作,更通过女性主体叙事展现母亲们焦虑情绪的感染、积累与释放。研究发现,在女性的社交媒体使用、家校教育沟通、女性自身追求与对子女的期待中,焦虑通常被视为外在环境压力的结果,也来自教育理念和实践结果的落差,更受到女性多重身份的自我压力。外在的升学制度不断变化所带来的影响，本质为社会阶层中家庭资源高度卷入，这令母职焦虑的意义超越个体心理层面，成为社会普遍心理，反映出中产阶层母亲的普遍心理困境。

教育体制外的隐形市场和利益输送链条长期存在，其核心还是教育的公平问题。教育的阶层再生产观念普遍认为，教育制度内隐含的社会关系与生产制度内的社会关系存在一致性，教育的社会化功能体现在复制与再生产既有的生产关系。一方面，家庭的社会、经济、文化资本将决定其子女获得教育机会的数量与质量；另一方面，主流学校教育体系内部的分层，特别是通过所谓的精英教育，与社会生产中的等级分工一致和对应，从而建立家庭社会经济地位、子女教育机会的获得、子女未来社会经济地位间的对应，教育因而成为家庭内各种资本在代际间传递的工具。中产阶层并没有给子女安排未来的能力，他们现在所拥有的成就全部依靠自我奋斗得来，因此他们迫切希望子女能在教育考试中成为胜利者，获得更好的教育资源和社会机会。为实现这一目标，突出的表现就是对子女教育的超常投入，对收入偏低的中产阶层而言，这部分开支可能占据家庭收入的很大比重。可以认为，访谈中母亲们的焦虑是一种混合物，不仅有来自对非公平性竞争下"输掉"整个教育竞赛的担忧、对向上流动机会稀少和不公的担忧，还包括了对被迫长期投入子女教育的不甘。

第三节　中古直播间：女性媒介与物质的双重消费

一、研究背景

假如价格高昂的奢侈品只需几分之一的价格便可买到，且成色几乎与新品无异，可以想象，这对女性消费者是何等的诱惑。每天上午10点，只要点开手机淘宝 App 的直播间入口，年轻女性通过手机屏幕就可以看到蒂凡尼、卡地亚、宝格丽等奢侈品牌珠宝、手表、包袋在镜头前一一展示，只需将物品放入购物篮，用指纹解锁支付宝，心仪的货品很快便从日本寄出,漂洋过海,数日之内到达消费者手中。即使2020年初新冠肺炎疫情开始在全球蔓延,收益稳定的日本中古直播间也未曾停播,只是在日本中古店直播的主播们戴上了口罩,告诉大家,因为航班运力需要用来运输口罩等医用物资,EMS的速度较以往慢了许多,顾客可以选择走国际顺丰直飞或者绕道香港发货。

通过视频观看直播间的主播讲解,大胆进行跨国购物,在2018年时多为时尚达人们的尝试。经过一年多的快速发展,2019年淘宝的直播平台培育出了一批全国知名的网红主播,这段时间里,笔者观察到各地厂商、直销源头纷纷开设直播间。值得一提的是,代购们建立的异地直播间,以美国、加拿大、澳大利亚、日本、迪拜等地的直播间生意最为火爆,虽然并不直接拥有货物,但因接近货源,并拥有价格优势,因此吸引了不少客源。在新品直播代购的热潮中,日本中古奢侈品直播间因视频直播技术结合在线劳动力的支撑,发生着真实的跨国交易、情感交流和人际交往,而具备多重研究价值。

二、文献综述

(一)消费社会的女性日常实践

消费社会不断生产商品,激发人们对形象满足的欲望,同时也引发了普遍的不满和焦虑,进而导致了价值观的深刻危机。亨利·列斐伏尔(Henri Lefebvre)的《现代世界中的日常生活》一书讨论了抽象空间的生产,日常生活成为资本摄取和利润的主战场,技术服务于日常生活。亨利·列斐伏尔区分了"每天生活"(daily life)、"日常生活"(everyday Life)及"日常性"(everydayness)之间的区别,早期他研究了充满价值与神秘的"每天生活";而中后期侧重批判作为现代社会异化现象的"日常生活"及作为现代性的机械重复节奏的"日常性"问题。他认为日常生活中存在着异化和商品化,但也有抗争的领域。列斐伏尔将日常生活称之为"受控的消费科层社会"(the bureaucratic society of controlled consumption),在这里,消费压倒了生产,导致日常生活处于商品化之中。列斐伏尔讨论的空间不再是抽象名词,而是一个关系化与生产过程化的动词。从他建构的空间维度的新本体论最终导向一种激进的政治性结论：空间生产是超越资本主义抽象的物的生产与空间化生产，生产出适合人类生存的空间，即生产出一个让日常生活成为艺术品的全球的人类乐园。与福柯相比，列斐伏尔强调自下而上的抵战力量及其挑战霸权空间的意义，这与吉登斯强调的行动者应具有社会结构的能动作用存在共同之处。①

列斐伏尔理论影响了居伊·德波、德塞图、让·波德里亚这些法国激进哲学家。居伊·德波的"景观社会"（society of the spectacle）是对日常生活消费的景观描绘，他批判个体沉溺于意识形态所构建的日常生活，丧失了反抗能力和革命的可能性。米歇尔·德赛图在其《日常生活实践》一书中吸收了福柯的规训概念，转而揭示被"规训"之网俘获的群体或个人分散的、策略性的及权宜性的创造力。他认为在消费社会中，许多日常实践购物与交谈都属于策略，消费者进入了一个庞大的"物体系"，编织紧密的体系使消费者无处逃避。策略显示出智慧在何种程度上与日常斗争和快乐密不可分，并表述这些斗争和快乐。战略则相反，用客观统计的外衣掩盖了自己与权力的关系，正是权力从内部支撑它们，使它们牢牢地控制住自己"专有"的空间或机构。② 德国社会学家齐美尔曾经深入剖析了物的文化（objective culture）对精神文化的侵蚀，他认为当代文化的发展，其特点是我们可称之为客体精神的东西统治了主体的精神。③ 齐美尔所说的客体文化，包括各种外在的形态，比如商品和熙熙攘攘的都市空间，同时也包括了各种社会机构、组织和制度。客体文化对作为主体的人的统治，在网络社会产生的媒介环境变迁下发生何种影响，值得重视。

日常生活这一概念与消费社会背景发生着密切的关联，物质不断地被生产出来，人们面临更多的消费选择，通常女性对消费的兴趣较男性更强烈，且女性在日常生活中需要收集大量的购物信息，浏览和

---

① 列斐伏尔：《日常生活批判》，叶齐茂、倪晓晖译，社会科学文献出版社 2018 年版，第 78-91 页。

② 米歇尔·德塞托：《日常生活实践》，方琳琳、黄春柳译，南京大学出版社 2009 年版。

③ 格奥尔格·齐美尔：《大城市与精神生活》，收录于《桥与门——齐美尔随笔集》，涯鸿、宇声译，生活·读书·新知三联书店 1991 年版，第 258-279 页。

挑选商品，取悦自我，获得更合适的外表。物（objects/things）的故事在历史研究中极为普遍，但对社会科学研究者发生吸引则是近年的学术热点。物的研究是通过对人的经验和社会实践的研究，加深对人的主观和内心世界的探索和发掘。女性在消费行为与媒介使用中体现出的主体性可以透过日常生活实践进行考察，从而理解女性群体在日常生活中的"实践"。女性在购物中的审美实践和体验属于日常生活的重要组成部分，在新媒体购物平台中，她们对奢侈品的追求伴随着女性消费权力和自我表达意识的同步发展；新媒体直播技术的唾手可得、随时下单的消费冲动推动了更加不理性的消费文化，在这种喧嚣、欢乐、梦幻氛围中时尚流行的奢侈品氛围，显现出女性受到同伴群体、家庭和传媒的多重挤压与拉扯。

（二）性别与物质研究

大量研究发现，女性容易受到消费主义和物化思维影响，这既有先天的生理因素，也受后天的社会性别塑造的影响。传统马克思理论视角将其视为物质异化的表现，西方马克思主义者继续批判现代社会商品化和物化（objectification）的倾向，不断冲击和侵蚀人的内心、精神和情感世界，使人的精神世界单一化、扁平化。尽管有鲍德里亚对消费社会的批判阐述，消费经济的积极推动作用得到了更深入的研究，女性在商家心目中成为极具价值的对象，因为她们在日常生活中对各类购物表现得积极主动，倾向于花更多时间获得各类奢侈品。英国曼彻斯特大学的艾伦·瓦德（Alan Warde）在消费社会学研究中贡献突出，他将消费理解为一个生产（production）、分配（distribution）、获得（access）和享受（enjoyment）的循环过程，而不是单纯将消费看作货币交换的一瞬间。[①] 这拓宽了人们的思考范围，也指明了消费对经济和社会有促进作用。对女性而言，消费更具意义，因为消费往往与顺应社会风潮、挑选、享受这些前期过程紧密关联。

历史学家对过去女性与消费的关联有相当的关注。英国艺术史

---

① Alan Warde. An Introduction to Sociology of Consumption. Sociology, 1990, 24 (1):1-4.

学家伊夫林·韦尔奇（Evelyn Welch）研究意大利文艺复兴时代的消费文化，以购物这项日常社会实践为主题，通过跨学科研究日常媒体和物件，聚焦消费行为与消费机构，梳理文化、社会、经济与艺术的交互关系。① 巫仁恕从明朝晚期的消费社会与士大夫，以及明清时期江南妇女的消费文化入手，重新关注古代女性的时尚消费。② 这种天然的密切联系是女性心理、意识形态、商业推动等多种力量作用的结果。在现代城市形成过程中，历史资料显示了与之同步生成的上海女性的现代性消费观念、消费行为的建立。③ 连玲玲讨论了旧上海百货公司选址、经营、空间陈列、广告等问题，指出上海早期的百货公司不仅吹嘘商店及产品优点，还论述了一套消费意识形态，上海百货公司的各类广告、橱窗陈列、销售女郎形塑了当时女性的物质欲望。女性的欲望是借由百货公司的物品、空间、宣传的话语体系刺激完成的。④

　　社会学家普遍强调消费行为与社会地位、身份的密切关联。凡勃伦的《有闲阶级论》最早讨论了富人因自己的财富而产生的优越感，以及他们为了炫耀这种优越感而采取的种种行动。⑤ 布尔迪厄认为社会阶层本身就是一个再生产的过程，而消费品位从一开始就参与到了再生产的过程中。消费既是社会分层的结果，也成为社会分层的原因，社会学的消费是消费者进行意义建构、趣味区分、文化分类和社会关系再生产的过程，消费必然会影响甚至参与到社会分层的社会实践当中。⑥

---

　　① Evelyn Welch. Shopping in the Renaissance：Consumer Cultures in Italy 1400-1600. New Haven：Yale University Press，2005.

　　② 请参阅巫仁恕：《品味奢华：晚明的消费社会与士大夫》，中华书局 2008 年版；巫仁恕：《奢侈的女人：明清时期江南妇女的消费文化》，商务印书馆 2016 年版。

　　③ 卢汉超：《霓虹灯外（20 世纪初日常生活中的上海）》，段炼、吴敏、子羽译，山西人民出版社 2018 年版。

　　④ 连玲玲：《打造消费天堂：百货公司与近代上海城市文化》，社会科学文献出版社 2018 年版。

　　⑤ 韦布林：《有闲阶级论》，胡伊默译，中华书局 1936 年版。

　　⑥ 布尔迪厄：《区分：判断力的社会批判》，刘晖译，商务印书馆 2015 年版。

让·鲍德里亚在两部著作中先后谈及消费社会问题。《物体系》一书重点揭露当今世界存在的功能性有序结构,整体偏向形而上学的本体论探讨。书中反思了古物及其收藏行动,并将其确定为边缘性的行为,进而讨论现代社会中物的功能,发现作为物的系统的脆弱性及其进入消费系统的必然性。鲍德里亚点明消费的本质是一种建立关系的主动模式,消费永远没有止境。[①] 而《消费社会》则从人类经济生活中发现一种新的支配和奴役关系:消费者与物的关系不再是人与物品的使用功能之间的关系,它已经转变为人与作为"全套的物"的有序消费对象的强制关系。这是一个无限的消费意义链环,在消费场域中,人是被一个看不见的锁链捆住并强迫消费的,这种强制性实施恰恰表现为一种被幻象引诱的自愿。[②]

奢侈品消费与普通日常物品消费存在一定的差异,它具有符号性,它是高阶层的一种物质占有的炫耀方式,也代表着较低社会阶层对更高社会阶层的仰望,他们模仿更高阶层的消费,从而带动社会消费风潮。同时,它伴随着的并非物质消费,还有文化消费与符号消费。奢侈品以往的消费行为与购物空间还存在密切关联,精美适宜的空间会促发消费者的购买行为,尤其是高级商场的奢侈品店内的消费给人一种梦幻般的富人的生活体验。鲍德里亚曾将商场比喻为物质的先贤祠或阎王殿。居伊·德波认为,社会生活显示为一种巨大的景观的积累,景观关系中纯客观性的拜物教式表象,掩盖了人与人、阶级与阶级之间的关系。这些研究揭示了消费空间和各类宣传产生的外在感官刺激下的内在本质。

对网络或在线购物行为的研究讨论围绕购物行为动机与平台结

---

① 让·鲍德里亚:《物体系》,林志明译,上海人民出版社 2019 年版。
② 让·鲍德里亚:《消费社会》,仰海峰译,中央编译出版社 2005 年版。

构性的关联展开。① 在线购物的动机较为复杂，购物、娱乐，甚至是追星都有可能。研究发现，相对于非网络购物者，上网的娱乐动机较高，尤其是享乐观点信念对购物态度和行为的预测力最高。享乐观点信念与认知信念歧异度高，则抑制了网购态度。研究凸显了在线购物的娱乐成分，而且这种娱乐心态与购物冲动直接相关。② 实证研究指出，对于奢侈品，中产阶层总是将其与品位关联在一起，显示出消费符号与身份地位的强烈意识。③ 我们在田野调查中发现，主播对消费者在线购买意愿影响有显著作用，虽然受访者并未明确某一产品或选择特定的消费场景来进行回答，但不同的产品类型和消费场景会对消费者的购买意愿产生一定的影响。

三、研究思路与方法

我们期望搭建一个在线民族志式的消费社会的考察框架，进而思考虚拟空间中女性的日常消费活动的策略与意义，理解网络空间中生产和消费如何在这一空间中被组织和交易。通过在线田野考察方法开展调研，选择特定的女性群体的消费空间建构、消费文化生产和自组织机制作为研究议题，考察直播间的消费活动和对女性的不同策略，以及她们对空间与媒介的发展与使用。在物质社会包围中，女性消费者被商家有针对性地进行销售展示，她们如何通过奢侈品消费提升和认同自我价值，如何释放对消费的热情，同时形成对推销的策略挑战和话语的重塑，具有探究价值。结合网络在线直播间观察与访

---

① 请参阅 Ishii，K. & K. M. Markman. Online Customer Service and Emotional Labor：An Exploratory Study. Computers in Human Behavior，2016（62）：658-665；Vaccani Jean-Philippe，J. Hedyeh & Susan Humphrey-Murto. The Effectiveness of Webcast Compared to Live Lectures as a Teaching Tool in Medical School. Medical Teacher，2016，38（1）：59-63；Seckman C. Impact of Interactive Video Communication Versus Text-Based Feedback on Teaching，Social，and Cognitive Presence in Online Learning Communities. Nurse Educator，2017，41（1）：18-22；Grandey，A. A. Emotion Regulation in the Workplace：A New Way to Conceptualize Emotional Labor. Journal of Occupational Health Psychology，2000，5（1）：59-110；Ceorge Ritzer. Prosumer Capitalism. Sociological Quarterly，2015，56（3）.

② 张卿卿：《以网络购物为例探讨媒介作为娱乐的功能》，《中华传播学刊》2016 年总第 29 期，第 3-43 页。

③ 朱迪：《品味与物质欲望：当代中产阶层的消费模式》，社会科学文献出版社 2013 年版。

谈,审视作为媒介的中古奢侈品直播间如何在每日淘宝直播中形塑女性对奢侈品的认同,凸显女性个体对物质欲望的追求,形塑她们的阶层品位成为研究的目的。

当女性消费者从工作中脱离出来的时候,她们是从生产的空间(space of production)转向了空间的消费(consumption of space)。布置精美华丽的商场过去是消费的主要地点,现在已经完全被虚拟空间所替代,曾经以商业活力和美学感觉吸引大众的高档时装店,被带货明星网红的街拍、淘宝模特的照片,以及在线主播们的即时展示所替代,消费社会强调的是艺术、娱乐与日常生活的合二为一。这些奢侈品多为日本女性在日本经济高速发展时期所购买,虽然有几十年的历史,大多数保存较为完整,低廉的珠宝价格有着相当大的吸引力。例如红宝石或蓝宝石的普通戒指只需要 2000 元人民币以内便可以买到,价格大约是商场新品的几分之一,经过了抛光和清洗后几乎与新品无异。

需要认识到,淘宝直播与以往直播间的打赏有明显不同,它有明确的物品售卖平台,通过直播展示物品,通过淘宝系统提交订单。淘宝对直播间相对公平,并没有"双 11"时传言的对中小直播间的流量限制,但大直播间和明星主播是平台培育的重点,也更受欢迎。尽管淘宝直播有粉丝等级划分,分为铁粉、钻粉、挚爱粉等,但也无实际作用,有时候消费了一笔就突然升级了,但可能第二天系统显示又变回去了。客户多少有些在乎自己的消费等级变化,而主播们则不在意这种头衔或等级,因为不管过去消费多少,最关键还是要招徕新近消费的、出手阔绰的客户,以免让消费者感觉受到怠慢而转向其他直播间。

四、研究发现

(一)符号与物质的双重消费

罗兰·巴特曾经通过符号学的研究方法,对女性服装杂志刊登的服装进行符号研究,他将服装分为真实服装、意象服装和书写服装三种,这种符号化能指关系在女性消费中有一定阐释意义,尤其是在消费主义风潮下,与阶层符号存在显著关联的奢侈品大量涌现,奢侈品阶层的象征作用备受关注。① 布尔迪厄尖锐地指出这种空间的阶级性质：百货公司是穷人的画廊。淘宝直播大多数售卖日用品，但人们对更高阶层的仰望从来没有停止过。网红身穿"小香风"，背着香奈儿手袋，努力扮演所谓的"名媛"，激发普通女性跟随购买的欲望。对大众而言，中古奢侈品的淘宝直播提供了一种窗口，主播科普日本大牌珠宝和设计师作品，打开了一个更高消费层次的物质世界，成为普通人的阶层仰望窗口。

大卫·休谟和詹姆士·斯图亚特曾经指出，奢侈品是社会进步的力量，它促进了就业、刺激了工业发展和工艺改进。《奢侈与逸乐：18世纪英国的物质世界》结合了物质文化史与生产史进行研究，书中描述了 18 世纪英国中产阶层新消费品的生产和消费，说明消费特别是奢侈品消费实际上开启了工业革命之门。② 尽管拥有了知名设计师和高品质的女性成衣，国货始终缺乏被广泛认同的奢侈品牌，但国内对奢侈品的消费热情在近年始终高涨。中古直播间为中间阶级的女性提供了一种奢侈品的普及机会，补充了普通民众以往缺乏的珠宝与奢侈品知识。在奢侈品和珠宝产品的消费鼓动下，年轻女性急需补上奢侈品牌的这一课，她们通过观看直播间的介绍，了解各种品牌。

奢侈品将物质的符号性与炫耀心理结合，当较低的社会阶层使用奢侈品时，它显示出一种阶层突破意识。奢侈品不同于生活必需品，它超越了日常生活需求，具有身份标示和炫耀的社会功能。奢侈品通过高昂的价格，借助明星代言、时尚秀场发布、奢华的商场氛围等市场营销方式构建起符号价值。商品并不仅仅是物质，也是符号化的，对奢侈品而言，设计感、个性感和时尚感都十分强烈，而且有易于辨认的统一风格。"大家买品牌一定要买这种在售款，我自己是会买这种。你看这个 T 家的 LOVE 戒指，现在才 2800 多元，公价是 16000 元啊，我每次都觉得捡了大便宜，感觉那个爽啊……赚到了，特别好。"（小鱼家主播）年轻人追求名表，女性首选萧邦、伯爵、百达翡丽、爱彼，男士

---

① 罗兰·巴特：《流行体系》，敖军译，上海人民出版社 2016 年版，第 3-15 页。

② 马克辛·伯格：《奢侈与逸乐：18 世纪英国的物质世界》，孙超译，中国工人出版社 2019 年版。

喜欢江诗丹顿、朗格等，手表的社会符号意义远远大于计时功能。

淘宝直播展示的不仅是物品本身，还有相关的"物质性"展演，包括珠宝的佩戴经验、养护知识、品牌内涵，更重要的是物品被赋予超越其内在的属性，包括外在的附加阶级象征。因为跨国的网络社会消费的便捷性，中国已成为世界奢侈品快速崛起的市场，无论是服装饰品还是箱包珠宝，都通过代购大量涌入国内。日本众多的中古店及其完善的制度是一种可靠的保证，对直播者和消费者而言，中古奢侈品的零售价与国内二手与新品的巨大价差不啻为巨大的诱惑，让双方都看到了利益空间，这是淘宝直播店迅速兴起的背景。2019年春节期间，笔者观察到的有固定播出时间的日本直播店不过十余家，如今翻了数倍不止，甚至传说中古店的直播号转卖价也在飞速攀升，有顾客曾经在弹幕中抱怨过多的中国直播将日本中古店的价格直接拉高了，这种直播人流的快速扩张形成了较为激烈的竞争，直播间开始快速流动，不断有新直播间开张，旧直播间消失。

进入哪家直播间可能纯属机缘巧合，一般消费者如果喜欢某类直播间，会把类似直播间都浏览一遍，而平台也会将类似的直播间在推荐位优先显示。这是算法体系中随机的空间交往，但消费者的选择又体现出一种布尔迪厄式的阶层与品位的关联。不同的直播间吸引不同的人群，中古货物由不同的人挑选，直播间主播的眼光就十分重要。观众喜欢某个主播的直播间说明双方在品位认同和消费需求上有一致性，因为每天的货物是由主播挑选的，观众在直播观看中会发生关于时尚和装扮交流的对话。女性可以通过中古直播间了解奢侈品，将自己装扮为更高的社会阶层，或者拥有令人羡慕的物质消费水准。实质上，女性总是会落入各种商业的计谋和窠臼，扮演着全球性奢侈品流通的其中一环。

青年女性更偏向于拥有物品的暂时使用权，用同样的金额，不断买入，短暂使用、佩戴后又快速出售，实现珠宝等贵重物品的更替。她们也倾向于购买大牌产品，因为保值性强，容易回收或出手。理性消费和冲动消费很容易辨认，可以根据她们看直播的时间、购买频率和后悔时间来分辨。在日本中古直播间疯狂购物的年轻女性也会在其他地方"买买买"。通常她们购买的原因是"时尚""有设计感""很划算"，因为国内的回收机制并不完善，闲鱼 App 的出现让二手物品的交换活跃起来，也有了一定的保证，这是消费观念进步的结果，也是物质过剩所导致的。消费动机通常是多元化的，比商场价格优惠是大多数女生购买二手物品的主要动机。其中既有以往的"炫耀性消费"，也有对品牌的喜爱和认同。国际大牌的奢侈品价格都比较坚挺，但在二手市场即使是新货，大多价格也只有原价的几分之一，而最具阶层标志的名表差价就更为可观，有些人会选择在二手市场购买百达翡丽、劳力士等金表，但也有真正热爱奢侈品的珠宝设计的爱好者与投资者，这在购物的选择和态度中可以看出显著差异，他们会更偏向有收藏价值的、知名设计师的作品，对可以提供的名家证书也非常关注。

（二）女性时尚、审美与社交空间

女性天然具有一种审美追求，作为社会性别建构中处于"被凝视"的客体，大部分女生通过购物、自我修饰完成外在形象建构。她们流露出的是完全不同于普通男性对物质与时尚的积极态度和对自我认知的发展。她们借由购物发展出的一整套社会关系，在虚拟社会中，购物仍然体现为一种社交活动。直播间氛围较好的消费者与主播，相比于其他直播间会有更强烈的互动交流意愿，粉丝会有怼主播的，也会有附和主播的。有的粉丝会在淘宝粉丝群里积极催问什么时候开播，等着看直播，跟主播插科打诨。女性在购物的同时也在找寻娱乐，整个直播过程也尽可能地增强趣味性，例如主播的商品陈列，猜测货品报价，参与点评宝石品质和设计亮点。粉丝发言只能依靠弹幕，弹幕是观看者可见的，即与他人共同收看直播，发弹幕进行评论。消费者拥有真正的权力，她们选择符合心意的直播间、主播和货品，售卖者也会根据顾客要求和合作的中古店不断调整销售内容。

直播间的主播有的是员工，有的自己就是店主，还有的与店主合作经营，算是半个老板。在播出过程中，他们与顾客是一种相互依存的关系。作为年轻美丽的女性，女主播的审美主要来自媒介影响，包括时尚网页、网红直播和娱乐明星。作为女性审美实践的一种学习过程、自我审美的表达，女性的日常消费生活是与媒介、娱乐交织互构的结果,同时也与身体体验、自我取悦密切相关,阿格妮丝·赫勒非常重视审美对日常生活的改造和提升,但是她与法兰克福学派的批判态度又明显不同,她指出"审美地生存"是一种改变日常生活的方式,是把日常生活从自在的对象转化为"为我们存在"的过程。

女性在线消费者对熟悉的小直播间和主播会形成情感依赖,日常播出过程中假如主播不忙,直播间会变成聊天现场或者故事会,老粉会向主播诉说家庭的琐事、日常工作的烦恼。在线消费者似乎对陌生人更容易敞开心扉。宝妈们是重要的消费群体,她们有诸多的消费时间和要求。宝妈们在直播间是活跃度最高:"最近给小朋友报了核桃编程课程。"(对话日期:2019-12-09)"孕吐得厉害,我又是班主任,每天去学校,上个月一直发烧就都没看直播。(你们什么时候休产假啊?)要九个半月吧。"(对话日期:2019-12-08)老粉们可能会很快对某个直播间形成情感依赖,也会显示自己作为重量级消费者的特权。

布莱恩·特纳指出,身体的重大历史转变是劳动的身体转变为欲望的身体,这是现代社会所带来的变化,也体现出消费主义的特质。封建社会和工业化社会的身体与财产、所有制和控制联系在一起。但在后工业化时代,身体与社会的经济和政治结构相分离,身体开始有了明确标价。[①] 日常生活中身体的损伤和磨炼,身体掌握的技能杂技、跑酷、街舞,装饰身体的美妆、美甲都成为容易引来关注的内容。年轻人试图通过整容化妆、健身锻炼、学习穿搭提升外在,以获得更多人际交往与工作机会。中青年有产者的注意力开始转向身体塑造,如节食减肥和运动增肌。中午在公司附近吃轻食沙拉,下班后去健身房,晚上回家"吸猫"或是与朋友在酒吧聚会,周末穿着运动装在户外跑步,是城市白领的标准配置。消费者的身体是需求的身体,是商业美学所利用的资源、时装工业"算计"的对象,也可以认为是一种正在表达的媒介。我们正处于一种感官主义混合着消费主义和享乐主义盛行的年代。身体在消费社会语境中是被消费的、被装饰的欲望主体。

---

① 布莱恩·特纳:《身体与社会》,马海良、赵国新译,春风文艺出版社 2000 年版,第83-88 页。

我们观察到的消费者大多为女性，她们的职业身份各式各样，有护士、会计、教师、学生、公司职员、白领丽人、居家宝妈、年轻学生、私营企业主等。笔者在田野调查中听她们聊天，也不时参与其中。相较男性而言，女性更容易陷入一种短暂的消费狂热中，在做消费决策时更快速，时尚敏感度更强。偶尔有男士来直播间买东西，多是作为礼物或者为了收藏，而且通常速战速决，他们不像女性喜欢长期观看并且乐在其中。笔者在小北直播间遇到过一位为母亲买礼物的男士，他买了一只价格接近1万元的祖母绿戒指。还有几位男士喜欢收藏设计师尾光夫和研仓康二的珠宝。手表直播间的主播兔兔说："男士就是来逗逗主播，买的都是女士。"直播虽然拥有广泛的收看人群，但中古奢侈品直播间对女性的影响远远超过男性。虽然有直播间极力推销男性的奢侈品，例如男表和大指圈男戒，但前来购买的男士很少，为男友或先生送礼物的女性会询问得更多一些。

为此，平衡新粉与老粉的关系是每个主播的任务，支撑主播们工作业绩的是女性消费。经常购买物品的直播间老粉，如果与主播相熟，则多少期望显示其由消费带来的特权，包括主播的专属服务，显示出亲密关系等。而新粉有钱，品位还未完全提升，对珠宝并不像长期观看直播的老粉那么挑剔，但有旺盛的购买欲望。大直播间与传统的电视购物的吆喝、花车游行非常相似，通过语言推动购买行为。而中小直播间则更为多样化，体现出传统购物商场店中店的形式，也具备比以往直播间更为私人的交流方式。

观看直播的动机与需求是因人而异的，有审美需求，有捡漏的动机，十分复杂多样。直播间消耗了大量女性观看者的时间，消费的女性多以在直播间发弹幕的形式表达需求。因此，不能简单地认为收看奢侈品直播是消费主义异化或物质主义迷恋，摆脱庸常生活、建立个人品位甚至增长奢侈品鉴定知识，都是笔者在访谈中得到的答案。还有受访者的回答是在虚拟社交空间中获得工作、家务和家庭之外的心理放松。研究发现，女性奢侈品消费动机存在社会性导向和个人导向，更加注重包括表现内在自我、自我享乐、追求品质的个人导向。具有不同人口统计特征的人群具有不同的奢侈品消费动机。[①] 个体购买的选择差异，与收入、身份和使用环境密切关联。例如：白领丽人喜好购买丝巾、名牌包和小巧精致的饰品。2019年秋季来临时，小鱼直播间和茉茉直播间有些时间段全部直播卖丝巾，以爱马仕、菲拉格慕、思琳等品牌为主，一位女性在直播间一口气买了8条爱马仕丝巾，每条单价即使按照2000元计算也花了16000多元，这速度连直播间主播们都感到讶异，但比起爱马仕丝巾昂贵的公价来说，仍然非常划算。学生党则喜欢买一些入门级的流行小首饰，如微笑项链、星珠宝的轻巧项链、LOVE戒指等，喜欢与星座有关的设计，或与个人出生年份相同的金币，但没有清晰的专业性要求，例如宝石的品相、设计师名气、镶嵌工艺是否特别等。

女性购物过程通常包含了大量的心理和生理需求，身体愉悦、体验美丽、自我想象、分享经验、找乐消遣，或者兼而有之。消费经验不仅是购买有形商品的过程，还包括接收无形的感官刺激的乐趣；刺激多半是视觉上的冲击，如参数完美的大克拉戒指、珍珠与钻石闪耀的王冠、精美的彩色珠宝大胸针等。当主播用放大镜查看钻石和宝石的内部，这种时候直播间的观众通常都屏气凝神，静静欣赏人工与自然造物的完美结合。这些极致奢华的首饰，让人不免去猜想它主人的社交生活，精美珠宝总是能引发人们的话题。检查完毕主播开始讲珠宝的价格和优点时，一条条弹幕开始飞过，内容多为"钱包的哀嚎""看过即拥有"等珠宝爱好者的自我宽慰之语。

女性的身体与外貌具有展示价值，但同时需要大量的金钱进行装饰。为追随时尚，女性对奢侈品的购买欲望远大于男性，表现为对物无止境的占有欲，或是快速的喜新厌旧。看直播上瘾的女性消费者很容易分辨，通常她们的购物账号的名称就叫"今年不买新裙子""再买就剁手"等。如果在一个直播间买到过合心意的货品，就会继续收看直播并消费。积极收看直播可能表现为在没有直播时感到坐立不安，

[①] 王敏、钟艾灵：《我国女性奢侈品消费动机实证分析》，《商业经济研究》2014年第35期，53-55页。

催促主播开播，甚至觉得看直播的乐趣超越了看电视剧。"错失焦虑"在刚开始观看直播的过程中非常明显，加上主播的煽动，很多女性甚至在工作间隙也怕错失自己喜欢的"白菜"或"美物"，"错过拍大腿""损失了一个亿"这种话术很容易煽动起自制力不强的女性的购买欲。

（三）时空差的商机与消费策略

物质串联起消费者的行为，人与物的关系不再通过劳动建立，而是因购物而产生关联。物质的极大丰富让人与物互相适应的时间变短，加上时尚和消费之风的快速推动，让珠宝、箱包等昂贵的、可以长久使用和保存的东西，也成为随时可以淘汰、买卖、交换的快消品。以批判方式来理解，晚期现代社会的消费主体越来越倾向于用不断购物的方式来弥补无法真正获取、习得物品的遗憾。日本中古店的二手商品不再意味着绝对的低价，有时候可能代表着更专业的时尚态度，有时候会在屏幕前给予普通人仰望更高阶层消费的窗口，同时也是奢侈品品牌普及的方式。对销售者来说，这是产生利润差的工作机会。

在淘宝直播间的日常互动中，这一空间被转化为女性的社交空间，这既包括了消费者与主播的情感交流，在弹幕上也体现为珠宝爱好者或女性消费者的彼此交流。直播间同时作为商业阶层体系的物化系统和女性自我呈现、自我表现的多重话语体系，会有某种程度的话语权的争夺。主播们会一面唠嗑，促进与消费者的情感联系；一面引导大家关注正在售卖的商品。遇到特别希望受人关注的消费者，他们也会配合对方，但如果对售卖或生意有影响，通常主播会忽视这条弹幕，对找茬的会及时拉黑。

在田野观察中我们发现，大量的购买行为与个人收入和消费能力并无直接关系，反而与年轻消费者的自制力不足、缺乏理财意识、敢透支消费有关。在审美道路中自我认知判断不够明确，或是跟风购买，大部分女性都认可这是审美进阶道路所必须付出的"学费"。冲动消费或跟风消费的情况虽然日常生活中较为多见，但面对珠宝这类消费，有一定年龄和阅历的女性会有更多方面的考虑，大多会深思熟虑、精挑细选。从消费者的影响接受情况而言，直播消费利用欲望改变人类的需求和本能结构。冲动的消费欲望随时可能被煽动起来，也随时可以获得满足。但有一类是消费"上瘾"的症状，年轻人看到好看的珠宝不断抢拍，等到东西到手后又很快不喜欢了。冲动购物的后果会很快显现——钱包难以为继，需要"回血"。日本中古直播产业链条的下游陆续出现了国内专场，包括各种商品寄卖和闲鱼再次转卖，价格通常会比中古直播间更低一些，特别标明"已经自刀"，或者客户在闲鱼以"回血"之名挂出物品。跳跳直播间就是这类较为特殊的日本直播间，它在日本做直播的时间并不算多，有时会开国内山西寄卖场，在日本中古直播间购入的珠宝被快速厌倦的主人重新标价卖出。跳跳会告诉大家今天收到了哪几个包裹，会在寄卖中展示，并从中抽成，如果始终寄卖不掉就会寄回给主人。这种国内再次回收的下游市场正在扩大，很多中古寄卖、深夜场都以抽成寄卖为主。

日本中古奢侈品直播间作为一种跨国的女性生产与消费的空间，折射出国内外奢侈品历史与消费阶段差异所产生的商机，全球化的商业和物流体系的延伸，以及媒介所促成的物质的消费再循环。列斐伏尔、德赛图的日常生活实践理论都强调通过日常生活理解社会的变迁，从而发现个体与结构、文化的关联。淘宝日本中古直播间的快速发展是一个有趣的技术与人工结合的事件，它涉及奢侈品消费的后进国如何成为新增加奢侈品"再流通"环节，从而让这些奢侈品实现了再使用和流通。借助直播间的售卖、珠宝知识介绍，女性的消费和品位培养得以提升。

第四节　本章小结

消费社会关系着个体衣食住行和社会交往的日常生活，因为生产与消费及伴随的日常观念的重要性日趋显著。"日常生活世界"一词由胡塞尔提出，但与我们当前的理解有很大差异，他强调的是其超验特性。他认为日常生活与理性主义存在相脱离之处，理性主义不可能适当地为日常提供空间。

列斐伏尔认为日常生活社会是"受控的消费科层社会"，其特征体

121

现为消费压倒了生产，导致了日常生活必然处于总体统治和商品化之中。消费主义很大程度上依赖于需求和动机的操纵，社会体制又激发了商品和形象所无法满足的欲望。这种满足是消费社会的目标，但它却又无法达到真实的快乐，结果引发了更普遍的不满和焦虑，进而导致了价值观的深刻危机。当前国内消费的主要特点表现为销售的展演性平台与媒介化的交织，商品展示与交易过程变成淘宝在线直播间的展示，消费者的使用效果变成淘宝买家秀的视频或照片。社交媒体上发布的攀登珠峰、北欧旅行、每日健身房打卡都成为可以通过消费完成的事件，它并非浸透着个人时间、情感投入而逐步完成的个人成就，更可能是消费厂商提供的个人体验消费。延续列斐伏尔的批判观念，我们确实可以认为：媒介与消费的交织造成社会生活的深度、复杂性和差异性逐渐瓦解，日常生活的复杂性和趣味性受到功能主义逻辑和经验同质化的侵蚀。

同时，我们还应该注意中国所处的特殊消费阶段，国人尽管对奢侈品的消费有极高的热情，但对于世界奢侈品牌的发展历史，国人的基本审美和消费能力并不匹配。于是，广大中产阶层女性消费者对二手奢侈品采取了创造性使用策略，产生了二手奢侈品大量流向国内消费市场的短暂商机。女性的中古奢侈品消费中既出于自我取悦的动机，也是中国当前社会消费阶段中媒体审美的尝试。

从工业化开启之日起，技术对时间的影响越来越受到学界的关注。20世纪末，信息技术在全球范围内普及，被认为全面加速了人类的日常生活节奏。时钟时间被瞬息时间所取代，人们被卷入一个时空高度压缩的社会环境，在工作、社交和私人生活层面，都越来越依附于信息技术制定的时间议程。互联网时代消费者移动地、随时随地观看直播、下单购物，直播间面对商业世界中时间与距离消亡的挑战，即刻回应消费者的种种需求。这些现象都被视为信息技术引发的不可抗拒的潮流，成为技术决定论有力的论据。然而，也有学者在反思我们当下生活的世界是否已经完全被技术所控制。譬如有学者就指出，信息技术确实造就了全球化的即时性时间，但这并不意味着以往的时间观念和制度就不复存在了。事实上，由于人们始终有面对面交流的需求,地方性的时间实践在具体的地理空间内依然保持着生命力。而像本书中所研究的电商卖家群体,信息技术对他们生意和日常生活的巨大影响是毋庸置疑的,但这些影响并未脱离已有的社会和自然条件。我们看到的事实是,一方面,信息技术确实塑造了某些新的时间制度和观念;另一方面,它在对电商卖家产生作用的过程中,又不可避免地与现有社会当中的时间制度和观念发生联系,某种程度上,也受到后者的影响和塑造。这一复杂过程显然不是技术决定论或者社会建构论单独能够解释的,而恰恰是两者的综合。从镶嵌在技术里的时间,到镶嵌在时间里的技术,技术和时间的互动在电商卖家的身上呈现出的不再是谁决定谁的关系,而是你中有我、我中有你的相互建构。这里显示出一种互联网的多层时间结构与全球化的虚拟空间的变化影响事物的"常与变"及其变化的"同与异"。

从社会学与经济角度看,我们对在线消费并不持批判态度,因为即便是奢侈品消费也有促进社会生产与分工、推动人际交往、产生更多的经济收入之重要意义。对女性消费者而言,它为日常生活增添了色彩,当然也可能有人认为它把日常生活商品化或肤浅化了。日常生活研究的魅力在于对普通人的描绘所带来的感同身受。女性在日常生活中经常创造性地使用物品,尤其是重视审美对日常生活的改造和提升,是女性个体推动了物质的进一步流动,面对挑战时展示自己的个性化审美与自我完善。

第四章　女性的媒介化劳作

第一节　传播政治经济学视角下的资本与劳工

文森特·莫斯可（Vincent Mosco）在《传播的劳动》一书中开篇即说道："除了极个别的文献以外，传播劳动是传播研究中的一个盲区。"①在随后十余年的传播学进展中，这一情形获得了极大改观。数字劳工、算法、平台资本主义成为讨论热点，传播政治经济学者们运用政治经济这一分析工具，聚焦数字时代的劳动转型议题，尤其关注在上述转型过程中劳动者面临的诸多困境，并试图厘清这些困境与数字时代劳动者所处的权力关系网络和制度背景的关系，并将数字时代劳动转型的议题与中国加速进入全球化、媒介化进程勾连起来，从而准确地理解数字经济背景下，中国庞大的劳工群体在全球化、信息化和数字化浪潮中的劳动形态，以及所呈现出的数字劳动新的意涵。

英国的格雷厄姆·默多克（Graham Murdock）并非完全意义上的传播政治经济学者，他对文化研究的阐述同样深刻。他指出，在经济危机和环境危机的背景下，互联网已经成为一个冲突不断升级，各种

---

① Vincent Mosco & Catherine McKercher. The Laboring of Communication：Will Knowledge Workers of the World Unite. Lexington：Lexington Books，2009.

世界观和伦理系统争夺公众注意力和合法性的空间。① 彼得·戈尔丁（Peter Golding）同样偏好从宏观层面分析所有制关系和经济结构对资本主义大众传播的影响。他们关注宏观的传播体制、传播者与社会结构各要素间的关系。②

随着企业兼并和信息资本主义所带来的技术和制度革新，全球范围内信息技术产业迅速崛起，传播产业中雇佣劳动力数量不断上升，传播学者愈加关注数字经济背后的劳动议题，特别是平台资本主义的兴起，劳动形态变化和劳工组织的变迁情形，以及随之而来的垄断忧虑和伦理检视。普遍的研究框架是将它们置于宏观社会转型的历史进程中加以观照，并关注许多新职业和新平台，以新闻工作者、动漫创作者、自由作家、出版社编辑人员、新媒体企业实习生、视觉特效师等不同面向的媒介产业数字劳工为研究对象，揭示出他们的劳动被商品化、去技能化和分散化的过程，其基本理论预设将资本对劳动过程的控制和劳动力的剥削紧密相连。姚建华重现媒介产业数字劳工的研究，尤其对"无酬劳工""不稳定性"等概念进行了历史性和系统性的分析，是对近年实证研究成果的一次理论反思。③

各种新技术带来的利润模式和人机关系对劳动力需求的影响是讨论的另一条路径。过去 10 年里，互联网平台随着数字技术的兴起而迅速发展。社交媒体的广告商和用户、软件开发者及创建网页和聊天机器人的诸多中介平台，通过群体聚集获取价值。平台开始成为当代资本主义的核心，并快速发展为世界上最能获利、最富有、最强大的公司，它们的大股东在世界财富榜上名列前茅，制造业、金融业、媒体等产业的利润大大缩水。实际上，大多数互联网公司始终没有盈利，而且平台需要不断地持续投入大量的资金支持，以"技术迷思"支撑股民信心，制造未来"赢者通吃"的市场想象。

① 姚建华、李兆卿：《重返历史的起点：刍议传播政治经济学的学科化——格雷厄姆·默多克（Graham Murdock）教授学术访谈》，《新闻记者》2017 年第 12 期，第 22-28 页。

② 王海燕、莫业林：《传播政治经济学视野下的新媒体研究——彼得·戈尔丁教授学术访谈》，《新闻记者》2016 年第 7 期，第 60-67 页。

③ 姚建华：《传播政治经济学视域下的媒介产业数字劳工研究》，《南京社会科学》2018 年第 12 期，第 122-128 页。

尼克·斯尔尼切克（Nick Srnicek）以"平台资本主义"（platform capitalism）这一带有马克思主义政治经济学色彩的概念描述了这一商业体系的发展过程、弊端与威胁。平台资本主义的核心不在于售卖商品，而在于提取更多的数据，通过全面的用户画像侧写，可以进一步拓宽业务范围并成为垄断性企业，而被大量信息喂养的平台的人工智能技术能够帮助其追求更多的利润和权力。人们意识到这类公司对利润的无止境追求，以及对受众隐私、信息安全和社会操纵的影响，都为社会带来了道德伦理问题及垄断风险。近年随着互联网基本体系构建完成，以往被忽视的法律与伦理问题重新受到关注，例如，平台是否以数字化方式实现对在线劳工的控制，迅速成为热议话题。

赵璐、刘能沿用资本、劳动者、消费者三方关系的劳动过程分析，研究互联网技术应用下的外卖行业用工模式，研究发现：在以超视距管理为特征的多元主体强控制下，劳动者形成"扁平化"的社会网络关系，进行着非人性化的情感劳动实践。这一情感劳动实践同时也再现了数字鸿沟的隐性压迫特征，即劳动者在享受互联网红利的同时也进一步固化了自己在二级劳动力市场中的底层位置。该行业成为凸显"男性责任"主体意识的职业典型。[①] 陈龙认为"数字控制"代表着从实体的机器、设备升级为虚拟的软件和数据，平台系统通过潜移默化地收集数据信息，分析骑手数据并将数据结果反作用于骑手而使劳动秩序成为可能。数字控制不仅削弱了骑手的反抗意愿，蚕食着他们发挥自主性的空间，还使他们在不知不觉中参与到对自身的管理过程中。数字控制表明，资本控制手段不仅正从专制转向霸权，而且正从实体转向虚拟。[②] 这与冯向楠、詹婧更早所做的平台就业劳动者的用工模式和劳动过程机制调查趋向一致。[③] 但对于平台，我们需要意识到它天然地具有中介性和信息交换的特性，它的所有盈利机制都基于此，

---

① 赵璐、刘能：《超视距管理下的"男性责任"劳动——基于 O2O 技术影响的外卖行业用工模式研究》，《社会学评论》2018 年第 4 期，第 26-37 页。

② 陈龙：《"数字控制"下的劳动秩序——外卖骑手的劳动控制研究》，《社会学研究》2020 年第 6 期，第 117-139 页。

③ 冯向楠、詹婧：《人工智能时代互联网平台劳动过程研究——以平台外卖骑手为例》，《社会发展研究》2019 年第 3 期，第 61-83 页。

只有承认这一点,才可能展开更深入的研究与批判。

施耐德(Schneider)则直接以"媒介"称呼企业资本,他强调"媒介"再也不只是社会生活中的特定指称。他引述 Livingstone(2009)对于"万事万物中介化"(the mediation of everything)的肯定,他同意 Couldry 和 Hepp(2016)的观点,指出现在媒体以外的机构不只是承受媒体作用、受中介影响的对象;媒体以外的机构制度,是表现了"中介"的机构,即万事万物中介化。施耐德认为媒体研究已经不是特定领域的特定题目,媒体和中介可以充当分析普世现象的探照镜,将资本当成媒体,可以重新审视中介化的拥有权问题。① 这是我们本章研究的基本立场。

批判视角下的数字劳工一直被作为处于性别、种族、国族等多重身份之下的被动剥削者,数字劳工的真实生活、劳动创造与企业利润都成为研究主题。在平台资本主义背景之下,新的劳动模式不断出现,合作共享的方式产生了新的利润可能,同时资本的投资与融资途径对在线公司越来越重要。数字技术下对数字劳动的监控、广泛的分包形式、为了销售而产生的情感劳动都值得探讨。当前数字劳工与文化研究、青年亚文化群体研究呈现出一种交织态势,包括对抖音主播、游戏玩家、创意工作者、卡车司机的分析中,都会发现这种混合态势。其关键在于我们如何理解新经济与在线劳动的模式,尤其是涉及个人兴趣、自我展演与在线收益等问题,并尝试合理地解释我们所观察的这一切。本章的两个研究是对同一群体进行在线访谈的成果,各有研究问题与侧重,采用了传播政治经济学与生命历程方式两种完全不同的研究取向。还有一个是对日常媒介使用中发现的在线劳工群体的讨论,在线劳工显示出全球化背景下"脱域"的独特性,也涉及一个正在引发普遍关注的问题——在线的"情感劳动"。我们希望在新的劳动情境中对这个话题深入挖掘,进行更深度的思考。

---

① Schneider, N. Mediated Ownership: Capital as Media. Media, Culture & Society, 2020,42(3): 449-459.

第二节　影子教育的数字资本与女性在线劳工^①

一、研究背景与问题

2018 年 4 月 24 日，腾讯视频发布了一则 3 分 23 秒的企业形象广告，画面整体笼罩着乳白色的高光，展现了孩子一对一在线学习的场景，稳重的男性画外音开始描述国内中小学的补习教育现状：

> 2017 年，全中国小学、初中、高中在校人数达到 1.5 亿人，二线城市的孩子无法享受优质的教育资源，一线城市的孩子则在补习的路上头痛不已……（在我们的平台）学生们都在通过电脑、平板电脑、手机、电视与来自清华、北大等一流名校的好老师交流学习……教师、教研团队通过对学生课上的图像语音进行分析，能快速掌握学生的积极性和学习习惯，从而打造与之匹配的学习方法……

（企业宣传片中部分解说词）

> 我们的教育是精英陪伴式教育，让教育公平，让学习高效快乐，我们竭尽一切可能地到全国各地寻找最优秀的教学资源，把它放到互联网上，传递到最需要它的地方，传递给最需要它的家庭，改变我们的下一代，改变中国的未来。

（企业董事长最后激情陈述）

如果不了解这是影子教育（shadow education）的企业广告，大多数人都会被所展示出的网络教育拉平地理差异的"技术迷思"所吸引，它印证了互联网初期人们对线上教育抱有的美好想象，光芒四射的线上教育似乎从技术上修正了资源不平衡，显示出解决复杂社会问题的"超能力"。该影子教育公司总部位于上海浦东某地铁站附近一栋富

---

① 本节内容以"褪色的技术迷思：影子教育的数字资本与女性在线劳工"为题发表于《传播与社会学刊》2021 年第 56 期，第 127-159 页，收录后有所改动。

有设计感的白色大楼内,简洁明快的设计风格颇有互联网企业风范。在获得5轮投资后,2018年7月,公司开始正式启用装修好的大楼,课程顾问乐于将大楼照片或视频展示给家长们,深蓝色夜景映衬着灯光,大楼外观契合了人们对互联网公司的想象。线上教育代表着未来技术方向的"迷思"(myth),不再隐秘根植于人们头脑,或是被遗忘在互联网的某个历史角落,而是附着于精致的大楼、公共交通和网络视频的商业广告上,拥有了生动的现实躯壳。

国内影子教育一对一线上模式的快速发展成为本节讨论的社会背景。这一线上新职业的兴起得益于K12(Kindergarten to 12th grade)影子教育的迅速市场化。影子教育指为主流教育(mainstream education)提供的系列学科课外补习辅导(supplementary private tutoring),因如影子一样相伴而得名。小学至初中阶段虽然国内实行义务教育,却成为国内城市家庭高度参与教育,家庭资本和学生精力投入最多的年级段。中投顾问2018年发布的《2020—2024年中国K12教育行业深度调研及投资前景预测报告》数据显示,中国教育产业仍处于扩张阶段,其中K12教育市场规模在2018年达到约4331亿元,线上教育市场规模达437.9亿元。影子教育在国内的快速增长可以从社会变迁、阶层固化、中产焦虑等几方面获得解释:改革开放40多年,经济发展孕育了一批城市中产阶层,出于阶层向上流动的渴望,中产父母们对子女教育抱有相当高的期待;加之根植于东亚国家的科举文化传统,以及教育资源日渐集中、精英大学竞争日趋激烈的态势,迫使城市家庭普遍选择学科辅导机构,帮助深化学校教学内容,实现子女培优。学龄青少年在父母陪伴下奔走于各培训机构,成为都市的日常景观。2017年之后,以免除父母子女奔波之苦为宣传要点的某线上辅导公司在国内一线城市铺开,在竞争激烈的影子教育市场中快速占据了一席之地。

在该公司的企业宣传片中,影子教育一头连接着待辅导的孩子,一头连接着提供服务的女性网课教师。广告中优雅大方的女教师手持平板电脑与孩子进行线上交流,那么,在日常真实的劳作中,当网络技术与人工劳动结合,是否一切真如广告那般轻松便捷?我们研究的公司的辅导业务覆盖小学、初中、高中各阶段，在同类培训机构中有较高知名度。线上一对一上课模式产生了大量的线上劳动者（online labour）。在进行线上田野考察时，2018 年 12 月 17 日，该公司上海总部的液晶屏数据显示：当日累积上课学生人数达到 336113 名（课程顾问和班主任偏好在周日发布上课人数的监控数据，通常为一周高峰数值），这意味着当日连线另一端有 33 万名网课教师作为知识商品化（knowledge commercialisation）的内容供给方提供服务，其中绝大部分是女性全职教师。透过她们描绘线上劳动形式和劳动体验并讨论其中的"情境化的知识"（situated knowledge）成为我们的研究动机，为此，我们讨论的第一层面将重点关注技术与女性在线辅导工作的结合情况。

从"技术迷思"这一概念出发，探讨影子教育公司在企业形象包装中如何与"互联网迷思"（internet myth）紧密关联成为研究的另一重任务。迷思的探讨源于人类学、神话研究和符号学，却早已远离克洛德·列维-斯特劳斯（Claude Levi-Strauss）、罗兰·巴特（Roland Barthes）笔下的原始社会和现代消费社会的话语背景，而更贴近传播政治经济学家文森特·莫斯可（Vincent Mosco）借助马克思和阿尔都塞（Althusser）的"虚假意识"（false consciousness）所表达的意涵。莫斯可将互联网迷思从文化研究范畴移植到政治经济学领域，并逐个击破了历史终结、地理终结和政治终结三种迷思，批判了赛博空间普遍存在的乐观想象，技术迷思"让我们付出代价，它怂恿我们用有关未来的迷思来避免当下的冲突，并创造出一种社会团结的虚假意识"①。随着国内影子线上教育在数字资本推动下的狂飙突进，技术迷思如何被制造出来，又扮演了何种角色？对在线劳工、报课家长和数字资本来说，技术迷思的内涵是否有差异？要回答这些问题，需要对技术迷思的成分和编制意图进行分析，这或将加深在新媒介形态催生的商业模式背景下我们对数字资本、技术平台和在线劳工三者关系的理解。

① 文森特·莫斯可：《数位化崇拜：迷思、权力与赛博空间》，黄典林译，北京大学出版社 2010 年版，第 14 页。

二、文献回顾

（一）影子教育研究的焦点：从"双刃剑"到"在线化"

十余年来盛行于东亚日本、韩国、新加坡等地的影子教育已成为社会学和教育学的重要研究对象。[①] 研究证实，补习与家庭经济状况和成绩提升效果有密切关联，接受影子教育辅导与家庭经济水准、父母陪伴都密切相关，接受辅导的学生通常有更优秀的课业表现。[②] 近年学者们探讨影子教育的负面影响是否阻碍了社会流动和社会公平，为此从事主流教育同时兼职做培训的教师群体成为批判对象，因为公众认为其掌握的教育资讯会加剧原本的社会不公平（social inequality）。[③] 家庭的社会经济地位、家庭的文化背景对教育获得的影响将随着求学阶段的上升而降低，社会应注意早期影子教育的公平性。[④] 有研究发现影子教育的实际支出、形式和质量在一线城市和一般县级城镇之间呈现显著差异。[⑤] 社会阶层越高，对影子教育的需求

① 中泽涉：《日本的影子教育：聚焦高中阶段的课外补习支出》，《北京大学教育评论》2015 年第 3 期，第 23-34 页。史蒂芬·R. 英里奇：《日本"影子教育"决策：学生的选择还是家长的压力？》，《教育科学研究》2017 年第 5 期，第 67-76 页。马克·贝磊：《补习的私人家教：规模多大，意义如何？》，《比较教育研究》2000 年第 1 期，第 61-62 页。马克·贝磊：《教育补习与私人教育成本》，杨慧娟等译，北京师范大学出版社 2007 年版。马克·贝磊："影子教育"之全球扩张：教育公平、品质、发展中的利弊谈》，《比较教育研究》2012 年第 2 期，第 15-19 页。马克·贝磊、刘钧燕：《影子教育：现状与分析——课外补习研究：问题与方法》，《北京大学教育评论》2015 年第 3 期，第 2-16 页。Choi, Y. & Park, H. Shadow Education and Educational Inequality in South Korea: Examining Effect Heterogeneity of Shadow Education on Middle School Seniors's Achievement Test Scores. Research in Social Stratification and Mobility, 2016(44): 22-32.

② 李佳丽，何瑞珠：《家庭教育时间投入、经济投入和青少年发展：社会资本、文化资本和影子教育阐释》，《中国青年研究》2019 年第 8 期，第 97-105 页。

③ 丁小浩、翁秋怡：《权力资本与家庭的教育支出模式》，《北京大学教育评论》2015 年第 3 期，第 130-142 页。

④ 唐俊超：《输在起跑线——再议中国社会的教育不平等（1978—2008）》，《社会学研究》2015 年第 3 期，第 123-145 页。

⑤ 孙聪、金文旺、蒋承：《关于我国影子教育二元结构问题的研究》，《中州学刊》2018 年第 9 期，第 83-85 页。

越大，从而产生对低阶层群体的优质教育挤出。① 总的来说，影子教育与精英家庭的结合可能会加剧教育的不平等，成为社会复制与社会分层的又一通道，是学者们的普遍共识。② 影子教育实证研究多围绕是否提供社会升学机会这一问题展开。一项对影子教育机构"坑班"的调查指出，选拔成为维护或加剧社会不公的具体通道。③ 另一项研究将北京城市父母的家庭、学校及培训机构的"协作培养"与农民工家庭的"散养"进行对比，发现不同阶层在子女培养方式上存在巨大差异。④ 归纳起来，影子教育的功能被认为是维持和强化了优质教育资源的获取，家庭社会、文化资本与影子教育共同完成了不平等的社会阶层再生产。

当整个社会都卷入应试教育的激烈竞争中，影子教育成为普通家庭的"双刃剑"，虽可能帮助提升子女学业，但投资私人教育加重了家庭经济负担，影响了家庭其他消费开支。⑤ 在影子教育的选择上，家庭短期导向越强，越倾向于选择影子教育，因为其高效和补充特性迎合了此类家庭所需。⑥ 英里奇关注参与教育决策过程的学生的意愿，强调学生作为行为主体的重要性，探讨了影响最终决策的结构性环境因素。⑦ 人们已经认识到影子教育过度发展会加剧学生的学业竞争压

---

① 徐家庆、周远翔：《异质性层面、影子教育与教育公平》，《南通大学学报（社会科学版）》2018 年第 5 期，第 154-160 页。

② 请参见：林晓珊：《"购买希望"：城镇家庭中的孩子教育消费》，《社会学研究》2018 年第 4 期，第 163-190 页。胡咏梅、范文凤、丁维莉：《"影子教育"会扩大教育结果不均等吗？——基于 PISA 2012 数据的中国、日本、韩国比较研究》，《教育经济评论》2017 年第 5 期，第 45-73 页。刘保中：《"鸿沟"与"鄙视链"：家庭教育投入的阶层差异——基于北上广特大城市的实证分析》，《北京工业大学学报（社会科学版）》2018 年第 2 期，第 8-16 页。

③ 尚培胜：《校外的"重点学校"和"实验班"——南京市某影子教育机构的社会再生产机制研究》，南京大学硕士学位论文，2014 年。

④ 高雪莲：《区隔的童年：城市孩子与乡村流动孩子的课余世界》，《北京社会科学》2017 年第 9 期，第 24-33 页。

⑤ 薛海平：《家庭资本与教育获得——影子教育的视角》，《教育科学研究》2017 年第 2 期，第 33-43 页。

⑥ 陈涛、巩阅瑄、李丁：《中国家庭文化价值观与影子教育选择——基于霍夫斯泰德文化维度的分析视角》，《北京大学教育评论》2019 年第 3 期，第 164-186 页。

⑦ 史蒂芬·R. 英里奇：《日本"影子教育"决策：学生的选择还是家长的压力？》，《教育科学研究》2017 年第 5 期，第 67-76 页。

力,消耗家庭和社会的大量资源,削弱政府推进教育公平的成效[①],联合国教育专家马克·贝磊通过对不同国家、地区制定政策的理念差异分析后指出,这是经济活动与伦理问题间的选择。从政府立场出发,影子教育有显著的社会经济功能,补习所形成的巨大产业有利于解决劳动力就业问题。[②] 以上研究丰富了对影子教育本质与社会功能的了解,但也存在缺失,尤其是视影子教师为学生学业成绩的外在影响因素,继而关注其相关的伦理问题、教学效果和经济作用,而非视其为有独特价值的劳动研究对象。与此同时,随着信息和通信技术(Information and Communication Technology,ICT)的技术渗透,传统的封闭的学校发生松动,网络打破时间和空间阻隔,将教育资讯送达偏远地区,影子教育的快速线上化赋予传统劳动问题以新的讨论背景。在数字资本积极参与影子教育的在线化热潮之际,大量研究还停留在对平台的商业预测或数字技术讨论,影子教育线上劳动的新特质和数字资本的影响尚未得到及时的关注。

(二)在线工作与女性数字劳工

传播政治经济学领域近年围绕着"非物质劳动"(immaterial labour)与"数字劳动"(digital labour),以及相关联的传播资源的生产与消费的新型权力关系及其建构进行了剖析。克里斯蒂安·福克斯(Christian Fuchs)延续了达拉斯·斯麦兹(Dallas Smythe)的"受众商品论"(audience commodity)中将媒介形态与劳动形式结合的思考路径,将批判的锋芒指向了互联网大公司对用户的双重剥削。[③] 将数字劳动视为马克思的工业劳动叙事的延伸而非颠覆成为普遍共识。

---

① Bray, M. Adverse Effects of Supplementary Private Tutoring: Dimensions, Implications, and Government Responses, Paris: UNESCO International Institute for Educational Planning, 2003.

② 马克·贝磊:《教育补习与私人教育成本》,杨慧娟等译,北京师范大学出版社2017年版。

③ 请参阅:Fuchs, C. Information and Communication Technologies and Society: A Contribution to the Critique of the Political Economy of the Internet. European Journal of Communication, 2009, 24(69):69-87; Fuchs, C. Digital Labour and Karl Marx. New York: Routledge, 2014.

邱林川区分了从事制造的劳工（manufacturing labour）和被制造的劳工（manufactured labour）两类群体后，指出当前互联网的本质"是资本的场域、剥削劳工的场域，也是社会的场域、抵抗的场域、阶级形成的场域"①。因兴趣而导致的玩工（play labour），如字幕组，凭借兴趣参与生产，提供内容产品而并不拥有真实的劳动收入。② 批判日渐崛起的互联网文化及其背后深植的资本经济体系，指明产销者（prosumer）被剥削的本质，揭露媒体平台对用户内容与基础设施的双重资本压榨，成为文化研究和传播政治经济学的交汇议题。

近年随着在线劳工的出现，他们的劳动与职业研究开始受到关注，影子教育的女性在线劳工即属此类，她们进行的并非无偿的趣味劳动，而是线上补习服务，以帮助学生们应对选拔性考试，并从平台获取个人报酬。她们既非文化研究讨论的内容创造和参与者，也非传播政治经济学中"作为商品的受众"，而是因知识或技能获得工作机会的线上劳动者。与之相关的新型在线职业者的劳动形态、价值和关系研究已取得了一些成果。③ 具体的数字劳动研究案例正在不断丰富，有作为知识劳工（knowledge worker）的网络编辑群体④、IT 程序员⑤、互

---

① 邱林川：《告别 i 奴：富士康、数字资本主义与网络劳工抵抗》，《社会》2014 年第 4 期，第 119-137 页。

② 曹晋、张楠华：《新媒体、知识劳工与弹性的兴趣劳动——以字幕工作组为例》，《新闻与传播研究》2012 年第 5 期，第 39-47 页。

③ 请参见：姚建华主编《制造和服务业中的数字劳工》，商务印书馆 2017 年版；姚建华主编《媒介产业的数字劳工》，商务印书馆 2017 年；姚建华、徐婧《数字时代传播政治经济的新现象与新理论》，《全球传媒学刊》2017 年第 3 期，第 30-43 页；姚建华、徐偲骕《全球数字劳工研究与中国语境：批判性的述评》，《湖南师范大学社会科学学报》2019 年第 5 期，第 141-149 页。

④ 曹晋、许秀云：《传播新科技与都市知识劳工的新贫问题研究》，《新闻大学》2014 年第 2 期，第 93-105 页。

⑤ 孙萍：《知识劳工、身份认同与传播实践：理解中国 IT 程序员》，《全球传媒学刊》2018 年第 4 期，第 97-115 页。

联网公司的无酬高校实习生①、城市外卖员②、游戏主播③等,这些在地的访谈研究充实了劳动与社会理论在新时期的发展。

学者们关心的另一个问题是网络社会出现的新职业是否给女性带来了新的工作机会。早期互联网工作具有一定的溢价性,也促进了性别工资的增长,但研究认为对于不同婚姻状况、年龄和学历的就业者而言,影响作用存在差异。④ 技术与劳动力之间简单替代的推测并没有获得广泛支持。例如,技术进步一度被认为可能造成收入不平等和大量职业消失,而曼纽尔·卡斯特(Manuel Castells)详尽分析了资讯技术对社会组织与就业的影响,指出:"资讯技术的扩散与整体经济就业水准的演变之间并没有系统性的结构关系。"他不支持技术提升会影响就业的猜测,但同意缺乏资讯技术的人更容易被排除在新工作机会之外。⑤ 有研究分析了电脑普及对不同类型劳动力需求的影响,发现电脑普及后价格下降,增加了对具有高等教育经历的劳动力的需求。⑥ 新互联网时代的数字劳工面对自动化对工作的影响,早已存在的失业预测可能最终会变成现实。⑦ 随着中国线上新职业不断出现,大量劳动者因为网络获得了就业机会,零工经济(gig economy)释放出了闲置资产与劳动力。有研究指出,这对受过高等教育的女性更有利,因为她们获得线上职业的能力较普通女性更强。⑧ 还有研究指出

---

① 夏冰青:《中国媒介产业中实习生的困境研究:以 S 和 X 两家大型互联网公司为例》,《全球传媒学刊》2018 年第 4 期,第 116-126 页。

② 张玉璞:《流动中的社会关系:上海外卖骑手移动媒体使用与社会资本》,《传播与社会学刊》2019 年第 47 期,第 167-198 页。

③ 徐林枫、张恒宇:《"人气游戏":网络主播行业的薪资制度与劳动控制》,《社会》2019 年第 4 期,第 61-83 页。

④ Krueger, A. B. How Computers Have Changed the Wage Structure: Evidence from Microdata, 1984—1989. The Quarterly Journal of Economics,1993,108(1): 33-60.

⑤ Castells, M. The Rise of the Network Society(2nd ed). Chichester: Blackwell Publishing,2010:280.

⑥ Autor, D. H. & Dorn, D. The Growth of Low Skill Service Jobs and the Polarization of the U. S. Labor Market. NBER Working Paper,2009, No. w15150.

⑦ 文森特·莫斯可:《数字劳工与下一代互联网》,徐偲骕、张岩松译,《全球传媒学刊》2018 年第 4 期,第 127-139 页。

⑧ 庄家炽、刘爱玉、孙超:《网络空间性别不平等的再生产:互联网工资溢价效应的性别差异,以第三期妇女地位调查为例》,《社会》2016 年第 5 期,第 88-106 页。

女性的性别特质更适合互联网的线上工作。① 网络技术支撑跨地域即时沟通，当面对面的线上服务形式开始普及，劳动形式的转变体现为弹性的工作时间(flexible work time)和在家自由办公(home office)职位的大量涌现。对于新技术带来的工作方式变化，帕特里夏·华莱士(Patricia Wallace)以组织传播视角，重点考察了网络推动的工作场所的变革与工作节奏的变化，关注员工工作与休闲界限的模糊、彼此沟通方式的转变和企业组织模式的差异。② 劳动过程和空间变化研究均认为，线上线下的工作不仅带来空间的改变，也带来工作方式的彻底变化。除了关注线上工作对组织、家庭的变化与影响，女性主义还延续了政治经济学关注空间、阶级与权力的视角，开拓了父权制度对女性日常与家庭劳作的压迫这条新研究路径。③

随着经济的发展，新网络平台和新劳动方式应运而生，传播政治经济学者们开始检视网络平台中内嵌的权力结构，进而探究平台经济中资本、技术和劳动三者之间的互构关系。一项对 UI(user interface，用户界面)设计师的调查表明，知识劳工的常态化加班机制，是互联网产业的金融化、知识技术的迭代化和工作弹性化的结果，体现为资本对劳动的隐蔽控制与劳工的有限自主性的"互构"。④ 另一项研究以亚马逊土耳其机器人为分析对象，探究其运作机制和内嵌其中的劳动控制问题。⑤ 从这些研究成果来看，网络平台劳动者的能动性和结构性制约、互相控制、互相抗衡，是最引人注目的一组力量关系。

我们所讨论的问题既涉及女性的在线劳作，又关系到在线劳动者与平台的劳资关系，还牵涉其背后若隐若现的技术迷思和数字资本的

136

---

① 毛宇飞、曾湘泉：《互联网使用是否促进了女性就业——基于 CGSS 数据的经验分析》，《经济学动态》2017 年第 6 期，第 22-33 页。

② 帕特里夏·华莱士：《工作场所中的互联网——新技术如何改变工作》，王思睿、印童译，商务印书馆 2010 年版。

③ 乌苏拉·胡斯：《高科技无产阶级的形成：真实世界里的虚拟工作》，任海龙译，北京大学出版社 2011 年版。

④ 侯慧、何雪松：《"不加班不成活"：互联网知识劳工的劳动体制》，《社会》2020 年第 5 期，第 115-123 页。

⑤ 姚建华：《在线众包平台的运作机制和劳动控制研究——以亚马逊土耳其机器人为例》，《新闻大学》2020 年第 7 期，第 17-32 页。

影响,因而我们将延续以上研究思路与成果,并在新职业特质和新劳动环境中展开对问题的思考。

三、研究方法

自 2018 年 4 月开始,借助为孩子挑选授课教师的契机,笔者进入了田野调查领域,结识了该在线一对一公司的 3 位女性授课教师,与她们沟通良好,获得了她们的信任。通过她们的介绍,笔者以滚雪球方式认识了 15 位一对一网课女性全职教师,其中有几位因为担心被公司知道而不愿意接受访谈,最终得到的有效采访者总数为 14 人。自 2018 年 5 月至 12 月间,笔者对她们分别进行了 2 次、每次 1 小时的半结构化访谈。老师们分布在国内各地,访谈采用微信视频或语音电话进行,结束后以资料采集费名义发送与课时费相当的微信红包作为补偿。所有的访谈录音通过科大讯飞在线软件转录并进行分析。有的老师后期曾多次补充回答了笔者的追问。笔者还找到了 3 位同属于该公司的兼职教师,形成了与全职教师比对的次群组(subgroup)。培训行业资讯通过咨询在美国上市的知名的培训机构来获取。研究资料还包含了近一年的线上田野观察,包括上课情况监看、观察教师微信朋友圈的动态和对百度贴吧、知乎、求职网络等网络社区发布的经验帖与求助帖的关注。

在线访谈开始时,笔者以家长身份进入田野调查,带来的好处是与其他家长、学生、班主任交流便利,笔者对报课的学生与家长亦陆续进行了简短采访。教师访谈主要围绕日常工作,如售课、备课、上课等话题展开,也包括如何看待在线职业及其未来前景。尽管在访谈之初笔者便表明了研究目的,并再三保证信息不会泄露,但教师们对个体所在的地理位置和真实学历总是有些回避,她们更愿意谈论所遇到的学生及其家庭情况,以及在线授课的"奇遇"和对在线职业的感想。同时,被访者的身份差异影响了访谈态度,对学术研究有所了解的两位女教师显示出对本研究的极大兴趣,而所认识的班主任作为田野中的把关人(gatekeeper),则不时向笔者打听研究进行的情况,显得颇为警惕。女教师们的谨慎起初被笔者解读为普通人对访谈可能会有的抵触心理，是对个人隐私和利益的自我保护；而当访谈快结束时笔者才突然"顿悟"，可以将这种掩饰与互联网平台的宣传话语，以及在线教育的技术逻辑、技术迷思与社会结构勾连起来，并尝试通过意识形态建构和技术平台结构层面进行整体阐释。当访谈结束时，通过寄送小礼物或主流课堂的考试资料为"伎俩"，笔者获得了各位受访者真实的住址，这同时也是她们的在线劳作地点。访谈不仅要尽可能收集个体资讯，还需对资讯细加分辨，研究过程中笔者对此始终谨记于心。

四、研究发现

（一）女性教师的家庭线上劳作

一对一网课女教师的构成具有显著共性，通过对访谈教师进行人口变量收集，我们发现这些青年女性在人生经历、教育背景、年龄组成和空间位置均较为相似。她们全部出生于 1992—1996 年间，大多数人生活经历很简单：自小生活在中小城镇，其中有 2 人生活在直辖市重庆（非主城区），只有教师 F 在家乡重庆读完大学，其他女教师都曾离家到其他城市求学，本科毕业后重新回到父母身边。这些女性全职教师大多拥有二本学历，属于当前社会学家们讨论的"小镇青年"，她们毕业时间不长，正处在向职业过渡（career transition）的"学徒"阶段，这份线上授课工作对不少人而言堪称"职业初体验"。

一对一课程教师的面试机会并不难获得，且效率颇高，只需要在微信公众号或网页上填写基本资料，递交申请便可添加招聘人员的微信。招聘人员核实学历情况后会安排线上面试和第二轮面试，通过后便可参加线上培训，这一阶段主要过滤掉工作态度有问题、松懈懒惰或者性格偏激的人。作为中小城镇的 90 后，女教师们获得了一种与线上技术紧密交织的生活机遇（life chance）。根据访谈者对以往生活轨迹的叙述，全职网课女教师们多处于大学毕业这一个人事件（personal event）完成后，有几位受访者曾经做过其他工作，时间均不长。大多数人是因同学或朋友介绍而加入网课教师行列，因此受访者彼此有人际关系（主要是大学、初中高中同学或闺蜜）的嵌套，少部分人通过户外广告或互联网获知招聘资讯。询问她们当网课教师的初衷,答案意外的实在:"那时候有点穷。"(访谈时间:2018-07-04,受访者 B)"报名时候并没有想很多。"(访谈时间:2018-06-03,受访者 D)"应该能学到一些东西吧。"(访谈时间:2018-10-18,受访者 M)"听说做得好月收入过万,我的同学×××介绍我来的,她干得挺好,能赚钱。"(访谈时间:2018-09-17,受访者 E)毕业后面临的经济压力和个体独立的愿望成为求职的主要原因,求职的迫切和面对新工作的迷茫构成她们彼时的心理。

对这些中小城镇青年而言,散居在中小城市而非物价高昂的大城市,与父母或家人共同居住,降低了个体生活成本。互联网平台公司实行鼓励推荐政策,"月薪过万"的宣传语显现出较强的诱惑力。初中科学女老师 K 工作积极,她给我看过 5 月、6 月的工资短信,显示其月收入扣除五险一金后仍然有七八千元。已经是 4 级讲师的她不时介绍新教师加入以获取每人 600 元的"内推"奖励。该平台生源较多,课费收入和弹性工作时间令她感到满意,她说:"……寒暑假(收入)会更多,勤奋的老师月薪上万没什么问题。……(公司)名气大的好处是学生多嘛,课时容易饱和,另外一家(线上平台)就没有这里课费高,而且听说会拖欠工资什么的。"(访谈时间:2018-07-09,受访者 K)

K 老师描述的在线工作轻松拿高薪,画面美好得有些"失真"。其他被访者对薪酬和工作的满意度描述与她大不相同。我们了解到,高工资并非互联网所谓的溢价效应,而是与线上教师需要承担的高课时有关。在培训行业,每年寒假、暑假 3 个月是教师最忙碌的时间段。课时排满连轴转,此时确实有少数教师收入近万,但其他月份则很难达到这种收入水准。随着培训行业竞争加剧,虽然对家长的售课单价每年都在上涨,但一对一专职教师得到的课费并没有提升,家长支付的高额课费,老师们根据级别,每次课只能拿到 45~80 元,每个月完成 50 小时的基本工作量才能获得底薪外的课费,这部分课费同样根据教师级别来发放。如果个人课时无法达到最低要求,主动离职就成为多数人的选择。为此,网课教师在入职初期的 2~3 个月内呈现高度流动态势。

2018 年访谈进行初期,接受访谈的老师们对培训行业还充满信心。影子教育市场的热潮催生了大量补习教师的高薪神话，大学生毕业后做培训机构教师不再被认为是大材小用。进入培训行业之前，教师身份、高薪诱惑、培训业的繁荣、互联网平台的宣传，均令年轻人对线上影子教育的未来充满期待。与她们热情地向我们宣扬公司前景形成反差的是，公司向家长传递的教师资历则经过了有意删减，线上劳动女性的真实身份与状态被隐藏，或是经过了一番刻意包装。例如，家长很少知道女教师们所在的确切的地理位置和毕业学校。除了隐藏劳动者经验和教育背景等信息，公司突出和夸大师资，强调教师们经过了五重考核筛选，宣称拥有"培、磨、研、学、联、监六维联动的线上教学全链协同机制"，"教师培训、磨课实践、教研开发、日常教学、高效沟通和品控监督六大环节"（摘自公司宣传语）。宣传话语强调教师选拔过程的精细和标准的严苛，试图打消家长们报课的疑虑。

尽管地理位置被刻意隐匿，但教师们的劳动空间并不会凭空消失。这种虚拟的"空中课堂"建立在教师与孩子两个家庭空间的基础上，依靠连线互动交流与沟通。视频连通后两个空间瞬时都发生了性质转变，尤其是教师的家庭空间转化为知识劳动的场所，原本的私人空间让渡给半公开的领域。教学屏幕上展现出环境迥异的两个物质空间，即教师自身的家庭空间和学生家庭空间。线上观察课程会有许多有趣的发现，一旦视频连通，原本处于"后台"的居住空间转向"前台"，家庭环境显示出经济状况、家庭品位、城乡差距的差别，显现出一定的城乡与阶层差异。此外，家庭中家居（domesticity）陈设会因不同的媒体介质而发生改变，作为移动性（mobilization）客户终端的手机和平板电脑在居家环境中替代了以往位置固定的电脑，尤其是无线网络代替了以往的有线网络之后，移动收看成为常态。对学生而言，原本玩乐休息的家庭变成了课堂，加上远程教学干扰因素多，视频另一端的老师们想要控制学生整堂课的注意力并不容易。

以往研究指出的女性在线工作的性别优势在本研究中得到了支持，温柔和蔼的女教师与学校以管束为主的教学方式完全不同，一对一的平等交流很容易吸引授课对象。但我们发现这种女性的情感劳动（affective labour）并非天性使然，而是刻意培训的结果。孩子虽然不是购课者,可是他们是否喜欢老师会成为家长报课的考量因素。因为关系到能否获得订单,没有实践教学经验的新手老师必须学会与孩子积极沟通,这成为公司培训时强调的内容。

线上工作可以与遥远的学生连接,实现距离的消失(distant disappearing),不限时间、地点的移动办公和居家工作对雇主和雇员来说都更节省成本,也被普遍视为有优势的新工作方式。然而在有了工作体验后,教师们的态度开始发生变化。线上授课将生活分裂为线上世界和真实世界两部分,长期在线工作产生的问题表现在以下几方面:一是在家打开电脑即工作,个人生活与工作边界日趋模糊。二是线上教学并没有建立真实的工作环境,公司文化或企业氛围有所缺失。互联网技术缩小了原本庞大的公司组织,该公司的上海总部集中了管理和销售人员,散居在家的教师们则普遍缺乏归属感。三是网课教师们彼此缺少社会交往,该工作无法提供有效的人脉积累,偶尔的线下活动很难发展出真实的社会关系。

(二)技术使用与劳动者的困境

作为数字原住民(digital natives),女教师们伴随着互联网快速发展而成长,能迅速掌握线上课程的授课形式。该机构网课学习平台有平板电脑、手机和笔记本电脑多种客户端供下载。低龄段学生们更习惯使用平板电脑登录,因为平板电脑作为游戏和娱乐工具为他们所熟悉;网课女教师们通常用笔记本电脑工作。上课前教师需要在平台导入课件,内容有语音回放。线上工作的技术迷思很快被卡顿、掉线或无法登录等打破,除了平台的不稳定,公司的手写板也不好用。2018年的课费涨价后,公司进行了技术平台的扩容改造,但卡顿问题并未完全解决,只是增添了课程结束后教学内容和教师评语。笔者了解到,国内其他一对多网课教育平台可以实现课程全程录影供回放观看,还有互动答题、游戏答题、课程预习、动画讲解、机器对擂等多种训练方式和激发手段。相比之下,这家主打一对一视频辅导的公司技术只能够满足日常教学,远谈不上令人满意。

尽管技术在教学中不尽如人意,平台技术却充分发展为对劳动过程的监控。边沁(Jeremy Bentham)提出象征权力的"圆形监狱"

(panopticon)，福柯（Michel Foucault）进一步阐释，并将其描述为当代社会的全景敞视主义（the complete visibility in panopticism），作为权力与知识的结合的新监视机制，它像毛细血管一样遍布于机体，令人难以逃避。① 线上学习虽然是一对一课程，但平台控制无处不在，像是一种新型的数字圆形监狱，在互联网社会表现为全景性敞视的线上格子间。公司的技术完善主要用于平台对劳动过程的掌控，无所不在的监控成为监视劳工、获取财富的手段。为了保证线上工作者保持待命的状态，公司不时有周会和临时排课，不及时回复公司、运维、家长和学生将可能面临投诉。无时不在的监视和呼叫已成为在线教师每日必须应对的工作内容。

岗位设置是对技术监视的另一种有效补充。班主任平时通过回看课程内容，了解上课情况。开课后班主任老师会将任课教师与家长拉入一个微信群，进行平台许诺的一对一专属定制服务。班主任的责任是为家长和老师协调课程，每两周与学生家长电话沟通一次，主要是催促销课和保证续课，潜在的职责是防止逃单或是损害公司利益的行为，实践中其漏洞也颇为明显。老师 N 告诉我们，有家长找到她，想要孩子和她通过微信视频私下上课，但家长的"双赢"建议很少被接受，原因是老师们担心违背公司利益的行为一旦被发现，可能会遭到解雇，因为他们所签的格式化合同的主要条款均有利于雇用者。在资料收集过程中，我们不时在知乎及各类求职网和律师求助平台观察到多起该公司员工离职时的薪资纠纷，纠纷原因多种多样：有五险一金未按照要求缴纳、入职离职和工作时间计算有差异、公司认为教师个人行为触犯了公司利益而被解雇等。我们尝试与几位发帖者联系，没有得到回复，推测应是发帖者因精力财力不足以应付冗长的法律程序，导致斗争行动仅仅停留在线咨询或发帖抱怨上。在线劳动者虽然有维护自我权益的意识，但除了原本的交际圈，他们普遍缺乏与新同事的联系，更没有传统工厂或办公室劳动的工会组织作为后援，也就

①　米歇尔·福柯：《规训与惩罚：监狱的诞生》，刘北成、杨远婴译，生活·读书·新知三联书店 2012 年版。

无法有计划、有组织地向平台争取权益。

正如影子教育专家所指出的,影子教育的核心始终是学生在主流教育中的学业表现。家长续课的主要原因是孩子在学校的考试排名有所上升。报课没有明确诉求的家长属于极少数,大部分家长(即使家境优渥)对子女成绩的态度均带有显著的功利色彩,注重学习成绩的提高和排名的提升,一旦发现网课没有效果,就会更换辅导机构。老师们告诉我,不管多难搞定的家长,只要孩子成绩有所提升,态度立刻大转变,不停地感谢老师,续课也不在话下。为此,强调成绩提升的考核成为公司近年的风向。但是,平台为学生和女教师们提供视频连接,却无法保证远程教学的课堂效果,授课质量的问题被抛给毫无实战经验、刚刚接触影子教育的青年女性。培训业教师的教学能力需要时间来提升,绝非一朝一夕之功。对当前中小学学校教育内容并不了解的女性教师,被要求辅导在校生的课业,在日常教学中经常感到孤立无援。老师们认为,公司缺少真正的课堂实践,培训的重心也完全不在教学上,上课遇到的问题全靠教师自己摸索。老师们的压力在以下对话中可以体现出来:

> 我主要是给初中生上课,当时报的就是这个(职位),听说公司缺高中老师,高中课费也比我们贵,但能上的(老师),嗯,不太多吧,很难招到好老师。毕竟都是刚毕业的年轻人应聘……家长花 200 元课费要的是 200 元的效果,而不是 50 元的效果。但如果我花很多时间备课,课时量根本完不成。还有转化学生的压力,测评课得上、会得开啊,说是钱多事少离家近,感觉事情一点儿也不少。(访谈时间:2018-11-21,受访者 L)

> 那种月薪过万的传说听听就算了,得很拼才行。有的人上140 节课,基本工资四五千块的话,课时费拿到 6000 多块,月薪才能上万,平均下来每天得上 20 节课,周六周日不休息。班主任总让我多上点课,就是劳动力么……我是准备继续考编的,每个月五六千块还能做点自己的事情。上课那么多,备课的时间呢? 那(备课)总得有个标准吧,至少在(我)心里差不多才行。(访谈时间:2018-11-13,受访者 H)

　　我们访谈的 14 名全职女性教师中有 9 人教授小学、中学阶段的语文、英语，内容多为英语语法的初步讲授，或小学语文字词句段篇章的讲述，缺乏名牌高校的兼职教师所拥有的理科解题分析能力。该公司规定讲授中小学奥数或高中课程的老师会有附加课时费，而其他人只能按最基础课时计算收入。公司缺乏传统学校课堂的实践教学经验，规律性的集体备课和教研讨论几乎没有，而且对大规模的线上劳工进行面授培训几乎不可能，事实上，互联网平台要保证教学品质比传统学校困难得多。几位期望在培训事业有所发展的老师对此感到失望。作为接受过高等教育的职业女性，她们有一定的学习能力，但公司提供的"干货"太少。而在工作量上，为了达到底薪要求的课时，她们必须努力将学生的报课意愿转化为现实的订单，并争取每周更多的课时配置，以防止个体和家庭跌入收入不稳定（precarious）的状态，是否有订单、课程内容和总量如何保证，都让她们感受到精神压力，对自我劳动的价值的评价相比访谈之初有明显落差。

　　在一对一在线培训案例中，新的劳动形式和计酬方式与平台的盈

利模式密切相关。我们发现，新模式受益于近年互联网公司流行的"去实体化"（disembodying）和"分包"（subcontracting）带来的灵感。"分包"将企业需要完成的任务向自愿参与的个人进行分配，为企业获取利润开发了更隐蔽的新剥削形式，用更多的劳动者参与、更少的劳动资料投入、更少的企业责任去获得更多产出。"去实体化"省去了传统培训公司房租、水电、工作人员等大笔资金投入；"分包"依靠网课教师的劳动时间售卖来获利；试听课的"转化"将获取课源的责任转移至老师们肩头；"空间让渡"更让女教师们牺牲家庭隐私空间，将其转变为劳动场所并完成劳动；女性在线劳动还包含了情感投入、情感控制等在线工作中的"情感劳动"。

　　在我们进行访谈的半年时间内，女教师们从入职初的兴奋转为对平台的失望。2019 年下半年，影子教育竞争日趋激烈，线上网课效果开始遭到部分家长质疑，网络上不时有离职教师和家长爆料，导致平台售课压力持续增加，教师们对工作稳定和未来前景感到忧虑。截至2019 年 12 月底，我们访谈的全职教师中有 8 位离开了这家公司，还有

6 人仍在授课。我们追踪询问了几位老师对在职或离职的感受,曾对收入感到满意的 H 老师也开始抱怨公司待遇在下降;C 老师上课常因紧张而感到身体不适,她兼职授课主要是减轻家庭的经济压力,但觉得自己并不适合这份工作。J 老师发现自己是廉价的上课机器,入职时运维和招聘人员都不尊重老师,培训课教授的"话术"也令人生厌。重庆的 F 老师干脆地辞了职,她获得了一份人事工作,尽管工资差不多,但能与很多人打交道,感觉能力和素质都有提升。她的朋友重庆 G 老师也转做线下工作,她认为公司所描绘的讲师上升通道没有什么吸引力,她现在的工作薪水固定且没有售课和上课压力。技术为这些女性提供了新的工作机会,但这种工作的本质却是无技能劳动者必须完成的分包任务。某种意义上说,全职教师的离职意味着一种互联网平台的去奴役化(disenthrallment)道路,回归传统线下劳动不失为一种稳定的选择。

(三)驳杂的"技术迷思"及其矛盾

传播技术革新总是突出体现为对时空某种形式的突破,网络技术促发"地理的消亡"(geography disappearing),即时通信让一对一视频辅导在技术上成为可能。尤其是地理的终结一度成为网络技术迷思的重要组成,"地理终结的迷思始于这样一种观点:电脑传播使得空间可以无限延展,这是对将人们从空间限制及其狭隘的经济与社会内涵中解放出来的过程的逻辑延伸"[①]。这种迷思对劳动者意味着无须移动、不用通勤,打开电脑便可开始居家工作,劳动者因此被吸引过来。访谈初期问及对公司的印象,女教师们的回答与该公司广告宣传词几乎毫无二致,她们都认为一对一课业辅导让孩子回家"打开电脑就能上课学习",在线教育的未来前景十分光明。

细加分析,我们不难发现,在快速扩张市场的过程中,公司技术迷思混杂了日常生活中现有的迷思,并进行商业包装。这包括一方面强调"一对一"因材施教,以满足城市中产个人定制的偏好;另一方面一

---

① 文森特・莫斯可:《数位化崇拜:迷思、权力与赛博空间》,黄典林译,北京大学出版社 2010 年版,第 86-87 页。

直强调"北大清华"作为师资的宣传（事实上是该公司的兼职教师来自国内 985 高校中的 15 所）。顶级名校光环加身，让该在线培训机构立刻获得了市场关注，吸引家长前来咨询。受访的全职老师多为普通院校的二本、三本学历，她们不满公司混淆全职教师与兼职教师，以名校高才生身份模糊她们的身份、误导家长的做法。我们在上海市市场监管局网站看到，2019 年 11 月 2 日，该公司因违反广告法第九条被上海市虹口区市场监管局行政处罚，其违规行为包括大量与事实不符的广告宣传内容。2020 年我们查阅资料时，发现该公司发布的宣传内容仍未彻底删除。

文森特·莫斯可对互联网为了降低成本的"众包"（crowdsourcing）、"零工经济"、人机竞争与合作等新劳动形式有全面描述，并指出新兴的劳动形式所面对的困境打破了下一代对互联网工作的美好幻想（莫斯可，2018）。技术平台通过将劳动者远距离、低成本调度，帮助劳动力得以跨越自然地理界限，在网络世界中游牧（nomadic）的女性被线上教育作为劳动力征用，平台盈利建立在女性劳工创造的订单和服务之上。表面上，线上技术提供了一份领月薪的职业，而非计件的外卖类"零工"，但究其本质，仍然属于需要个人争取订单的计件工作。公司广告和介绍工作时宣传的"合理的工作量""月收入过万""时间自由"只是一种迷思，努力争取订单，让学生完成"课时消耗"，才能保证教师们的基本收入。

莫斯可通过对互联网世界的观察，揭示了资讯技术的政治经济逻辑，他认为资讯技术的推进与转型往往是为了迎合数字资本渗透与盈利的需求。[①] 本研究对此亦有所观察。地理的终结或空间的消灭给数字资本带来了极大机遇，为线上教育的技术迷思宫殿奠定了重要基石。对平台而言，劳动力聚集和任务分包均建立在互联网世界的资讯发布和资源调动基础上，可以快速满足市场需求。在该公司大规模推广之前，以培训机构"学大教育"为代表的线下一对一模式因劳动力和

---

① 文森特·莫斯可：《数位化崇拜：迷思、权力与赛博空间》，黄典林译，北京大学出版社 2010 年版，第 127-139 页。

场地成本过高,缺乏后续投资而失利。该公司可以说是学大教育的低成本线上版,因与"互联网+"结合而获得资本追捧。数字资本虽然关注漂亮的财务报表和快速盈利的可能,但"迷思"不仅激发了人们对新开发市场的想象,更点燃了投资人的热情。这家公司热衷于构建技术迷思,目的并非吸引单一消费者购课,更想要吸引数字资本的持续投入,因为这决定着互联网企业在瞬息万变的市场中的生死。

从意识形态层面理解"技术迷思",必须扣连当前政治经济结构中的互联网迷思如何被利用,以及数字平台行动与效果的落差这两条逻辑线索。线上教育迷思并非无本之木,其藤蔓始终附着于互联网迷思的根茎之上。线上教育刚出现时被视为线下教育最有力的替代者,代表未来的发展趋势。国家对互联网参与教育的期许是让边远地区人群接触到优质教育资源,减少知识鸿沟,促进社会阶层流动,通过教育平衡拉平东部与西部、城市和农村的教育差距。为此,在教育部的推动下,相关政策大量出台,据不完全统计,2014 年至今共发布超过 10份与线上教育有关的政策,整体而言,政策态度以鼓励发展为主,规范行业为辅。政策扶持被解读为政治力量扶持的合理想象,对比传统线下培训面临的各种整顿、竞赛与"坑班"被取缔、政策不断变化的风险市场,线上教育确实因为"互联网+"的技术加持,笼罩在相对宽松的氛围中。正如该公司广告话术所体现的,线上教育公司利用了国家对互联网教育的迷思,将自身努力装扮为有社会责任感的互联网企业,以获取政治经济的发展空间。

然而,教育资源分布不均匀、教育结构不统一的历史与现实若依靠某种简单技术就能迎刃而解,这难免令人心生怀疑。公司运营中技术迷思存在着逻辑漏洞,与 Coursera、edX、慕课(MOOC)等开放教育平台推行的"大学无围墙"、教育资源线"开放共用"的网络精神相违背的是,这里只有支付才能拥有服务。帮助无法享受到优质教育的偏远城镇孩子获得学业发展,就像永远无法兑现的商业期票。针对地域发展差异问题,该公司曾经在宣传内容中展示,新疆某高分考生因受到清华老师的辅导,圆了清华梦。而笔者了解到,国内偏远地区(新疆、云南、西藏、甘肃等地)人们很少听说过该一对一线上教育。面对经济与阶层差异，公司曾推行贫困家庭分期付款购课，推行几个月后该活动便被取消了。虽然有较低收入家庭为提升子女学业而冲动购课，但长期购买课时包的消费者多来自沿海发达地区家境优渥的中产家庭。这些目标客户的私人补习消费（在质量保证前提下）会带来其子女学业的提升，从而更加拉开教育差距，而非缩小它。

即使地域与阶层差异被抹平，网络平台能否提供有价值的培训服务仍值得怀疑，培训公司本质上更像是提供劳动力整合和资讯传输的互联网公司，而非教育培训机构，公司对教学品质的控制超出了平台的管理能力。全职教师们每日在不同年级、不同地域的教材之间辗转，还需要为个人生存不断开拓新生源，一对一高品质的教育理念只能成为家长一方的迷思。同时，经济发达地区的优质教育产品存在着区隔，体现为各地教育机构对优质师资的垄断、教育政策的把握和重要考试命题的权力，这些传统学校的教研团队几乎不会与线上平台进行商业化合作。尽管公司不时发布与北大清华合作的新闻，或是举办教师技能大赛，其本质均为总公司策划的媒体宣传活动，与大多数普通全职教师（包括笔者的所有受访者）没有任何关联。缺乏教育质量的保证，通过购买课时消费，普通家庭期望获得的"教育公平化"迷思最终只能沦为一句空洞的口号。

四、讨论与结论

在 2018 年我们考察之初，一对一在线辅导平台还是较新的互联网经济模式，但在线教育市场竞争激烈、变幻莫测，这让我们在资料收集与访谈阶段有一种紧迫感，担忧不能跟上在线培训业的变化。该节的完成时间超出了预期计划，虽是因行动拖沓导致进程缓慢，但幸运的是，在一年半的时间内，我们陆续观察到整个行业面临的数次机遇与冲击，也因此获得了较长时间段内审视在线影子教育的机会，并通过追踪受访者获取讯息，补充了劳动者在变动中的选择与行动资讯。本研究的主要局限在于访谈者数量与平台声称的庞大的在线劳工数量相比，样本量较小，通过调研战线拉长和追踪访问，研究得到了更多观察与资料的支撑，这多少弥补了研究广度上的缺憾。

线上影子教育的快速发展在某种程度上印证了技术迷思曾被广泛接受，尽管与其他互联网技术神话一样，其迷思的褪色也颇为迅速，从 2017 年到 2020 年，市场、家长和教师们的热情都在快速消逝。在公司迅速发展壮大时期，一对一网课线上辅导并未完全普及，人们对在线教育的效果有所期待。正如莫斯可所言："当技术变得稀松平常的时候——真正地（例如，电力）或者象征性地成为寻常之物，它们的社会影响力却达到了顶峰。"①2020 年初新冠肺炎疫情在全球蔓延，迫使传统学校教育也开始投入线上教学，"全民网课"让线上学习的神秘感、学习者的新鲜感快速消失，报课家长对线上学习的优劣势也有了明确感受，社会对在线教育的技术迷思被更冷静的效果评价所替代，在线培训正面临着技术"祛魅"（disenchantment）。可以预见的是，以往忽视在线教育的优质教辅机构的被迫线上化，会对我们讨论的这类在师资和内容方面存在短板的互联网一对一平台形成更大的冲击。

这项研究是一次尝试，我们试图将商业意识形态与微观的在线劳动场景结合，拨开互联网企业利用"技术迷思"的面纱，将作为主角的劳动者和作为资方的技术培训平台，作为配角的政府和数字资本同时纳入视野，打破了以往数字劳工研究或局限于在线劳动过程和感受，或局限于技术对劳动形式探讨的壁垒，并试图将新媒介环境下平台技术、数字资本与劳动价值的批判相关联，展现女性在线教师对平台技术的审视和个体劳动价值的重估过程。本研究的目的并非针对该公司劳动形式和商业宣传手段，并将这种话语归结为一种经营者占领市场时无可避免的行动策略或无伤大雅的商业谎言，而是通过分析技术迷思的驳杂成分，理解其在资本市场和国家权力背景下制造"虚假意识"的意图与功效。

在线劳工的迷思褪色与迷思"祛魅"有关，却并非同一步调，前者通常发生在技术普及后，而后者可能发生在接触技术平台和真实劳动过程的任何时刻。在我们讨论的劳动情境中，国家力量和数字资本积

149

---

① 文森特·莫斯可：《数位化崇拜：迷思、权力与赛博空间》，黄典林译，北京大学出版社 2010 年版，第 17 页。

极参与各种新经济模式,让网络平台制造迷思以吸引剩余劳动力和资本的关注,而劳动者的真实生活和诉求永远不被倾听。从天而降的线上工作并不像该公司宣传广告所说的那般轻松,它意味着多重压力、情感劳动和隐形付出,女性劳工的在线工作很难获得相应的社会地位,而高质量的辅导技能无法通过标准化培训快速习得,个体被迫面对学生、家长、学业成绩和公司的多方压力。技术平台所宣扬的迷思为新经济贡献了一个迷人肥皂泡,新迷思产生了短暂的集体幻觉,打造了一个有前景的市场需求。深远的技术革新与长久的迷思总是相伴而来,而缺乏真正的技术革新,制造迷思就成为互联网公司争取消费者关注、数字融资和生存空间的必要手段。还必须指出的是,影子教育在线工作的一切都并不新鲜,它牵涉国内技术创新不足而劳动力充足的社会历史背景。若真正的技术变革尚未到来,商业新模式还将以技术迷思自我粉饰,类似的线上劳动故事在未来仍会不断上演。

第三节　与在线劳动交织的女性生命历程

劳工研究近年保持着对网络社会新现象的关注,多以传播政治经济学批判为路径,重视对劳工剩余价值和生产分配机制的探究。本节尝试以中立态度聚焦于数字教育与技术变革带来的新职业可能,以前文访谈的一对一网课全职女性教师为对象,通过在线田野调查与深度访谈,了解她们在线教师的求职、培训、上课、跳槽经历,探讨其职业选择与个体化生命体验。透过女性主义(feminism)和生命历程(life course)的双重视野,研究发现,作为中小城市的90后独生子女,她们有共同的出生组效应,扩招下的高等教育经历、同样严峻的就业形势、城市地理的劣势共同决定了其网络职业选择,对网络社会和商业迷思的认同影响其对在线培训的理解,而职业的不稳定感和传统的女性观念令其在人生节点感到迷茫。对这一群体生命历程的叙述,揭示了她们作为技术使用者,生命个体与网络商业机构、教育制度间复杂的多层面交织。

一、文献综述

(一)女性生命历程与劳工研究

生命历程理论包含的重要观念是人们享有相互联系的生活,它首先承认人总是生活在由亲戚和朋友所构成的社会关系网中,同时又注重个体能动性,这是生命历程理论的核心。生命历程研究强调制度结构和制度变迁在个体"生命的恰当时间"对职业生涯起到的决定性作用,当技术变革提供新可能之时,ICT 技术介入后是否令个体呈现出另一种生命时间和空间的可能?

生命历程理论(life course theory)自 20 世纪 60 年代以来活跃于社会科学研究领域,它着重研究生命发展历程中结构性、社会性及文化等不同因素对个体生活的影响。G. H. 埃尔德在大萧条期间所做的孩子发展的研究就是建立在伯克利(Berkley)和奥克兰(Oakland)的样本基础上,样本跟踪了两代青少年从青春期早期到中年的人格特征与变化,尤其关注经济低迷时期,遭受经济损失(economic loss)对成人的社会和心理影响,此项研究形成了生命历程的一些重要概念。[①]在此影响下,一批大型的社会追踪调查应运而生,美国、英国均有关于青少年研究的大型资料库。中国台湾青少年成长历程研究不仅有从家庭、学校和同侪方面进行的探讨,更有家庭制度、教育伦理和传统文化的脉络刻画。[②]

生命历程理论逐渐成为研究社会变迁、个人发展、职业生涯和阶层流动,甚至是遭受贫困和死亡风险的分析框架,尤其是在遭受外在历史社会重大事件,个人生命轨迹所遭受的影响,以及个体的生存困境的探讨中。这些特殊共同境遇的人群包括三峡移民、下岗工人、老年贫困人口等。特殊生命境遇中的女性更因多重劣势的积累,成为研究关注的重点,例如中国台湾地区大陆配偶的研究,基本视婚姻迁移

[①]　Elder, G. H. The Life Course and Human Development. In: Handbook of Child Psychology. Hoboken: John Wiley & Sons, Inc. ,1998.

[②]　Chin-Chun YI. The Psychological Well-being of East Asian Youth. Dordrecht: Springer,2013.

为台湾地区的大陆配偶生命历程的重要转折，经由这一重要事件，大陆配偶完成了空间转移，其整体命运发生了变化。研究提出生命累积的影响，认为大陆配偶的融入困境是诸多劣势累积的结果，她们在制度环境、个体能动性和社交网络三个层面都受到诸多限制。[①] 将生命历程理论用于媒介使用，尤其是女性媒介使用的研究成果已经出现，如探讨珠三角地区的流动女性内部的差异性，以及对农民工女性流动人口性别化的生命历程的分析。[②]

(二)女性主义与女性职业发展

从受自由主义思想影响的玛丽·沃尔斯考夫特（Mary Wollstonecraft）开始，女性主义受到世人关注，其中影响力最大的仍然是以存在主义思想为依托的西蒙·波伏娃（Simone de Beauvoir）的《第二性》，它挑战了所有本质论的女性主义与反女性主义，提出了女性不是生成的，而是形成的建构主义思想。[③] 科迪莉亚·法恩（Cordelia Fine）从社会心理和大脑的形塑出发，提出思维与自我概念极易改变，而且会不断地与环境相互作用，尤其是在女性性别意识和社会性别地位的形成中。[④] 女性社会地位的再生产研究成果与女性职业发展、社会地位的考察相关联。社会学家们关注两种解释：一种认为，社会网络影响了女性的未来发展，人的社会地位是其社会关系的总和。男女两性在关系网络建构的差异造成了两性发展的巨大差异。另一种则关注女性如何平衡家庭和工作场域的角色冲突，尤其涉及女性的家庭与工作的双重角色冲突问题。这两种角色一旦发生冲突，女性的工作角色往往要服从家庭角色，女性因此丧失了大量的工作和升迁的机会，发展事业的动力降低。女性比较集中的职业由于缺勤率高、精力投入少，因此变得价值较低，报酬也较低。

---

① 曾迪洋：《生命历程视角下台湾大陆配偶的融入困境与社会支持》，《台湾研究集刊》2017年第2期，第94-102页。

② 章玉萍：《手机里的漂泊人生：生命历程视角下的流动女性数字媒介使用》，《新闻与传播研究》2018年第7期，第49-65页。

③ 西蒙·波伏娃：《第二性》，舒小菲译，西苑出版社2009年版。

④ 科迪莉亚·法恩：《是高跟鞋还是高尔夫修改了我的大脑?》，郭筝译，浙江大学出版社2014年版。

那么,互联网工作的兴起是否为女性提供了更多就业机会,提升了个人学习机会与社会机会? 对此进行的实证分析发现,互联网的使用能够提高女性的劳动参与率,而这种作用仅发生在小学和初中学历的女性群体中,对"文盲"及高学历女性的影响并不显著。在就业结构方面,互联网的使用降低了女性的务农概率,提高了其自我雇用及非自雇就业的概率。互联网的使用显著降低了女性参与家务劳动的时间,并通过网络学习、商业活动提高其人力资本水平,这是提高女性劳动参与率的重要因素。① 基于 2010—2013 年的 CGSS 数据,有研究检验了互联网使用对女性就业的影响,发现互联网使用有助于已婚、低学历、农业户口的女性获得自雇就业,有助于未婚、高学历、城镇户口的女性获得非自雇就业。② 社会学家认为性别文化观念影响人们对互联网的使用偏好和使用方式,从而成为导致网络空间性别不平等的再生产的重要原因和机制。③ 互联网工作弹性较大,并不需要全身心投入,可以回避工作与家庭的冲突,也有部分学者对女性的新工作方式抱有极大的期待。④

二、研究发现

(一)技术事件影响下的共同生命组

生命历程理论不同于生命史研究(life history study),它关注的重点在于"一定时空中的生活"原理,这包括了研究个体同期群效应、出生地理效应等,在这一基础上将人与某种历史力量联系起来。"同期群分析"(cohort analysis)是生命历程研究分析纵向数据最常采用

① 宁光杰、马俊龙:《互联网使用对女性劳动供给的影响》,《社会科学战线》2018 年第 2 期,第 75-83 页。

② 毛宇飞、曾湘泉:《互联网使用是否促进了女性就业——基于 CGSS 数据的经验分析》,《经济学动态》2017 年第 6 期,第 21-31 页。

③ 庄家炽、刘爱玉、孙超:《网络空间性别不平等的再生产:互联网工资溢价效应的性别差异,以第三期妇女地位调查为例》,《社会》2016 年第 5 期,第 88-106 页。

④ 请参阅以下论文:Herr, J. L. & Wolfram, C. Work Environment and "Opt-out" Rates at Motherhood Across High-education Career Paths. NBER Working Papers,2009;曾湘泉、徐长杰:《新技术革命对劳动力市场的冲击》,《探索与争鸣》2015 年第 8 期,第 32-35 页。

的方法，强调在历史情境中观察个人的行为。我们对访谈教师进行人口情况收集，发现这些青年女性年龄十分接近，都出生于 1990—1996 年，17 位教师中有 9 位是独生子女，另外 8 位家中还有 1 个及以上兄弟姐妹，有 12 位是家中唯一的女孩子。大多数被访者除了在外求学阶段，生活轨迹都很简单，她们自小生活在中小城市，只有 1 人家在河南省会郑州、2 人家在直辖市重庆（非主城区）。重庆的教师 B 在本地读完大学后选择在家乡就业，"一家人都是土生土长的重庆人，就没怎么离开过这里"。其他访谈过的女教师都曾离家求学，在本科毕业后重新回到父母身边，是大多数人的选择。

人类的生命时间有许多分割方式，以劳动经历为标准大致可以划分为：受教育期、就业期间和退休期。大学毕业生接受完高等教育的年龄一般为 22 岁，此后他们便迅速地进入劳动力市场，找寻适合的职业就业。根据国家统计网的资料，2017 年普通本科、专科生毕（结）业生数为 735.8287 万人。我们所考察的 K12 在线一对一辅导教师这种知识劳工在就业前，大都接受了相对标准化的教育，获得了进入劳动力或人才市场的准入门槛。当乐观的数字神话弥漫整个市场和行业时，赵月枝清醒地指出："近年来大学生就业问题日益突出，反映出这样一个事实：我们再也不能想当然地认为数字经济仍有能力持续吸纳城市受教育人口。……一方面是沿海地区和城市中产阶级市场已经达到饱和；另一方面，在西部地区和广大的农村市场，'真正的消费能力是有限的，也没有有效消费需求'。"[①]近年因互联网产生的自雇用和小型企业就业增多，劳动力主体不再是"血汗工厂"的机械操作者，而可能是信息的生产、整合和传播者，知识型劳动者成为信息时代社会生产和管理运作的主体。传统的雇用方式受到巨大挑战，全日制工作方式朝着弹性工作方式转变，在家办公、自由职业、兼职开始流行。随着互联网技术的进一步发展，智能终端的普及令网络点对点的联系极为便捷，在线教育通常以分层教学、个性化教育、利用碎片化时间学习

---

① 赵月枝：《手机之后，是什么？中国"数字革命"的社会层面再认识》，引自《传播与社会：政治经济与文化分析》，中国传媒大学出版社 2011 年版，第 252 页。

为宣传重点。知识劳工需要教育和训练的标准化过程,这成为他们接入平台,获得知识劳工身份的唯一途径。现代社会对知识劳工的要求将使教育行业自发地发生变化。既然在线可以跨越时空,那么三、四线城市的年轻人就可以通过网络虚拟空间"进入"职场,寻找新的工作机会。

　　互联网知识劳工的门槛不高是普遍现象,普通劳工只需要符合条件并进行简单的信息核实即可就业。技术平台提供的生产资料为软件的开发和维护、网络平台、培训费用和人力。科技革命和信息革命及生产过程中的各种非生产性劳动的作用大大增加,例如管理性劳动、科技性劳动、服务性劳动等。新的知识劳工的雇用借助技术调动了这些非一线城市的受过教育的年轻人,省去了面对面教学所需的房租等实体店面的资金投入,依靠这批年轻人支撑起一对一教育培训产业。这些女性通常具有普通高校二本学历,很少出自一本学校,"我是一本学校毕业的,但公司也不让我们多说自己的学校"。她们正处在大学毕业(个人事件)后或者毕业后两三年这个时间段,普遍呈现出初入职场的年轻人的状态,具有生命历程中的共性,是生命中的一代人,经历十分接近,并没有过多的社会经历。

　　多数网课教师是通过同学、朋友使用而加入网课教学队伍,被接纳整合进入教师群体。她们在线上和社交群内经常联系,熟悉的网课教师会聚在一起吃饭,在朋友圈上传聚会照片,一起谈论情感动向和未来计划,发布的美图软件和搞怪P图的朋友圈充满年轻女性气息。一对一教学的女教师们成长经历较为单纯,适逢社会安定期,有许多共同回忆,对重大社会事件她们印象并不深刻,而媒介快速更迭、互联网迅速崛起的技术背景构成了她们童年的主色调。作为"数字原住民",她们在童年时期对互联网的参与度非常高,童年回忆充斥着互联网空间的各种网络游戏、QQ空间和皮肤、曾经使用过的头像和网名,虚实世界对他们而言并不是和现实世界截然分开的,而是另一种存在方式。为此她们可以快速适应在线上课的方式,用技术替代身体感官,快速学会使用各种软件,改作业可以发语音,批改作业时可以画上小红花、贴上笑脸、发表情包等鼓励学生。她们可以迅速学会使用配套的手写板等授课工具，无须他人教授。在线课程老师们对技术使用的态度普遍较为积极，大多数持肯定态度，认为比起面授课程，在线授课有无可比拟的优势。对互联网所带来的未来教育情境，她们也视为自然结果，不存在传统意识中对职业的线上和线下的清晰划分。谈及在线培训行业未来发展前景时候，D肯定地回答："没有××一对一，也会有其他一对一，网络课程已经成为一个趋势，这是肯定的。"（访谈日期：2018-07-04）

（二）小城镇女青年的"虚拟回城"

中国巨大的人口基数，以及近些年的高等教育扩招，产生了大批标准化知识劳工，他们中一部分愿意生活在中小城市，并不适应大城市日益增加的生活成本和快节奏，在这种情形之下，网络技术构成的学习平台成为一种自然选择，她们通过知识陪练、牺牲休闲时间和情感投入获取个人报酬。在线老师对自己的所在地常常讳莫如深，在访谈初期总是说公司规定不可以向外泄露个人信息。城市成为代表身份的一种区隔，或社会资本的另一种形态，大多数教师并非身处沿海地区或发达城市，他们更愿意以知名网课平台教师的身份出现在学生面前。

20世纪90年代，中国社会正走向小康阶段，不少人是严格计划生育政策下的独生子女。访谈中许多女老师都承认自己是家庭唯一的孩子，她们大多数人的父母都较为开明，完成学业是家庭计划内的选择，大多数人并不担心学费。同时，她们大多与父母保持长久而亲密的情感联系，子女与原生家庭保持着经济上和亲情上的互动。她们的行为决策也在一定程度上受制于父母，"独生女"的身份既是一种优势又是压力，这意味着她们对父母和家庭有同样的照顾义务，这也是大多数人选择毕业后回家乡工作的重要原因。

对这些90后年轻人而言，收入是个人独立生活的必要保证，尽管有父母的支持，但经济独立的愿望在毕业之际特别强烈。成功的标准并非完全是房子、汽车等物质生活条件，休闲的生活、内心充盈和自我实现都是衡量个体成功的尺度。尤其是在寻求个人表达的社交媒体时代，女教师们时不时地在朋友圈晒家中的绿色植物，配以岁月静好等文艺的文字,这在一对一教师群体中十分常见。自称"佛系小透明"的教师 A 较受学生欢迎,她成为网课教师的时间还不长,对这种生活充满新鲜感,话语间流露出对其他教师丰富生活的向往。"网课老师很多一边上课一边培养自己的爱好,摄影、旅行、学个乐器啊,吸个猫啊(笑),忙得很,生活弄得挺有品位的。其他女老师还约我一块去云南民宿住几天,泡泡温泉……"(访谈时间:2018-10-18)这非常符合90后的工作和休闲观念,即使是在排课多收入会高的情形下,他们也会留出一些个人时间,在工作中寻求生活意义,追求仪式感。

在线教师的工作并非仅仅包括上课,还包括实现试听课程向正式课程的转化,如果始终不能转化,或者转化率过低,转正就比较困难,收入会很低,一部分教师在此阶段陆续退出,因而是否成功"开课"及学生后期"扩课"都关系到教师的收入。在这种压力下,作为受过完整高等教育的女性,有的教师会对其中的金钱异化倾向有所反思。在线课程不同于线下真实空间里师生间的脉脉温情,网络在线课程呈现出的是知识教学和学习陪伴的关系,双方关系由购买课时包的家长占据主导,不少家长自认为是消费者,购买了对方的时间和经验,就期望有立竿见影的效果。联系补习教育的发展背景便能了解:在知识分享观念席卷互联网的同时,知识的商品化和私人化也成为潮流,校外补习在全世界都基本被视作私人产品,遵循市场机制进行交易,因为它与社会教育资源配置机制和家长需求紧密关联。因此,不同于主流学校中教师的权威性,学生或者家长成为决定是否开课或续课的雇主,在一对一课程中体现出一种消费者的强势,因此在排课方面容易引发一些矛盾和不愉快:老师期望能够有固定的周课时,一周上两到三次课能保障较好的补课效果,而有的家长希望可以省着点用并不便宜的课时或者在考试前突击一下,这种矛盾经常需要班主任来协调。有教师在访谈中也显示出对被商品化和被控制的反思,有的则比较干脆地表达不满:"确实有买了课程临到考试来上个一两节的,那有什么用?我又不是神仙,能让孩子成绩一下突破,到年级多少多少名。那还是另请高明吧。"学习者显示出消费者的态度,对自认为在传道授业的教师也多少有些困扰,影响了她们对职业的自我认知。家长类型多样,有

157

的过于放任，对整个学习过程不闻不问，有的又过于严苛，从头到尾参与。"先说家长还是分成很多种……（有的）经济状况不那么好，但是为了给孩子提供更好的环境，也会报班……会对钱和课时卡得很严格，会要求回报率很高。反映到孩子这里也有很大不同……我有个学生平时从来没有叫过老师，一到快考试了，他会说：'你快给我讲讲这个怎么弄？'可能家长本身很有钱，认为很多东西都可以用钱买到，这种思想影响孩子，孩子也会对正常的师生关系有些扭曲，他觉得知识是可以用钱买到的，在学习习惯上也不会表现出一种很好的状态。"（访谈时间：2018-10-08）

一对一上课时，网络的一头是老师，另一头是一个待学习的学生，不仅教育观念和学习管理会发生碰撞，甚至有时候会遇到留守孩子、单亲家庭等特殊情形，而这些不仅是个人问题、家庭问题，更是社会问题。"……我们只能把课上好，作业是需要家长督促完成的，不可能老盯着一个孩子，也很无奈吧。"这也绝非网课老师所能承受或解决的，工作中受尊重程度不高或上课效果不好都直接影响到她们的职业评价和职业稳定性。"……在学校也让填过一些就业辅导表或者上个课，其实完全没有什么作用，有的事情只有亲身体验过，你才知道自己究竟喜不喜欢做这份工作，至少忍不忍得下去吧……"对90后年轻人而言，跳槽不像他们父辈那么艰难，尤其是对工作的职业稳定性不是特别满意的情形下，很容易萌发出辞职的打算。

（三）女性独有的生命体验

互联网工作是不是更有益于女性？网络工作充分发挥了女性优势，为女性争取到更多的就业机会。中国女性全职比例较国外高，但以往数据显示，女性从事第三产业工作的比例较低。一对一在线教育兴起的时间并不长，国内以学而思为首的奥数培训发展模式一家独大，学大教育推行的一对一面授学科辅导模式已经搁浅，现在国内市场上一对一在线网课的发展模式各有侧重，在英语口语、全科辅导及素质教育三个方向全面铺开。笔者所调研的公司借助融资大力宣传，进行资本圈地运动，借助名人广告迅速扩大影响力，但机构发展时间并不长，受访者中入职时间最长的也未超过两年。

社会学家普遍认同女性在劳动力市场处于双重劣势:一是在劳动市场中女性缺少上升空间,在职业升迁的等级链中很多位置对女性是"封闭"的。而能力不太突出的女性个体在竞争残酷的劳动力市场中,根本就无法进入大型的、稳定的精英岗位,通常只能在中小企业寻求工作,这决定了女性未来黯淡的职业发展前景,在人生某些阶段更容易放弃职场竞争。但同时有另一种乐观的观点认为,女性在互联网时代迎来了最好的就业机会,最新的一组女性社会调查报告显示:女性从事第二、第三产业的人数在 10 年来增加了 25%,互联网领域女性创业者占了 55%。在新兴产业和互联网领域,女性比男性更强。经济学家斯坦丁指出,全球劳动力女性化趋势并不意味着男女平等,而是意味着低工资、缺乏福利和就业保障的灵活用工被认为是符合女工特征的——不稳定的劳动力参与、接受低收入的意愿、不需要积累技能和缺乏职业上升通道。[①] 生活的时间性指的是在生命历程中变迁所发生的社会性时间(social timing),还指个体与个体之间生命历程的协调发展。这一原理认为,某一生活事件发生的时间甚至比事件本身更具意义,强调了人与环境的匹配。个体生命事件与社会结构和历史环境相结合的研究范式不但可以揭示出个体发展的逻辑脉络,还可以反映出社会阶层结构化的脉络。

在全球范围内,知识性工作或者说以知识为基础的工作正在成为全球经济的核心。当然,这些知识性工作中不仅仅包含工具性技能,还包含一定的情感技能,而这恰恰是女性所擅长的。作为知识劳工,在一定程度上还要付出情感劳动。女性的性别优势体现在温柔和蔼、有亲和力,以个人魅力吸引课程对象,这种通常受低年级学生欢迎。喜欢某个老师对孩子来说意味着喜欢这门课程,女老师经常称呼低年级学生"宝贝儿",在试听课自我介绍时会与孩子找共同的兴趣点和话题,引发孩子参与沟通;平时上课过程中一对一给小朋友讲故事,保持欢乐的学习气氛。女性教师在孩子和家长前扮演不同的身份和角色,

---

① Standing G. Global Feminization through Flexible Labor. World Development, 1989,17(7):1077-1095.

为了获得孩子的喜欢,上课通常轻松欢乐,偶尔讲个故事或笑话活跃气氛。因为大部分与父母同住,女性教师上课地点一般在自己的"闺房",独立空间有着女性化的呈现,有的女老师在视频中会抱着抱枕授课,也有女教师偏好在教学中身着西装,显得更为正式。

女性的文化教育程度直接关系到就业年龄和就业状况,受教育年限与就业年龄正相关,也与职业选择范围、职业地位正相关。妇女生命历程中重要的阶段正是青年女性离开学校后在职业道路上的奋斗时期,她们有自己的人生期待和计划,她们的心理、生理逐渐趋向成熟但还不稳定,人生观和世界观开始成型,在经济上开始走向独立。同时,婚姻状况对女性职业发展峰值有至关重要的影响,其影响远远大于婚姻对男性的影响。我所访谈的 G 老师在结婚当天,学习某明星发了一条标题为"官宣"的朋友圈,内容为两张照片,一张是她和先生在成都某婚姻登记处的照片,另一张是结婚证的照片,引来了其他教师、亲友的点赞和祝福。当笔者问及她是否会换工作,因为暂时没有孩子,她认为,"生活没什么大的变化,我继续上课,他继续在公司上班",但她也表示,如果真的有了孩子,并且有老人帮忙带孩子的话,在家上课也能有不错的收入。互联网提高了工资,但女性职业生涯依旧常因照料家庭而中断,女性在与男友时间配合不好,或婚后有其他家庭计划时,通常都是牺牲自己的职业,成全对象或家庭。

大多数年轻女教师并非从小就是学霸,作为女性他们更多考虑的是如何配合未来的家庭生活和生育,即使结婚对象还没有出现,但一旦发生冲突就退出职场成为多数人的想法。她们愿意学习,从学校到学校是她们最为熟悉的路径,对当前选择的网络在线授课这一职业,她们对是否应该坚持或值得投入多少精力有些迷茫。A 老师是访谈对象中唯一参与过考研的,她对自己的失利感到遗憾,并且这样回顾自身的学习历程:"我觉得吧,自己在学习上,就是付出很多,但得到总是不多的那种人,像我同学现在都在宾夕法尼亚大学读博士了,我还在这里,哎,去年考研(报了)北京大学,都进入复试了,最后被刷掉了,算是一个打击。现在没想好,如果再考是不是还是一样的结果呢……过几年也许又要解决个人问题了,就感觉自己卡在了这个地方……感

到迷茫吧……"(访谈时间:2018-10-25,受访者O)

研究中发现职业选择总是基于研究个体对生命时间、个人能动性、所处的社会背景及社会关系的复杂作用下展开的,如果女性自主意识较强、期望在线职业有更多回报,通常只有两种选择:一是投入更多的时间与精力去充实自我,以获取更高的在线职位;另一种是只是暂时停留,另外找寻个人能力提升的机会。

一对一教育中教师之间的差异不是源自不同家庭、阶级、社会地位等社会结构与位置的差异,更多是由性别产生。在网络课程中男教师比女教师少很多,男性教师大多教授初高中段学生,以兼职居多。女性在数学和科学等方面很少有突出优势,薪酬较高的高中课程中男教师比例大幅度提升。我们可以认为,当市场经济中知识产品具有极大社会需求的时候,知识和信息并非简单地附着于传播模式之上,而更多体现在运用的差异上,因此提升做题、解题能力在影子教育中永远最受家长和学生欢迎。兼职男性教师能教授高中的数理化等难度较大的课程,同时可以兼顾其他工作,晚上或周末可以与班主任介绍的学生约课,赚取课时。教师P觉得一对一网课能否坚持下去与性格有关:"……发展如何还是看性格吧,宅的人比较适合这个工作,毕竟天天对着电脑屏幕,还是很难受的。"Burt(1998)从网络结构的角度指出,社会资本是朋友、同事和更普遍的联系;同时,他还指出,男性可以通过建立大规模、低密度、低等级的社会关系网络来获得社会资本的丰厚回报,但女性却不同,因此女性应该通过借用社会资本而不是建立社会资本来提高其投资的回报率。[①] 另一位被访者则提到男性对社交圈、体面工作的定义和需求,他认为网络课程不能满足男性在社会上打拼的天性,男性需要更多的社会网络,要建立个人的社交关系,追求社会地位,这些是网课教师这一职业所无法给予的,男性和女性对职业要求和自我社会资本的关注显示出显著差异。

(四)被过渡平台卡住的人生

一对一教师与网络所产生的其他职业,如淘宝村或是淘宝直播中

161

---

① Burt,Ronald S. The Gender of Social Capital. Rationality and Society,1998,10(1).

的女性劳工、外卖小哥等在线劳工不同，教师们接受过完整的大学教育，但她们的文化资本又不足以与技术平台议价。在线课程有时候会聘请有造诣的讲师甚至学者进行在线课程讲授，他们通常不会提供一对一的服务，而是在大机构平台上开班，一门网络课程在线听课人数可以达到数万人，远超普通的面授课程，即使每人仅收几元钱，整体收入亦相当可观。这种类型的教师更多是教学明星型教师，相对普通的一对一在线知识劳工，他们更具有议价的个人资本与空间，换而言之，网络平台更需要他们的职业身份、权威性和专业度来吸引人气、组织活动，他们与平台在课程价格与分成上有很大的议价空间。

　　高校扩招带来的大学生就业难问题，产生的另一个后果是高校快速两极分化，即名牌大学、重点大学与一般大学的差距变大，在竞争激烈的劳动力市场上，"985"高校出身就成为衡量人才的客观尺度，直接影响求职者的收入。这家网络教育公司在网上设定了国内15所大学为可以招聘兼职教师的优质学校，名牌大学的身份或毕业证成为文化资本，满足家长对"北大清华"名校教师的期许。在填写入职表格的时候有一个下拉菜单，可以显示这些学校名称，对此网络机构的审核较为严格。与全职教师的普通网课同时销售的还有VIP课程，它走的是名校和明星教师的路线，给兼职教师高时薪、高比例分成。笔者了解到的兼职教师并非明星教师，有几位是在读本科生和硕士生，他们通过兼职可以补贴在校读书的花销。有的人在寒暑假时做兼职，如果平时有开课需求，熟悉的班主任或者课程顾问可能会继续联系他们，向他们推荐学生。某兼职女教师M来自被称为"巨无霸"的某985高校，她的情况较为特殊，刚毕业半年，并非在校生。她出生于普通县城，家庭社会资源并不深厚，虽然已毕业但并未找到稳定工作，于是选择回到家乡暂时做兼职网课教师。她说："兼职的收入确实要高一些，即使上课不那么多，（我的）收入和他们全职老师也是差不多的，就空闲时候排一排课，太多就不自由了，这是兼职的优势。……我对未来的打算是准备考翻译证或者'考公'，现在自己也不是很确定。"（访谈时间：2018-11-17，受访者M）听笔者访谈中提及其他英语在线网课，她颇感兴趣，问了笔者许多问题，即使没有找到精英类型的工作，优质的文化资本(名牌学校文凭)仍然可以帮助她找到更好的弹性工作。但也有一些特例,有位全职老师来自湖北黄冈——中国以往奥数辉煌战役的起点,她的数学课受到多名家长的肯定。她关注学生的学习过程,课程点评也十分精到,对数学学习有清晰的思路:"我中学时在湖北黄冈这边上学,对,就是全国奥数特别著名的,所以我教数学遇到了解情况的家长,可能会多些信任感吧……其实我们湖北自己都不太喜欢用黄冈的试卷……沿海和江浙地区(数学)难度都偏低,真正的黄冈卷我们也不太用,因为对数学基础不好的孩子来说,反而容易起反效果,它比较绕,在基础概念上面不太容易理清。"(访谈时间:2018-10-09,受访者 H)尽管如此,她比名牌大学生的兼职收入一个月少三四千元,而且还要保证老生续课,开拓新生源。

2011—2013 年间的麦可思(Mycos)中国高校毕业生就业数据测度了大学生与其父辈间的代际流动性并对其影响机制进行了实证分析。研究结果显示,样本大学生同其父辈之间存在较强的代际教育和职业流动性,"官二代"的代际相关性更强。笔者在访谈中提及就业问题时,"高不成低不就""家里没有什么门路"成为她们自述职业选择时的无奈。对高考成绩与工资回报的最新研究显示,两者有直接关联,尤其对家境不佳的学生来说这个回报率很诱人。但研究同时显示,好的高考成绩并不能代替家庭背景的影响。相反,恰恰是家庭背景而不是高考成绩影响考生未来进入上面提到的所谓"精英"职业的机会。[1] 曾经参加过公务员考试、考研的网课教师不在少数,但因为招收人员少,千军万马挤独木桥,成功率较低。

体制内外的差别所造就的社会地位和前途的差异,让这些网课教师收入虽然不低,但公务员和有编制在父辈看来总是有莫大的吸引力。"他们可能觉得女孩子这样比较稳定。"稳定而有社会地位的工作通常门槛极高,具备 985 或 211 大学学历成为一道鸿沟。无论是国考

163

---

[1] Jia & Li. Access to Elite Education, Wage Premium, and Social Mobility: The Truth and Illusion of China's College Entrance Exam (Stanford Center for International Development, 2016, http://globalpoverty. stanford. edu/sites/default/files/publications/577wp_1. pdf.

还是省考，热门岗位的报考人数都相当惊人。问及这一问题时我们得到的反馈与实际情况非常接近，正在备考的老师们强调其困难和低概率："正式老师要统一招考，要求研究生学历，或者985高校毕业，哪怕小学老师也要名校毕业。新闻里面说什么博士去教中学啊，不奇怪。""国考也很不容易，我们这里每年考公务员的人数都相当多，35岁以下，有的人每年都去考，碰碰运气略。""……今年又缩招，能考上的应该是锦鲤体质吧……哎呀，其实全职就是生物链最低端那一环啦！"

网络技术支撑和社会需求推动了新的知识劳工的供给，流动的、跨时空的劳工改变了社会工作形态。与吉登斯的"脱域"不同的是，这些青年女性选择重新回到家乡，对身处小城镇的年轻人和他们的家庭而言，网课教师只是一种提高家庭收入的工作机会，找寻稳定的二次就业机会成为网课教师流动性大的主要因素，而他们一旦考试失利又很难迅速找到适合的工作，所以被迫选择一对一网课教师作为职业过渡。

四、结论与讨论

一对一在线授课女教师人生中的重要一段时光被浓缩在屏幕之中，屏幕既是区隔也是桥梁，连接着另一个空间中的孩子。这种流动性的、充裕的网络知识劳工的供给，源于大学的扩招、教育的严重内卷，以及教育资源分配的不均。家长付出金钱，孩子娱乐的时间被挤压。互联网更是不断创造出新的职业形态、新的就业岗位，提供了更多劳动机会，尽管岗位是流动的、暂时的。对这些一对一网课教师及其家庭而言，技术机构扮演了一种社会机构的职能，作为推动力量将这些女性个体的生命阶段通过网络连接，形成共同的公共生命历程，她们拥有共同的在线劳作经历，一对一网课与教师们的个人发展路线、平台企业命运相互交织，在更广阔层面上与国家对培训业的政策、资本对数字教育的投入相关联。

本研究中使用的生命理论具有脉络发展的观念，可以深入探讨个体与家庭、学校、周围环境的互动与关联，即使这类以家庭为工作区域的弹性工作，也具有显著的与他人在线互动的态势。因为研究对象是刚刚走向社会的青年女性,本研究仅仅是她们漫长一生的一个断面,如果可以对这类人群进行生命理论所擅长的长期资料追踪和分析,可能会对个人发展轨迹与影响因素有更为深入的刻画。

第四节 "脱域"的情感劳动:日本中古直播间的田野观察

网络社会产生的新职业给女性带来了更多的工作机会,引人注目的是淘宝直播间的日本中古奢侈品的女性主播们,她们青春靓丽、打扮入时,每天通过淘宝直播间向国内观众介绍、展示、点评和售卖二手奢侈品,以获取相应的酬劳。我们研究在日本异域劳作的中国女性,她们因为在线直播的技术平台获得了工作机会,但同时也离开家乡,在陌生的地方工作和生活。她们作为流动的劳动力,因经济的全球化在世界范围内流动,却又聚集于日本。本研究将围绕女性主播们在线劳动中的情感劳动、性别优势与家庭协作、与客户的关系展开。我们期望通过观察她们脱域的在线劳作,分析她们的在线劳动中的情感劳动的独特性。

一、文献综述

(一)"脱域"的移民

女性在线主播是借由在线直播间这一技术形式获得商机而开始脱域销售工作的,我们讨论对象的突出特征是技术带来的脱域劳动,实现了劳作空间与原有社会关系的分离。因此我们有必要重新梳理英国社会学家安东尼·吉登斯的"脱域"(disembeding)概念。吉登斯描述了现代时空转换组合中社会关系的重构及社会变迁的特征,指出"社会关系从彼此互动的地域性关联中,从通过对不确定的时间的无限穿越而被重构的关联中'脱离出来'"。脱域是由时空分离所造成的"虚化"和"缺场"引起的,社会关系从有限的地方性场景中"剥离出来",从而能跨越广阔的时间—空间距离去重新组织社会关系。吉登斯认为现代性条件下的时空分离正是现代性激进扩张的动力源之一，因为时空分离为社会关系的"脱域"创造了条件。时空分离为现代社会生活提供了运行机制，时空的分离和重组使现代社会具有"历史性"特征。① 吉登斯的"脱域"从更广泛的时空意义上对现代社会进行了深刻理解，即在这种社会中，发展终于抹掉了传统社会的血缘宗法和强权、教会或世俗、对社会资源尤其是土地和劳动力的垄断和控制，让资源可以自由流动、自由选择、自由组合。

曼纽尔·卡斯特尔很早便预见到网络社会带来的劳动力与空间的解绑问题，他认为网络社会重构了传统领域的劳动者、劳动对象和劳动方式，同时对生产资料所有制形式、社会文化制度环境、个体生产中的地位及其相互关系和产品分配方式等生产关系也进行了重构。在高度发达的信息社会中，社会结构呈现流动化、原子化态势，新产生的社会职业呈现多样化与零工化特征，劳务人群的工作节奏与劳动形式的转变，显著表现为弹性的工作时间（flexible work time）与自由的工作空间。应重点关注工作内容不定时的"液态化"，尤其是新型的劳工关系或劳作方式的产生，而非所有知识生产和分配链条的劳工。

互联网工作的兴起是否为女性提供了更多的就业机会，一直是相关研究感兴趣的议题。互联网工作的弹性时间可以根据个人情况自由安排，便于女性处理工作与家庭的冲突，让人对女性的新工作方式抱有较高期待。社会学家们指出，性别文化观念影响人们对互联网的使用偏好和使用方式，从而成为导致网络空间性别不平等再生产的重要原因和机制。青年女性的在线工作是否能平衡好家庭与职业的关系及她们的体验如何，也成为本研究涉及的内容。有多项研究一致认为，网络工作中劳动一方面遭到资本剥削，另一方面也因为劳动力并未以对价关系出售，而具有一定程度的自主性与颠覆性。②

---

① 安东尼·吉登斯:《现代性的后果》，田禾译，译林出版社 2000 年版。

② 请参阅 Terranova, T. Free labor: Producing Culture for the Digital Economy. Social Text, 2000,18(2): 33-58. van Dijck, J. User Like You? Theorizing Agency in User-Generated Content. Media, Culture & Society, 2009, 31(1): 41-58. Wittel, A. Digital Marx: Toward a Political Economy of Distributed Media. Triple C, 2012,10(2): 313-333.

当空间变成优势，"在哪里生产"就是区域经济学或空间经济学关注的问题。本研究中产生了两种不同的聚集劳动组成，一种是长期居住日本某地，如东京、大阪等地的日本移民，另一种是自行组织来到日本进行直播的中国籍暂居者，他们每天围绕着开设较多二手商店的区域进行直播。他们通常居住于大都市，偶尔也会去日本的"乡下"直播，因为远离大城市，那里的二手店有充足又便宜的货源。

（二）在线情感劳动

论及女性家庭劳动和情感劳动的不同之处，劳动过程和空间变化研究均认同，线上线下不仅是空间的改变，也是工作方式的彻底变化。田野中的经济活动包括了女主播们的日常劳动实践，这包含了女性在线劳动者如何组织完成任务、如何确立劳动的核心任务，女性生产者和消费者如何达成消费活动中关于价格、质量和服务的共识。除了这些劳动流程的探究，还需要思考的是另一个密切关联的问题，即消费实践、奢侈品购买和在线表达对观看者和消费者的意义为何。

情感的商品属性一直是经济学关注的重要议题，自 A. R. 霍克希尔德对情感劳动（emotional labour）进行深入探析后，社会学家开始关注此议题的价值，并从女性情感劳动角度探讨和思考女性在社会劳动中的刻板印象、科层化地位，以及职业要求对个体情感的重塑。[1] 在线购物日常化令情感商品化和商品情感化的趋势日渐明显。[2] 互联网在线直播案例中，霍克希尔德批评的资本主义已为互联网平台所替代，通过商业公司对个体情感的规训，戈夫曼的表演性理论解释情感服务（emotional offering），已不再有充分的阐释力。

传播学领域的在线劳工研究沿着劳动的"媒介化"与媒介的"劳动化"讨论的双路径前行。[3] 当前研究对象涉及在线直播中展演性情感

---

① 陈玉佩：《建构亲密与控制情绪：幼儿教师的情感劳动研究——以北京市 3 所幼儿园的田野调查为例》，《妇女研究论丛》2020 年第 2 期，第 45-62 页。

② 林滨、邓琼云：《情感资本主义的审视：消费主义逻辑与情感何以日益纠缠》，《东南大学学报（哲学社会科学版）》2020 年第 2 期，第 18-25 页。

③ 姚建华、徐偲骕：《全球数字劳工研究与中国语境：批判性的述评》，《湖南师范大学社会科学学报》2019 年第 5 期，第 141-149 页。

劳动、①在线一对一影子教师的课业辅导等。② 研究试图扭转以往情感劳动中公司对个体压制的基调，修正情感劳动过程为虚假表演的预设，从劳动者自身认同的角度确认情感劳动中的积极取向。③ 有研究探索了情感劳动从业者如何通过边界工作创造积极的工作体验，研究认为，情感劳动的"自主性应纳入关系视角，关注劳动者建立平等而有意义的社会关系的能力，而非仅强调边界清晰的独立自我和对劳动过程的自主控制"。④

我们认为，以上情感劳动研究紧跟媒介变化，进行了颇多理论探索，但仍有一定缺失，体现在三方面：研究对象上，考察多集中于非物质性情感劳动，即生产信息、文化服务和情感性劳动中。研究取向上，过于关注在线情感劳动的表演与认同，强调个体自我整饰或情感压抑，但劳动过程的不同阶段、程度和感受差异都可能造成情感劳动正面或负面感受，这或将讨论引入一种情感价值评判的歧路。在研究方法上，当前研究基本从结构与个体的互动关系考虑，尤其是资本对个体劳动的压制，缺乏对物质性的关注，以拉图尔的行动者网络理论为基础，修正物质性情感劳动概念，进行深入讨论。

二、研究方法

出于对直播间的好奇，笔者前后跟随观看了十多个在淘宝直播的日本中古直播间，迅速成为资深的中古珠宝爱好者和高黏度媒介使用者。从 2019 年春节开始笔者就流连于各淘宝直播间，观看直播间的每日播出，不到一年时间，在各直播间购买了 34000 多元首饰，体验了挑选、购买和收货的欣喜。因为中古首饰确实比较便宜，此举让笔者

---

① 陆晔、赖楚谣：《短视频平台上的职业可见性：以抖音为个案》，《国际新闻界》2020 年第 6 期，第 23-39 页。

② 陈静：《褪色的技术迷思：影子教育的数字资本与女性在线劳工》，《传播与社会学刊》2021 年第 56 期，第 127-159 页。

③ 胡鹏辉、余富强，《网络主播与情感劳动：一项探索性研究》，《新闻与传播研究》2019 年第 2 期，第 38-61 页。

④ 梅笑：《情感劳动中的积极体验：深层表演、象征性秩序与劳动自主性》，《社会》2020 年第 2 期，第 111-136 页。

的首饰盒充实了许多。空闲时笔者流连于关注的十余间日本直播间，在直播间与主播和"姐妹们"聊天成为笔者的日常，即使没有时间及时收看直播，也会观看直播回放并进行田野记录。日本中古直播间的主播并不太喜欢加微信，而在中国与日本之间奔走的主播们喜欢同时做微商。笔者加了5位国内直播间主播的微信，与每位均做了30分钟以上的访谈，大致了解了他们的营业情况。本研究基于对女性在线劳作的情感劳动的意义追问，她们的"脱域"生活成为研究的重要背景。

三、研究发现

（一）"脱域"的商机

技术提供的时空差异产生了一种商机。主播们的构成情况较为复杂，有被雇用的学生，也有在日本生活多年的移民，以及发现商机后专程去日本开直播的中国人。2016年前后，在日本生活和旅居的女性最早开始直播，之后国内部分以女性为主的劳动力开始涌向日本，他们找寻日本中古店，很快摸索出了一种类似传统代购的直播模式。他们一般会在日本待一段时间，保证每天都有新货播出。偶尔主播们出去玩的时候也会开个直播间做代购，但这种成交率都偏低。因为急匆匆的晃动镜头并且给顾客的购买决定时间太过仓促，除非价格差异非常诱人，否则成交量普遍不高。有固定的开播时间、有足够的资金、每天都上新是保证直播间客流的必要条件。有的直播间只是开着机器，镜头里摆放着珠宝，顾客需要什么可以提问。这种仿佛无人招徕客户的自助摊位，几乎没有稳定的收益。爱看直播的观众们穿梭于不同的直播间，主播们的人工在线劳作就成为必不可少的一环。

"脱域"意味着离开原本的人际关系，进入了一个全新的环境。带给直播女主播最大的挑战是语言。离井国内到日本的女主播都要过日语关，背五十音图，直播过程中经常需要替顾客向日本店家询问物品情况，日语好不仅可以顺畅交流，还可以与日本珠宝设计师、工艺师或珍珠厂合作，进行专场直播。

不算人工成本的话，机票和食宿是直播最大的成本。主播茉茉直播间的女子五人团体第一次直播时，她们从江苏去日本，直呼日本房

169

租很贵，"你都不知道我们住的地方有多小"，在与大家聊天中，一位粉丝讲到她收养了 10 只流浪猫，主播羡慕地表示："×××姐真是人美心善，这就是我想要的生活啊，以后我也要养很多猫猫狗狗，过猫狗双全的生活。"小姐妹经常一起工作，由某个能力较强的人担任领导者，例如桃姐、涛总等。女主播通常因外形和表达优势而出镜，男性则帮助整理包、打理货物、做店小二。他们彼此为闺密、亲属（姐妹或姐弟）关系或者夫妻档，沾亲带故让价钱更容易商议。他们彼此感情好，也让直播间始终有一种欢乐的氛围。

　　了解日本情况的购买者会在乎产地，因为这意味着有货源保证。主播们有粉丝，合作者需要提供资金，重要的是彼此合作能否带来好的经济效益。对物品的喜好审美选择并不是最重要的，哪怕不太好看，式样老旧，只要价格令人心动，也很有市场。

　　既然一国之中生产要素的流动并无更多的限制，为什么这些直播间的经济活动集聚于日本？与这个问题相关联的是另一个问题：直播间女性为什么要远赴重洋，来到日本在线工作？原因是这里产生了商机。最简单的回答是，因为中国与日本两国物质消费的时差带来了价格差异和品牌接纳程度的差异。中国处于刚刚进入奢侈品消费大国的阶段特质显得颇为清晰，人们期望以不高的价格获得大牌珠宝、箱包。日本在经济腾飞时对珠宝的巨额消费成为今日中古市场丰厚存货的基础，同时近 20 年日本长期的经济低迷，年轻人共享和可流动的消费观念，都刺激了买卖中古商品的市场的建立，该市场获得了制度化的保证，同时也让物质获得了真正的流动。中古在线劳工的大量涌入推高了中古首饰的价格，同时也鼓励更多的剩余劳动力涌向日本掘金。珠宝的门槛降低，女主播们很少真正懂得宝石或珠宝知识，大多只是了解一些珠宝品牌信息。国内的珠宝市场价格不透明，并且设计理念、技术工艺与品质难以达到日本的品质，因此通过直播观看中古首饰店直播并现场购买珠宝首饰成为国内消费者观看中古在线直播的制度和质量的保证。

　　直播的好处在于商品物品和服务者以具体方式出现在屏幕中，除了可以清晰观察，还会有主播的详细讲解和试穿佩戴，解决了索要图片和咨询店小二的难题。一对一低效的沟通方式,结合了视频直播后重新成为一对多沟通。淘宝直播作为传递商品和文化信息的平台,包括主播、平台、交易方式、流程和预告。前台负责展示过程,俗称"问价"和"点菜"。在小直播间可以点菜,大直播间可以采取先浏览一遍商品,后面再详细介绍一遍的方式,这些都由当日顾客情况和主播意愿决定。购物直播观看者同时成为粉丝和观众。商品销售在直播间是最为普遍的场景,包括主播或魔性用语,需要自如地与粉丝交流的能力。"戴上蓝牙耳机,我们和你在一起""呼叫,×××在吗?""周一直播间人特别少,可能大家都要公司开会啊,什么的。""哎呀,你们中午也随时有空啊。"遇到特殊时间节点,如"双11"、情人节等,直播间基本上从早播到晚。在日本的"黑五"和中古店促销的日子,中古店也会有满减活动。每逢东京或香港珠宝展,可以在直播看到最新设计和上市的珠宝和少见的古董珠宝。成交量高的主播们处于一种极其疲惫又亢奋的状态。

不同主播卖货能力差异很大,需要高情商。经营与粉丝的关系需要情感投入与情感拉拢。在工作中主播是感激还是恐惧,是感到压力还是不悦,直播间是否充满了尴尬气氛?主播的情感劳动最为显著,它的作用几乎与物的价值相并列。买卖过程中非常重要的一点是建立信任,这时女性的情绪控制能力差异便凸显出来。过分情绪化的主播很难长时间经营好直播间,中小直播间依靠的恰恰是长时间播出换取一定的成交额。因此,女性的情绪投入和情绪的自我隔离都非常重要。在直播空间中最突出的变量就是情绪的传达:笔者曾经观察到几次主播在直播间情绪崩溃或是与粉丝们互怼、拉黑,这当然是一种"自杀式"的表演或失控行为。当中古店生意面临更多竞争时,情感投入并获得客户信任,更亲密的终端如微信成为一些店铺的选择;例如采用微信红包返还现金的方式,直播主播实际上也是微商,将直播间的货物拍照上传到微信朋友圈,增加一次曝光机会。在珠宝行业,很多时候交易依靠人与人的信任,用微信转账货款是普遍的行为。

(二)在线情感劳动

鲍德里亚分离了男性和女性两种模式,男性模式参照广告所提供

171

的范例行事："当代的优秀男人是高要求的，他不允许自己有半点欠缺，他不会忽略丝毫细节……"他们具有不妥协、果断、高尚的特征。而"女性模式更多的催促女人进行自我取悦"，表现出"严格的讨好及自恋式关切"。当我们沉迷于"喜欢做女人"之类的动人叙事，获得的并不是对独特性的享受，而是对集体特征的折射。所以消费社会"个性化"的时尚号召，其实是在号召广大"消费者"追逐一种理想化的参照物，用鲍德里亚的话说，就是"服从集体的命令"，使自己与这样的或那样的模式相吻合。①

日本时间比北京时间早1个小时，直播通常在北京时间早上10点之后陆续开播，有的直播间开播会更晚一些，从11点到12点开始。主播们虽然到直播间较早，但要做各种准备工作，化好妆、架起手机准备开播。商家以雇用他人或是自主经营的方式投入平台直播中。奢侈品销售往往借助时尚风向标、时尚巨头、明星代言，而主播们是最低层次的展现商品的售卖者。直播通常包括模特展示与讲解，大多数时候一人兼任数职。与大多数日用品大声吆喝式的买卖氛围不同，在奢侈品直播间的商品展示过程中，主播往往都是柔声细语甚至欢声笑语的。要让消费者在购买和交流过程中感到愉快，要掌握消费者心理，服务建立在氛围良好的基础之上。

中小直播间不存在公司或组织的标准化要求，也很少有人试图模仿大直播间的知名主播，因为销售内容不同，很难用吆喝和大砍价的方式进行直播。在奢侈品直播间也已经形成了一整套公认的流程。开播前更重要的步骤是先在店里挑选好货品，一般一次性挑好200件左右，由主播们根据当天日元汇率核算好价格，写在便利贴上，展示完商品后才露出价签，这个过程被称为"上菜"。直播间有客人进来想仔细看桌上的某件珠宝，被称为"点菜"。一般情形下主播会强调"关注主播不迷路"，要求进来的顾客点击关注，以便扩大粉丝群体，增加固定客流；有些直播间主播会要求粉丝们点赞到某个数字，就给大家上"白菜"（价廉物美的货品）。当珠宝价格诱人，出现所谓"白菜价"的时

---

① 让·鲍德里亚：《消费社会》，刘成富、全志钢译，南京大学出版社2006年版，第90页。

候会出现消费狂欢的景象,某件珠宝会出现好几个拍单的客户,那就按照先来后到的顺序,只有前面客人放弃后面的客人才有机会付款买下。

在线消费在女性日常生活中随时随地发生,无论是上班间隙或者午间时分都可能发生购物成交,当然,更多数是发生在下班后在家的休闲时光。平时直播间在播货物的时候,都希望有更多受众收看。主播们的工作是刺激消费欲望,消费珠宝和名表的是对生活品位或身份展示有要求的女性。女士镶钻或者是满钻镶嵌的黄金表,公价极其高昂,根据品相差异,中古店会给出适合的评级和估价。"宁欧(米茄)勿浪(琴),一劳(力士)永逸。""浴缸(卡地亚)在手,一生何求。"进入中古奢侈品直播间,你听到的主播常用话语是"必备款、必备色""金色也是秋冬天必备的一个颜色""这个必须收!""大漏、巨漏,错过拍大腿啊!"人为制造一种抢货的紧张感,"小心被人截和了""给大家看看一个大美物""年终买一只百达翡丽犒劳自己"……这样的话语促发女性个体自我奖赏的动机。主播们不断激发女性对美丽出街的心理需求:"戴上它你就是整条街最靓的仔""看到姐姐发的买家秀了,真是又美又飒。"

主播的成功在于高情商,平衡人际交往中不同客户的需求,介绍物品和客户。主播的交际能力和口才非常重要,应变能力也要强。另一项最为重要的能力就是专业性。有的直播间主播能对客人的名字和喜好过目不忘,服务体验更好,互动性更强,就能实现专业、评论性与粉丝群体。主播有前台后台的呈现和情境展演,有的是刻意地将后台隐蔽起来,比如遮蔽自己的外貌,有的则特别展现出来。直播带货是一种情感劳动,主播的情商十分重要,同时也是一种天赋,大多数直播间主播都特别会甜言蜜语,有叫"姐姐"的,还有叫"老师"的。涉及女性社会交往的需求,用主播话语描述就是:"与小姐妹、闺蜜,打麻将、喝下午茶,戴着咱们家的珠宝。""咱们姐姐们一看就是生活特别美满的。"奢侈品消费与品位、阶层密切相关,它涉及消费过程中的动机、普通人在相关消费时与真实消费能力间的落差,以及所期望的通过物的符号获得的意义。销售者和消费者在互动中彼此形塑,积极的参与者会获得更多的体验感受和结果。

直播间吸引粉丝因素包括：直播方式、有吸引力的货品，有趣或可爱的主播。这是因为在几个小时的长直播时间内，除了消费者问询主播物品信息等交流，还有更多人际互动的消遣。女性进行消费的同时常常伴有社交活动，通常为与同行闺密或是与店员的交流，直播中粉丝不仅可以与主播交流，还可能与屏幕前的其他粉丝交流。直播的娱乐功能已经有过较多讨论，比如受众的黏性极高。齐美尔从人际交往出发，注重感知和相互关系及就此产生的社交冲动。社交方式也决定了直播间会吸引什么样的受众，这与主播是否能形成良好的直播间氛围密切相关，与主播交流是否得到回应会直接影响直播间的发展。通常大家重视货物的品质，有的偏好有气质、年龄较长的主播，有的喜欢青春可爱的主播。直播间大多数女粉丝在观看时会将主播作为学习、模仿和比较的对象，观察她们的颜值、气质、谈吐，女性消费者在直播过程中展现选择性和主动性，同时表现出追随感。时尚与消费是紧密联系在一起的，对女性而言，打开淘宝是一种获取时尚资讯的方式。女性的身体更有观赏性，大部分观看直播的女性不仅对首饰佩戴等奢侈品有需求，更通过直播了解其使用与搭配经验。女性在直播间完成了对穿着打扮的经验累积、对自我的认识、对时尚的感知和消费决定，因此直播间也是女性的时尚习得空间。主播会把服装品牌写在便利贴上，推荐给大家。主播还会提供穿搭意见，形成一种交流。女生会问主播口红色号、称赞主播气质好等。以往的网红店铺、名人带货、爆款标签都可以窥探出某种产品的畅销程度。女性主播的情感劳动和时尚穿搭示范成为粉丝的重要偏好。

消费者与主播的策略使用值得关注。主播不断地调整销售策略、展演策略，以适应市场变化和消费者的需求。而消费者的问价、评论，提出有关产品的各种要求，都体现为一种积极的参与。对女性消费者而言，在长时间的观看中，懂得控制消费成本十分重要，纯粹观看和欣赏却不参与购买，需要非常强大的定力。主播特别喜欢推销的直播间人气并不高，而如果问询主播货物情况，主播带有情绪或者不真诚，观众就会选择默默退出直播间，就像电视机换频道，离开不会有任何显示。

在手机淘宝 App 中有直播入口，有各类精选和淘宝推送，也有主播讲解的短视频等。日本中古直播间可以在"买全球"的日本馆找到入口，也可以在珠宝馆找到入口。淘宝在策略上推行多样性发展，大直播间带来了流量与社会关注，而中小直播间也获得了较为可观的利润和生存空间。以往研究认为：网络直播意味着一个发达的传播与反馈系统，营造了"同步性、同一感"的独特体验；"生活流、猎奇、功用"均赋予了满足受众的依据。技术与内容的融合形成了以"仪式感""既视感""同步记录"为特征的场景系统，受众正是沉浸其中获得不同程度的满足感。[1] 但淘宝直播的性质与视频直播有很大差异，它不仅仅是销售与直播的叠加，而且是借助复杂的多重链条结合，形成了一种中国式的独特发展路径。

淘宝直播改变了网络购物对图片和对店小二的依赖，成为真正永远不打烊的商场。图片不能反映材质的真实性，依靠的是评价，而淘宝评价一直存在刷单和托儿。直播可以通过模特和视频展示物品，包括在线回答问题，尽量让问题在购买产品前呈现出来。淘宝直播混杂了传统的电视购物的形式，主播直播间和情景售卖提供了跨空间交流及商品，成为内容创业平台。淘宝直播日销售额达到了 1 亿元，作为内容创业平台，主播们凭借自身的技术，采取品牌辅助直播、短视频及图文分享模式，最终实现销售和变现。在这个过程中，主播要进行大量的情感劳动，包括感情交流和审美交流。

坎贝尔强调，将消费者行为简单地解释为信息传递或被市场诱惑是不恰当的。他和斯托夫斯基主张消费中必须关注身体维度，尤其是人们对快乐和舒适的追求。[2] 过去的 20 年，中国经历了快速的消费升级和社会转型，身处其中的消费者和售卖者的交流空间及消费行为变化尤其值得关注。身体是女主播们在线劳动的工具，她们需要将珠宝

---

① 王建磊：《如何满足受众：日常化网络直播的技术与内容考察》，《国际新闻界》2018年第 12 期，第 19-31 页。

② 朱迪：《品味与物质欲望：当代中产阶层的消费模式》，社会科学文献出版社 2013 年版，第 10 页。

首饰加以佩戴、展示并说明其特性，过程中需要语言表达能力、应付顾客问询、与店员交流等多元能力。

中国社会的消费整体体现出追求个体舒适和快乐的趋向，中产阶级追求时尚的动机包括赢得声望、追逐新思潮、与上层保持一致，以及寻求补偿等。① 女主播展示货物的时候要发掘其优点，同时分享自己对时尚、品位和穿搭的理解。娇小美女莉莉穿着时尚，她经常与粉丝分享穿衣经，告诉大家戴珍珠项链不老气的诀窍："你一定要取掉（一些）珠子，太长就老气，不要舍不得，反正拆下来的可以做耳环嘛。"经常直播试戴大牌珠宝的女主播通常形象气质较为出众，她们扮演着在线主播、奢侈品专家、模特、爱豆或闺蜜等多重形象。销售时的情感互动、信誉度、社群分享都有利于获取粉丝信任。

淘宝直播间还拥有多样化的社群，不仅可以通过淘宝以货主为群主，在群内聊天互动、发美图等方式进行交流，也包含了私下与店主或主播的私人交流，例如在直播时或在群内发信息，要主播帮助找某款包或某品牌的手表，以及指定大小的钻戒等。熟客与主播的关系很熟稔，而新粉更有购买力。淘宝的买家秀是一种支持，不仅显示出购买者的搭配功力，也会帮助招徕新客户。而我们通过买家秀可以推测出购买者的家庭环境、年龄身份、品位爱好等隐藏信息。有时候互动会在这种过程中不断发展，除了淘宝直播，更快速地接触货品的方法是加店主微信，大部分直播店主都在微信朋友圈进行货品展示，淘宝粉丝对主播有种天然的信任，主播们也乐于增加一种宣传和售卖渠道。如果在群里发自己其他地方购买的珠宝或者是广告、假红包，一般主播会发出警告，然后将其踢出群。消费者有任何建议和意见，群主都会及时私下调解，不会让其在群内发酵。

在虚拟空间中，消费者并不是进行简单的收看与购买，她们还进行比较和挑选，在观看中获得满足。消费社会中新的消费习惯和消费空间的培养较为费时，一旦成功，便会爆发出巨大的商业潜力。虽然国内大城市的中老年人已经不再对奢侈品完全陌生，但年轻人显示出

---

① 周晓虹：《时尚现象的社会心理分析》，《社会科学战线》1994年第5期，第89页。

明显的高消费和超前消费倾向,同时伴有大量的冲动消费。直播用户不仅黏度高,而且在自我认知上结合了粉丝和消费者的双重身份。

女性经验与女性对物质社会的体验与感知密切相关,消费产品的再消费和消费中的学习成为都市女性的必修课。而在直播中货品的气味、重量和质感都需要有经验的主播进行语言描述,有经验的主播会告诉大家真实的颜色与镜头前的色差。比较精确的测量会有辅助工具,比如测量手腕宽度需要量筒。

日本的中古产业链十分完善,日本社会在经济高速发展的时期经历过了各种时尚品牌的洗礼,而且对日本年轻人来说,"断舍离"观念和低欲望社会风潮让奢侈品牌回收和再利用变得十分常见。淘宝直播间的货品从几十万元的皇冠到千元项链都有,高端与低端混杂,因此很难让人判定它究竟是一种高端还是低端全球化。直播购物与传统购物方式的改变增加了奢侈品消费的新渠道。众所周知,奢侈品店的销售环境高端大气,而且有专人服务和介绍产品,在这种空间中的消费与身份、符号、阶层密切挂钩。而直播间的这种展示与服务同样具有专人服务和私密的特质,同时因为是二手奢侈品,其价格具有显著优势。

淘宝中古直播间不同于麦登高所描绘的重庆大厦,在实体空间中地理环境、人群、商品、法律、人们的文化身份认同都具备重要意义。虚拟空间的直播间存在着中国与日本的文化差异,这些并非国内的主播需要在异域完成的基本劳动,主播不仅出售着实在的物质产品,还需要通过宣传品牌,灌输消费主义,为奢侈品消费推波助澜。

淘宝中古直播间的工作人员多为来自中国的剩余劳动力,出镜主播基本是青年女性,她们组成团队前往日本直播间,架起手机和灯光进行直播。不同于大直播间通过粉丝累积与厂商谈判,压低价格获得巨额销售量的做法,中古直播没有那么大的销售量,也很难挟粉丝要价。主播们大多不拥有商品,只拥有平台和粉丝,是赚取差价的掮客,通过直播间售卖时间。中古直播间的组成与两三年前情况完全不同,那时候中古直播间还没火起来,直播间的营业者多为旅日或者在日本生活的中国女性,以代购服装化妆品和母婴用品居多,直播模式为其带来了中国巨大的客户群体。经过日本中古店许可后，这类直播间开始兴盛，也有专人或团队长期旅居日本，从事奢侈品售卖。

珠宝商对资金量要求高，客人对某件珠宝一见钟情便立刻买下的情形不多，在大多数情况下，一件珠宝需要静静地等待主人，在售出前资金是无法回笼的，被称为"压货"。而直播间在中古店进行直播，无须将货品买下，只需要展示和核算卖价，贴上小标签即可。资本雄厚的珠宝商会凭借眼力，预估客人的喜好，或将非常划算的货品先买下。小直播间则多采用"借货"方式来展示，多一次展示机会就多一次售卖可能，这对珠宝商而言没有损失，一旦成交就给直播间抽成，主播们收取佣金赚差价。因此，我们在淘宝在线直播见到的多为直接在日本中古店内架设直播设备，在店铺开门时间内进行现场直播。主播们需要提早挑好货品，通常会挑选约200件货品。细看有明显瑕疵的商品，主播可以选择卖或者不卖，也可以将选择权给消费者，因为大多数中古直播间都会清晰标明"一旦售出概不退换"。

（三）"脱域"产生的信任

日本珠宝的品质远远超过了一般国内金店的货品，这与日本奢侈品发展历史悠久、工艺大师辈出、技术水平精湛有关。在直播间流通的珠宝类型大致包括三种：一是珠宝设计大师作品，包括尾光夫、石川畅子、水野熏子等的设计作品，这些作品通常材质为重金、宝石、钻石、玛瑙等，上面刻有设计师的签名，在中古市场上有稳定的拥趸。二是以奢侈品品牌价值取胜的产品，古驰、香奈儿等奢侈品的入门级首饰或者是几十万元的百达翡丽名表均有。三是小众设计师的作品，价格比大设计师作品低许多，但也有精彩的设计。名牌包很少有日本产品，多是法国和意大利的一线奢侈品牌。"香奶奶"名媛风链条包、"法棍包"、路易威登的"老花""彩花"系列受到年轻女性的追捧，成为追随时尚、有相当经济能力和审美品位的象征。此外，日本的海水珍珠闻名于世，销量很高，尤其是位列世界奢侈品牌的日本田崎和御木本珍珠受到女性的追捧，一些珍珠养殖场的马贝、真多麻、大溪地、浓金或茶金珍珠经常在直播间售卖。当季新上市的珍珠尽管价格比二手要高出一些，但比国内的淡水珍珠皮光亮、皮层厚、品质好，同样受欢迎。

售出的中古珠宝首饰要经过清洗、翻新，名牌包要进行修复、上油和补色，呈现在客户面前时大概能达到八九成新；珠宝和手表经过抛光后，几乎与新品无异。热爱大品牌的年轻消费者会在了解某一大热商品后入手该物品。奢侈品牌的入门级珠宝各家品质有较大差异，但为了更多地销售和满足不同需求，已经形成了不同型号、新款旧款、带钻不带钻、黄金白金玫瑰金等差异化、系列化的商品供顾客选择，显示出一种细分之后的"消费的科层化"。

每家直播间都会形成一些自己的规矩，比如是否出具证书、是否包邮包税、是否可以议价等。小北的直播间很少卖品牌（奢侈品）珠宝，大多是非品牌珠宝，整体价格偏低，珠宝也颇有特色。他如果不去日本，多半在北京销售，他的销售优势在于能提供售后服务，包括清洗、抛光、改戒圈、耳夹改耳钉、出具中国地质大学的证书等，他经常在直播时调侃："像我这样的，做不大，就混口饭吃。"销售利润很少被放在台面上清晰地说明，通常是淘宝的日本中古购买以日本的价格加上佣金，根据当天汇率结算价格。在日本中古店直播的店主通常需要货品的日元价格，计算汇率、利润，用计算器算完之后再报价。中古商品过海关时有可能会被抽中交税，客户可以退货重新发货，或者干脆再多出 100 元直接包税。有的主播对比较方便携带的物品，如珠宝、丝巾、手表等，都采用随身携带的方式带回国后走顺丰快递到付。

值得注意的是，中古直播间的贸易扮演着连通中国与日本、城市与乡村的作用。它凸显出两种社会消费模式的差异，国内部分中产消费者有了一定的经济实力，希望拥有更多物质符号和身份炫耀的筹码。这导致中国消费者成为奢侈品再销售的主要市场，扮演了全球化奢侈品流通新的下游。而日本人经历了高速发展的时期，对奢侈品有挑选和鉴别能力，比如女生要买新包，可能会去中古店卖掉原有的包。而有些珠宝很明显带有 20 世纪 90 年代日本经济高度发达时期的烙印。丸子姐姐在她的直播间说出了实话：有些年纪大的人戴的首饰样式很老气，儿女都不想要，就会以很低的价格卖给这种中古店。

中古包进货的渠道包括东京银座等地的日本的中古店、日本的二手货网站和日本的法人拍卖会，然后大多选择在中古店内直播，利润微薄而且竞争激烈。脱域的主播与产地接近，呈现直观的现场感，才能获得充分的信任，因此，主播在中古店内的直播通常成交量更高，因为有品质保证。① 国内日本中古直播间的粉丝的形成经历了数年时间的培养，国内造假成风，很多顾客进了名表直播间后最常问的话是："是真货吗？"主播通常会说："我都卖了这么多了，还认为是假的话，那你跟着看一段时间吧。"进入拍卖会则要走另一条路线，需要加入拍卖组织，不断地竞拍，获得低成本货物，通过海关寄回国，在国内微信、闲鱼或淘宝中销售。因为售出后大多不能退货，也就产生了更下游的售卖链条，比如日本直播间的国内专场或是闲鱼中的转卖交易。

中古店女主播作为全球化的女性在线劳工（直播间空间的物质形态层面），从事着一种技术平台造成的全球同步的消费行业。全球化的消费体系下直播技术平台改变了人们的消费时空，物流支撑着这一庞大的空中物质帝国，它由无数个不同的时空地点衔接。中古直播间形成了一个组合链条，与全球物质链条相关联，其中既包括了直播空间，也包含了真实交易空间所发生的一切。

180

四、研究结论

新经济社会学背景下的互联网经济带来了直播平台的火热，过程中产生了庞大的在线劳工，女性主播们投入大量劳动时间，以本身并不多的资本，远涉重洋进行脱域的线上劳动。不同于社会学所讨论的女性情感劳动主体（秘书、航空乘务员、护理工、幼儿园教师），女性主播们受阶层、科层的影响并不显著，很少有取悦异性的刻板印象，而与奢侈品的密切关联成为其主要的工作特点。本研究想要指出的是，在线直播销售的物质与符号具有重要意义，尤其是奢侈品代表的物质、符号与阶层想象是直播氛围的重要组成。

---

① 日本中古店有一整套严格的行业规范，有专门的中古鉴定师负责鉴定奢侈品的成色和级别，也有珠宝鉴定师负责对珠宝的等级进行评价并出具证书。日本的中古市场的鉴定师的专业和制度的完善是买卖顺利进行的保证。在中古圈，物品的定价直接与成色好坏挂钩。成色从好到坏分为 8 个等级：N（全新）、S（未使用）、A（使用感小）、AB（有瑕疵但不明显）、B（有正常使用感）、BC（有明显使用）、C（有明显瑕疵）、D（需要维修）。

本研究运用在线田野观察与主播线上访谈，分析中古直播间女性主播们的情感劳动，讨论跨区域劳动中女性与奢侈品消费的关系，进而探讨劳动中女性情绪的控制与隔离、物质气氛的营造。从性别研究视角看，女性在这项工作中显示出突出的性别优势，而男性在进行直播时，表现出对外在性别的妥协，以及对女性消费能力和审美品位的服从态度。

在线情感劳动需要借助话语氛围、身体演示、情感抑制等多种技术操作来完成。借助网络直播技术与全球物流系统支撑，日本中古直播间成为国内女性珠宝、箱包、手表等高端消费的发生地。在全球化背景下进行异域直播，主播们通过刺激国内女性的消费欲望，推动奢侈品拜物风潮兴起。对奢侈品价格、质量、鉴定的了解成为主播需掌握的知识，加上人品、口才与情商，成就了其带货能力。主播们需进行外在形象管理和自我情感管理。不同于表演类直播中打赏带来的惊喜收入，奢侈品直播间的情感劳动受到竞争与盈利的压力，不确定的收益压力会转化为心理压力。心理素质良好的主播通过情绪控制、情绪隔离来排除外界干扰。优质情感劳动能力并非依靠简单的情感治理所能达到的，更是情绪调控的天赋与在线职业需求互相塑造的结果。

更重要的是，直播主播需要以物质性刺激、奢侈品身体展演和话语建构营造一种人造的欢乐氛围，呈现出一种与金钱无关的纯粹的物质享乐氛围。销售过程中的亲密称呼、情绪抚慰、积极互动、传递愉悦感的行为广泛存在。所有的销售都建立在物质基础上，货物的真假、价格都是考量因素，但除此之外，与顾客建立的对奢侈品的共同喜好，鼓励消费、鼓励扮靓的心情是一种拉近距离的手段。唤起愉悦情绪的主播销售的不只是奢侈品，更是美妙的购物情绪体验。

奢侈品的巨大吸引不仅体现在对顾客的消费诱惑，销售者身份也会发生转换，有顾客因为囤货太多而成为新的卖货主播，也有主播因不断购买而入不敷出。可以说，奢侈品的物质参与直播是对顾客与主播的审美、消费观、女性意识的重新形塑。

第五节　本章小结

　　传统马克思学派对科技与劳动之间关系的基本态度是：在资本主导的生产过程中引入的各种新科技，主要是作为一种加深异化与剥削的工具。与几个世纪前的英国资本生产完全不同的是，当代资本以更具弹性的管理方式，将触角深入劳工阶级的意识形态再生产，以及各种非物质劳动的文化活动中，把整个社会转化为资本控制下的"无边界"的社会工厂。网络与行动装置的普及，将社会工厂的网络进一步融入一般人的日常生活中。我们讨论的在线生产活动包含了情感劳动和非生产性劳动；这些消费性劳动行为是网络平台从业者的利润来源，所有消费行动的参与者都可以被视为免费劳工。

　　本章所进行的两项在线劳动研究，是发掘女性在空间生产过程中的自我建构及其深层意义的尝试。研究选择了较为微观的媒介社会学视角切入。理念需要呼应时代，同时也对应着生活。这两篇研究有

一些相似之处，新型职业的展演与可见性和女性在线生产中的主动性都展现出丰富的生存智慧，女性如何通过个体与技术的协同与整合，实现个体社会、文化资本的再生产，进而强化其经济活动中的自组织、自立与自强的能力，涉及女性在城市制度限定或压迫背景下的各维度的空间建构和地方性塑造中的过程与机制。

　　这是一种复杂的劳动场域，在线劳动这个场域实际上并不单单是劳作的空间，这里有劳动者的工作、与被服务者的互动，资本也发挥着重要影响。更重要的是其中体现出了技术、社会互相形塑，以及劳动者参与其中争取生存的策略。时间与空间也成为重要的参与者，影响了在线劳动的跨地域结合方式，并生成了新的工作机会与平台。

第五章 媒介考古学视域的技术与硬件

第一节 媒介的物质性研究

一、媒介物质性：多学科的议题

对物（matter）的研究并不是一个新鲜的话题，但对物质性（the materiality）的研究已经成为热点，它将对物的传统的、狭隘的理解拓宽为新领域，吸引了来自物理、哲学、艺术、社会学、历史学等多学科的共同参与。要从不同学科理念中提炼出一个较为准确的物质性概念并非易事。不同的学科背景对物质性的理解显现出相当大的差异。物质性的哲学基础和方法论体系，始终以物为中心、以物为基础展开，而此处讨论的物多为人类所关注之物。整体归纳起来，一个较为明显的趋势是当前普遍讨论的物质性并非纯粹的物质存在，而是具体物质在人的行动介入后所体现的部分属性。

大众熟悉的物的研究路径是将物放置在社会历史语境，围绕以往各类人造物的历史展开对物质文化（material culture）的多方面讨论。罗兰·巴特（Roland Barthes）提出的物的符号学以一种反思的姿态，探讨了不再是僵死的无生命之物，不仅可能具有符号学的意义，甚至在不同文化中会获得全然不同的意义。尤其是在他讨论日本文化的物质与符号的《符号帝国》一书中，以一种全新的视角看到了物性的自然，一种不受人为意志浸染的本真。① 鲍德里亚通过物体系阐述，深刻论述了消费社会不同于生产社会，消费不再是一种满足与享受，而是对标志社会地位的符号进行操纵。在消费的社会中，消费不是简单的付钱购买，它连接了人与社会结构的意义体系。② 皮埃尔·布尔迪厄对消费物品的品位与阶层进行分析，其研究的根本主题都指向物的文化特质。透过物质化的功能和外壳，检视其在特定的历史和社会场景之下产生的意义，以物质为线索去了解整个社会的变迁，是历史学家研究的重点。对地中海文明进行考察后，费尔南·布罗代尔指出，不应该把糖这类食品的出现贬低为生活细节。它们体现着无休止的重大历史浪潮。③ 纵观以上研究，物质被视为多重意义的文明成果，也是资本主义推动下的全球化的流动商品，在消费社会中，其交换价值甚至被符号意义涵盖，产生了物的符号体系。

艺术视野中的物质性包含了物质的外壳与内在精神，物质对艺术家而言只是物质性的表现载体，物质性可以通过视觉、触觉、氛围、装置来凸显，让观众得以感受。从艺术理论和创作对物的探索与使用，延续到艺术作品物质性的历时性研究，媒材、媒介考古、媒介理论成为被反复提及的关联概念。可以说，当前艺术史的媒材研究走在了物质性探讨的前列，这与他们的表现材料与艺术家的表达理念有密切关联。艺术品设计中强调感官与物质属性的实验性趋向日渐显著，艺术创造、策展装置、文创产品等研究同样注重物质性，同时也强调"物"与"人"之间的互动关系。

本雅明的理论发展出艺术对物质性的深度思考，强调突破日常生活，将物质性的艺术呈现得更为浓烈，是艺术家的首要任务。对艺术这种从物质里产生的精神，必须依赖物质去体现它。本雅明论述的艺术作品"物"的灵韵（aura）显示出艺术美学或美感的泛灵论，或是拜物

---

① 罗兰·巴尔特：《符号帝国》，孙乃修译，商务印书馆1994年版。

② 鲍德里亚：《物体系》，林志明译，上海人民出版社2019年版。

③ 费尔南·布罗代尔：《十五至十八世纪的物质文明、经济和资本主义：形形色色的交换》，施康强、顾良译，左岸文化2006年版，第228-233页。

教倾向,物不再是独立的物品,而是可以对人进行控制。本雅明认为灵韵是一种奇特的时空交织,是一种独特的存在,光晕具有身体无法穿透的距离。"物"正是因为它的灵韵对人产生一种回眸感,我们去观看物的时候,物反过来会感觉到它也在看你。因此,人会对这样的物和艺术作品产生膜拜心理。物具有了一种生命力,这种准宗教的视角在传世的珍稀艺术物品的阐释中最为普遍。[①]

国内传播学界对媒介物质性的相关讨论的重要意义在于将传播研究的关注点从文化、符号、仪式意义的探寻转向了对媒介作为技术中介的关注。传播行为的物质性对象目前试图在传播的原材料、资源、设备、劳动和基础设施方面开拓。[②] 物质从以往的媒介范畴转向信息、物质、能量,甚至基础设施与环境等硬件的讨论,拓展了传播研究或媒介研究。学者们在媒介的物质性、具身性与当代传播等框架中投向媒介物质性视角,试图突破这一长久被忽略的学术盲点。[③]

目前相关研究沿着如下路径展开:一是对物质性研究与硬件技术的讨论,尤其是当它因网络化的交通、移动通信技术的快速发展而变得殊为迫切。人与物质的关系在高度移动的人类社会变得更为复杂,凸显出移动状态与物质性的关联,但媒介化的社会系统,将不同的物质、非物质组织(组装)在一起,这些技术快速发展,都亟待理论上的深入阐述。其实这一研究路径并非全新的,媒介技术学派的英尼斯即对交通运输对传播发生的影响进行了深入讨论,与古典地缘政治学强调的自然环境影响存在内在吻合,尤其关注人类交通、环境与媒介的关系。[④] 两次世界大战引领着英尼斯关心文明的更替,这些都促成他以传播为核心来讨论帝国的兴衰与文明的交替;同时作为经济学家,他

185

① 瓦尔特·本雅明:《机械复制时代的艺术作品》,王才勇译,中国城市出版社 2002 年版。

② 束开荣:《互联网基础设施:技术实践与话语建构的双重向度——以媒介物质性为视角的个案研究》,《新闻记者》2021 年第 2 期,第 39-50 页。

③ 参见:章戈浩、张磊:《物是人非与睹物思人:媒体与文化分析的物质性转向》,《全球传媒学刊》2019 年第 2 期,第 103-115 页;丁方舟:《论传播的物质性:一种媒介理论演化的视角》,《新闻界》2019 年第 1 期,第 71-78 页;张进、王眉钧:《论数码媒介技术的物质性——以"数码人类学"为中心的考察》,《湖北大学学报(哲学社会科学版)》2020 年第 4 期,第 63-70 页。

④ 哈罗德·伊尼斯(英尼斯):《帝国与传播》,何道宽译,中国传媒大学出版社 2013 年版。

尤其关心资源分布与流动、市场竞争及效率问题。英尼斯的媒体生态学(media ecology)以生态系统的关系比喻媒体与社会中其他元素互动的过程及其影响。他以经济学家的视角审视了各时代与帝国中最具力量的媒介科技，认为媒体之间的竞争脱离不了政治力，经济上的因素也牵动了媒体的生产与消费，当然媒体本身的性质适于何种偏向，以及被人们用于哪些用途，都让媒体在社会中的各种关系形成复杂体系。英尼斯当时研究讨论的问题主要体现为传播的空间维度的媒介物质性考察，因此当前移动社会中更剧烈的媒介流动性，以及更深层次的网络、场所、社会关系间的彼此联结，都可以在英尼斯的过往研究中获得启发。传播一直被视作一种联结、聚合与组织的实践，这成为在新时期以往城市研究中对传播基础设施、运输与流动性、移动技术及城市、区域和跨地方社会场所的生产等问题研究的延续。

二是物质性与人的异质性连接的讨论。随着人机结合体的大量出现，如果不理解正在诞生的人工智能、交互性媒介等异质性结合体，也就无法深刻理解人类面临的技术革命及其对社会结构造成的影响。这方面的研究科学技术研究(science and technology studies,STS)对物质性(materiality)理论路径的探索显示出理论活力。江淑琳等认为，传播研究长久以来忽视"科技物"本身，涉及有关新闻编辑室中技术运用环节的媒介社会学式探讨，也并未将"科技物"放置于传播研究的关键位置。① 在传统大众媒介时代，物质性很少引发普遍的、深层次的关注，而这种情形正在发生极大的变化。国内研究普遍关注科技物、人造物或人机结合体如何建构与社会的联结，强调对技术的理解必须将其放置于技术物本身所处的"网络"之中。②

二、新物质主义兴起的理论背景

媒介物质性研究的社会理论根源可以追溯到新物质主义(new

---

① 江淑琳、张瑜倩:《更民主的科学沟通:科学类博物馆实践公众参与科学之角色初探》,《传播研究与实践》2016 年第 6 卷第 1 期,第 199-227 页。
② 戴宇辰:《"物"也是城市中的行动者吗?——理解城市传播分析的物质性维度》,《新闻与传播研究》2020 年第 3 期,第 54-67 页。

materialism)，这一概念最早由曼纽尔·德兰达（Manuel Delanda）和德勒兹派的女性主义哲学家罗西·布拉多蒂（Rosi Braidotti）于 20 世纪 90 年代提出，后引起学术界的普遍关注。新物质主义旗帜鲜明地反对以二元论为主导的思想，从本体论上开始物质转向，开启了一场以物质为核心议题的社会科学革命。但总体而言，新物质主义缺乏明确命题，也不是统一学派，而是诸多混杂理论视野交织的场域，显示出蓬勃的生命力。作为一种跨学科的、打破学科壁垒的理论构想，它为人文社会科学、物理科学、生物科学的发展都开辟了新的思路，形成了数据人文、技术哲学的成果。其理论思潮与全球化的历史语境和高新技术的快速发展相关联，促进了对人与物关系的重新认识与思考。新物质主义的基本立场是承认物质的能动性，以及它对人类世界的形塑作用，关注环境在生产主观能动性过程中所扮演的角色。新物质主义强调集合元素间复杂交互的关系本体论，正是元素间的相互作用产生了自发效应，重塑了集合的元素本身，对于理解能动性、主观性和系统变化有重要意义。自 20 世纪 90 年代开始，理论流派都把兴趣和重心转向了以往忽视的物之上。

从哲学上探讨，新物质主义可以追溯到康德的"物自体"这类将物质与精神进行二元对立调和的论述，它与海德格尔的哲学立场更为接近。海德格尔认为，物的本质就是聚集，物是让天地人神融入一个总体之中，安然地、亲切地、毫无隔膜地居留。天地人神的游戏就是物的运动，物无论如何都不是人类探究的知识对象。海德格尔认为，物让整个宇宙产生一个大的和谐的聚集和游戏，物消除了一切充满张力和冲突的二元对立。

从传统的人类中心主义视角看，新物质主义显示出一种反思的决心，不再强调人类的精神积累和技术进步，否定了文艺复兴时期人类作为"万物的灵长"的自豪之情，人不再是保持着稳定状态的自然人，更谈不上是自然的救世主。随着技术的发展，探索世界的脚步不断深入，人类对自我局限性的认知迫使我们抛弃人类中心主义。

新物质主义之所以"新"，重要的特点就在于，它们特别强调物的能动性。库勒与弗罗斯特提出新物质主义兴起的三大原因：一是 20

世纪自然科学的发展；二是基于新的物质模型所取得的科技进步引起的对伦理和政治的关注；三是以文化为转向的理论话语不足以阐释当下的语境。早期以笛卡尔和牛顿为代表的哲学家和自然科学家认为，物质是一种可测量之物，具有惰性，需要外在力量（人的力量）予以推动。现代哲学将物质作为理性的对象，受人类理念的支配。而新物质主义质疑以人类为中心的思想，将人视为物的一部分，试图抹去人类和物质之间的界限。新物质主义思想认为，随着生物技术、转基因技术、人工智能等现代技术的高速发展，技术带来的伦理问题也逐渐显现，因此需要开拓一种看待人类和技术（物）之间关系的新视角。

康德认为我们对物的认识是由人的主动认知投射而形成的。康德说："关于物先天认识到的东西，只不过是我们自己放进这个物里面去的东西。"我们对物的认知只是我们直观能力的投射，认知力量来自认识主体本身，而不是遵照"物"的内在知识。他认为"物"是主体的认知产物，由主体派生和投射。从康德开始，物被夺取了自主权，成为主体的被动对象。在人和物的关系中，人居于支配和主宰地位。从海德格尔、福柯到德里达的技术哲学都破除了传统的人类中心主义，开始关注技术研究。拉图尔和哈拉维则更将注意力放置于人和物的互为能动性和聚集性的关系上，不能完全摆脱人和物的自主性或者物和物的关系。物的研究是"非人"研究大趋势中的一种。当前"物"的研究非常之多，流派极其繁杂，出发点、研究方法、理论视角相差甚远，但确实呈现出了一种总体的新物质主义倾向。

新物质主义的核心内容是"物质具有能动性，能影响、塑造人的生活"，它关注环境在生产主观能动性中所扮演的角色。因此，新物质主义虽然强调物质本体论，但关注强调集合元素之间复杂交互的关系本体论，正是各元素间相互作用产生了自发效应，重塑了集合的元素本身，这对于理解能动性、主观性和系统变化具有重要意义。

传统人类学的物质研究有两点对新物质主义有启发作用。一是人类社会生活中的物质被认为具有仪式性功能与商品属性，它参与甚至主导日常生活场景、社会规范和习俗建构，潜移默化地指导人们的日常行为。物质体现出一种流动性和主动性。人类在物质的传播过程中,赋予了物品生命、人性及文化。二是礼物是关系的黏合剂。在某种意义上礼物是组织古式社会非常核心的组织纽带,政治、经济、规则、情感、习俗、传统,通过礼物这个统合工具连接在一起。通过礼物交换,人和人之间、部落之间、氏族之间会形成一种亲密关系,团结在一起。以礼物形成一个纽带,把原来封闭、分立的个别单位进行整合。在这种社会体系中,物扮演着社会组织的纽带。马林诺夫斯基笔下描述了罗布里恩德岛人的库拉交易。[①] 莫斯在《礼物》中挑战了资产阶级社会中的商业个体利益与礼物的利他主义的对立关系。[②] 克劳德·列维-斯特劳斯的最高等级的礼物、萨林斯发现的三大道义互惠的交易模式、[③]阎云翔的中国农村社会礼物的流动,[④]都注意到礼物的物质与经济意义,并强调人类学重视的礼物对社会关系的促进作用。

马克思的商品理论同样包括了对物的讨论,尤其关注物在市场上的流通、运转,如何产生价值,实现社会勾连,商品组织运转至整个现代社会。但马克思的关注点是试图通过物和物之间、商品和商品之间的关系探讨背后所隐藏的劳动关系和剩余价值。人和人的关系,实际上是通过物、通过物和物之间的关系来体现。延续物的讨论,西方马克思主义很容易转向了对物与现代社会中拜物教的批判。马克思对物质的阐释从辩证唯物主义和历史唯物主义出发,对既有的物品的物质性进行了研究,并将其与生产力水平、剩余价值的经济学探讨结合起来。尽管他有许多深刻的阐释与发现,但可能造成的庸俗化的理解是将物质和精神隔绝,并直接影响了我们对物质性的理解。这种影响广泛、历史久远的二分法并不适合描述当前的新生物质。例如,劳心与劳力的二分、非物质劳动与物质劳动的二分,是有误导性的。所有的非物质内涵,包括知识与符号及其影音图文的储存、传输与展示,完全依附于人造器物的物质性。后工业社会、资讯社会、没有重量的经

189

[①] 马林诺夫斯基:《野蛮人的性生活》,高鹏、金爽编译,团结出版社 2005 年版。

[②] 马塞尔·莫斯:《礼物》,汲喆译,上海人民出版社 2002 年版。

[③] 马歇尔·萨林斯:《石器时代经济学》,张经纬、郑少雄、张帆译,生活·读书·新知三联书店 2009 年版。

[④] 阎云翔:《礼物的流动:一个中国村庄中的互惠原则与社会网络》,李放春、刘瑜译,上海人民出版社 2017 年版。

济、无形资产、非物质经济或非物质劳动、服务业、智慧财产等，都不是可以单独存在的概念。一旦以为后工业、服务业、资讯社会等之无重量、非物质的智慧创生可以独立存在，并且是人类社会进步的更高阶段，就有陷于刻板印象或意识形态的危险，甚至将剥削关系的存在正当化了。

近年开始被国内学界关注的美国哲学家格雷厄姆·哈曼（又译作格拉汉姆·哈曼）提供了一种全新的哲学立场，他关注形而上学与物质本体论，尤其强调物和物的互动性，讨论物与物的网络关联。在其著作《游击形而上学：现象与物的工艺》中，他大量讨论物和物之间的引诱关系，每个物对他物都有一种引诱的潜能。他用引诱关系来反驳因果关系。哈曼认为物的本质永远不会从任何关系方面或者是互动方面完全地表现出来，也就是它具有多关系性，引诱是多关系性的，是全方位的。哈曼的思辨实在论的理论流派的重点在于，想象一种完全可以摆脱人的"物"，一种绝对之"物"。以法国哲学家梅亚苏为代表的一批人开始重新用另一个角度思考"物"：一种没有人的"物"，没有人的世界，这个世界是绝对的一个"物"的世界。对梅亚苏来说，康德及之后的哲学都是一种"关系主义"哲学，即他们强调人和物总是存在着某种关联性，无论这种关联是人对物的宰制，还是人和物的互动。梅亚苏提出一个非常著名的反关系主义哲学的论证——原化石，原化石是生命还没有出现之前的远古物质，今天的经验和科学能够证明存在着一些先于生命、意识、思维和人的世界。这些科学证明"物"可能早于地球上的任何生命形式，关于"物"的知识，并不依赖人类而存在，梅亚苏称这一种物是"绝对之物"，完全可以摆脱和人的关联性。①

一系列自然科学内的物质现象，甚至包括理论物理的相关问题都被邀请进入本体论的探讨范畴，观点的引入使关于物质的讨论发生在多元的交叉领域内，且因不同学科材料的充实而超越了纯粹的哲学思辨。在此背景下，"旧"唯物主义的机械还原论视角已过于因循守

① 格拉汉姆·哈曼：《铃与哨：更思辨的实在论》，黄芙蓉译，西南师范大学出版社2018年版。

旧——物质不能拥有灵魂、生命或以其他动态方式存在，而只能以尺寸、形状和运动等基本属性为特征。与之对照的是，在新唯物主义中，物质不再是一成不变的或被动的，而是被视为一个复杂的开放系统，呈现出偶然性、生成性与关系性，如同一个动态进程中的本体平面，不断演进、拓展与形变。充满生机与活力，具备自身的意志、适应能力与抵抗性，新物质主义者认为物质性始终是"一种欲望化的动能（dynamism），一种反复的重新配置，充满能量（energised）并给予他者能量（energizing）、精力充沛（enlivened）并给予他者精力（enlivening）"。而新物质主义的本体论倾向使其不仅仅是自然的，同时亦是政治的与伦理的，因此在诸多领域都产生了回响。

三、从文化到物质的媒介

传统的历史考古学偏好发掘环境中的物，考察其形制、用途、放置的场所和曾经的使用者，探寻过去时代的社会习俗与制度规范。媒介考古学作为近年兴盛的交叉方向，研究兴趣集中于已经成为"标本"的媒介物，这些物质大多曾经扮演过重要的媒介产物。在标准的媒介历史之外，将媒介物视为物质档案，研究它的发明、载体、机制、设备、空间在时间中的流变，对我们施与的影响，以及在多大程度上参与到我们身体、感官与认知的构成之中。

艺术史家巫鸿将传统中国绘画的讨论转向了关注物质性，即美术史中的"媒材"，他将苏立文和高罗佩对屏风的讨论转入绘画媒材的方向。《重屏》用全新范式整理了传统绘画表现之一的屏风这一现代收藏中的杂件，在古代书画中其不仅是图像，而且是图像载体。屏风在此凸显出多层含义：一个建筑形式，一个绘画载体，画图内容本身，是集物质性和图像性于一身的媒材。它作为媒材，在绘画平面上构造空间，为画中人物赋予个性的隐喻功能和叙述图像内容的功能。巫鸿从古代艺术领域出发，对观赏者和绘画间的关联有大量的精妙分析，涉及绘画的空间性、观看的"部署"和"位移"。这对美术史研究来说，在空间方向上进行了大胆突破，它将孤立的图像和作品研究转移到研究两者的关系上，空间从图像的构成扩展到物、图和环境的关系，形成了多维的可探索空间，这有助于从图像、知觉和艺术想象等多角度观察一些复杂的综合艺术体，包括建筑、屏风、镜子等。①

法国的年鉴学派代表人物布罗代尔的历史物质研究强调了物质如同沉积岩一般的累积过程。同一历史时期，物质在不同国度的空间流转也一直是历史研究或经济史研究的对象，如中国古代的外销瓷的流转，图腾符号在中亚各国的流变等，都是文物界关注的话题。当代艺术对绘画、装置、艺术设计理念的探索与实践产生了许多新议题。艺术的物质性呈现正成为显学，除了一度兴起的图像阐释开始转向物质研究，深入触碰到考古学的名物研究，鉴定学对材料的把握，更将艺术学与考古学、人类学和社会学相融通，有机结合了视觉研究、文献研究、观念研究与物质性研究。例如，研究笔墨纸砚这些文具与文玩、装潢与修复材料如何影响艺术品的最终呈现效果。新历史文化方面的以物为中心的心理分析也提供了足够的支撑，它注重物与客体与人的关系，以及物与物之间的关系。

克劳斯·布鲁恩·延森(Klaus Bruhn Jensen)考察的物质媒介包括作为人际交流媒介的身体、经典的大众媒介及数字化的信息传播技术，来重新审视实现与约束传播的物质条件。他指出，物质是传播和交往过程中的特殊资源，具有持久性与共享性，一旦形成某种媒介形态，物质就获得了一种自我发展的动力。② 沿着这种思路，传统电影的视听分析和符号学、叙事学的挖掘依旧保持热度，也有电影技术与物质实体的讨论旁逸斜出，成果丰硕，这包括了对电影放映观看、工具与视觉的关联，以及对早期电影放映机、20 世纪 80 年代流行的影碟和DVD 播放机的分析。③

电影考古学与德国媒介理论构成了当前媒介考古学的主要理论资源。从德国媒介理论内部可以分出两条不同的脉络：一条是以基特勒为代表的媒介物质理论，主要兴趣是考察"作为文化技术的媒介"；

---

① 巫鸿：《重屏：中国绘画中的媒材与再现》，文丹译，上海人民出版社 2009 年版。

② 延森：《媒介融合：网络传播、大众传播和人际传播的三重维度》，刘君译，复旦大学出版社 2012 年版。

③ 布莱恩·拉金：《信号与噪音》，陈静静译，商务印书馆 2014 年版，第 299-328 页。

另一条是以西格弗里德·齐林斯基(Siegfried Zielinski)为代表的媒介变体分析，偏好考察"作为地质岩层的媒介"。基特勒和齐林斯基代表不同的研究取向，前者旨在恢复媒介的物质性，而后者则注重寻访媒介的异质性。基特勒受福柯的知识考古学的启示，将分析对象从话语实践转向媒介物质基础；齐林斯基则受益于福柯的谱系学分析，将分析对象从典范媒介扩展至异质性媒介。①

胶片也许是电影物质问题最为直接的表现，但在对于主流叙事电影的考察中，这种色彩的美学现象几乎从未得到真正研究，电影的物质本体论相对于它的符号论和阐释论的讨论，几乎被完全忽略了。直到彼得·沃伦(Peter Wollen)在1977年完成的文章《电影中的本体论与唯物主义》中透过多个实验电影与先锋电影的案例，提出了针对巴赞理论的批判性解读。其中一则是对于现象学式本体论的"唯物论反思"，其力图否认电影与世界之间纯粹的再现、模拟或再生产式的关系，强调电影的本质孕育于内部的物质支撑，如胶片的物性(objecthood)或者说二元性(duality of being)之上，试图建立起一种内在于媒介的本体层面。先锋电影人正是利用这一点开启了针对电影的物质性探索，将影片向"光化学(photo-chemical)过程中的所有属性，以及电影制作的其他进程"开放，自此，影像的发生从"镜前事件"(pro-filmic event)转向了"镜后"，转向了那些不可见却又在发挥着效应的物质性底基，胶片、放映机等电影性物件(cinematographic object)开始受到关注。新物质主义转向发生在电影媒介考古学的物质性关注，电影在此既是物质的档案，亦是影像的档案，而电影人在物质、影像与记忆之间巡游(itinerant)，等待铸就新世界的时刻。

对于早期电影人与理论家而言，电影如何通过物质"激活"日常生活是重要命题，比如巴拉兹便曾谈及电影，能够使观者发现那些被"传统、抽象的观看方式"所遮蔽的"物的脸"(the face of thing)。爱泼斯坦亦探讨过银幕上"物之流动"带来的丰富感受："幸亏那些'上镜头性'的时刻，电影极为慷慨向我们呈现了'形式'只是一种本质上变动

---

① 齐林斯基:《媒体考古学》，荣震华译，商务印书馆2006年版。

不拘(mobile)的未定状态，而这个宇宙性与持续变化的时刻，令一切不定(inconstant)、反复无常(inconsistent)与处于流动(fluid)之中。"①银幕上各种稍纵即逝的物件带来的或震惊或催眠的体验，这种体验具有一种非常奇妙的情动与卷入力，促使我们投入影像带来的时空之流中。而在爱泼斯坦看来，电影对于世界特殊的重构能力使它如同一台"智能机器人"(intellectual robot)，通过"光电机能"(photo-electrical mechanics)与"光化学铭写"(photo-chemical inscription)创造出一种非常规的思想或者说哲学。

新媒体理论家加西·帕里卡(Jussi Parikka)通过一系列文章不断强调物质性在当代媒介考古学中的核心位置，或者说开启了一种"以客体为导向的媒介考古学"，其关注媒介性物质(mediatic matter)的转化与中介功能、非人元素在媒体技术中的建构作用，以及如何在地球尺度上重新梳理媒介的历史。在当代条件下，媒介环境变得日益复杂，经济、政治及生态等人类生活的各个方面都以技术媒介的支撑与运转作为基础，抑或按照帕里卡的说法，"技术媒介传播和处理着'文化'，并参与到自身'媒介自然'连续体(continuum of medianature)的创造中"。《媒介地质学》提出，"媒介物质具有很强的金属性(metallic)"。他进一步解释道："媒介的历史就是地球的历史，金属和化学物质从地层中'解域'(deterritorialized)而出，又在机器中'再结域化'(reterritorialized)，而这些机器恰恰定义了我们的技术媒介文化。"

第二节　麦克卢汉到基特勒：媒介隐喻到硬件考古

基特勒被视为德国媒介学研究的集大成者，还被普遍认为是当代媒介技术批判的代表。其媒介学主要研究媒介与社会、媒介文化、媒

---

① Jussi Parikka. A Geology of Media. Minneapolis: University of Minnesota Press, 2015.

介经济、媒介法、媒介审美等。基特勒认为媒介研究确实亟须一个研究主体，而且不可能作为一个孤立个体存在，必须有更清晰的方法论加持。德国的媒介研究完全建立在不同的基础之上，并且有完全不同的理论预设。基特勒的研究较以往的文化特性，更偏向物体的物理与化学属性，这也为物质性研究开辟了一个新战场。

20世纪80年代以来，德国媒介理论试图将关注重点由意义如何通过符号来表征，转移至表征形式的物质性条件，从而扭转诠释学、符号学或结构主义等文化理论的文本化偏向，凸显符号以外媒介技术引发的有意识或无意识过程。基特勒所在的柏林洪堡大学的媒介学教育涉及媒介理论和媒介考古学、文字和数字媒介、媒介人类学等诸多方向，而基特勒代表了德国媒介物质性研究的高峰。他的工作主要是将媒介放在整个文明制度的视野中进行检视，提出了一种物质化取向的媒介史观：文化的历史就是媒介的历史，文化或文明的过程可以借由不同历史阶段的技术或技术的使用来一窥究竟。基德勒把媒介理论概括为一种"信息物质主义"（information materialism）的路径，"信息与传播系统融合为信息被转变为物质，物质被转变为信息"[1]。

基特勒显然曾经十分关注麦克卢汉的作品，但他颠覆了麦克卢汉"媒介是人类的延伸"的箴言，提出了"人类是媒介的延伸""媒介决定了我们的处境"的创新观点。麦克卢汉被普遍认为是科技决定论的代表，提出"媒介即讯息"的观点，即任何媒介对个人、社会造成的影响后果，来自人类或科技每次具备延伸发展时，便为人事物导入新的规模层级。"媒介是人类的延伸"，即媒介控制了人类的感官，不同的媒介决定人类不同的感知形式，成为人类感官的延伸、人类经验的替代义肢，扩充了人类身体的能力，进一步影响文化和文明。[2] 但麦克卢汉所谓科技决定论，仍然是人类中心主义的诠释，尽管它引入了人类与其感知作为出发点，对感官的隐喻式表达成为他的特色。

尽管与麦克卢汉关于部落化及电力媒介的论述有一脉相承之处，

---

① 弗里德里希·基特勒：《留声机、电影、打字机》，邢春丽译，复旦大学出版社2017年版，前言第1-4页。

② 马歇尔·麦克卢汉：《理解媒介》，何道宽译，商务印书馆2000年版。

德国媒介技术学派的基特勒指出了一个新的变化，即在数据流的时代，不同媒介的逻辑正在汇集成相似的媒介逻辑。不同的媒介甚至包括留声机和打字机似乎有一种合力，它们共同组成了复杂的数字化媒体技术。信道和信息的数字一体化抹杀了各种媒介的个体差别。一切都变成了数字：只是数量的累加，没有图像、音响或声音。一旦光纤网络将先前各异的数据流转化为标准化的数码序列，各种媒介之间可以相互转换。而智能媒体平台的快速扩张，仍在加剧这一进程。

媒介在人类生活中占据重要地位，它记录、传播、传递着人类各项成就。媒介的变迁时刻在进行，电话、电报、报纸、打字机、手机、网络游戏、抖音、快手这些既包括了我们相互沟通联系的工具，也包括书写记录工具、娱乐工具。《留声机、电影、打字机》一书写作于科幻小说的幻想风行的时代，阿诺德·施瓦辛格的电影《终结者》在那时上映了，施瓦辛格扮演的是一个来自未来的机器人，回来摧毁人类。基特勒的观点并不是说机器会灭绝人类，相反，他是想告诫人类，我们正处于认为自己是技术维度的主人的巨大骗局之中。《留声机、电影、打字机》对此一针见血地指出："传媒决定了我们的状况。"基特勒还写道："人们所能留下的就是传媒所能存储和传播的东西。"①

基特勒将矛头指向加拿大传媒思想家麦克卢汉，因为麦克卢汉将媒介看成人在时间和空间中的延伸，他对此反对说："媒介并非人类延伸的假肢，它的扩张逻辑是这样，这让我们和书写史都远远地落在它的后面。"对于基特勒而言，扩张逻辑可以从军事上的革新来理解。例如，他很关注阿兰·图灵在第二次世界大战在纳粹军队中做的那些实验，而这些实验加速了计算机的发展。基特勒认为技术改变了战争的本质："这变得越来越明显，真正的战争并不是人们为他们的祖国而战，而是不同的媒介、不同的信息技术、不同的数据流之间的战争。"

基特勒的博士论文就是论德国诗人康拉德·费迪南德·梅耶尔，这篇论文也没有越过海德格尔的荫蔽。他从海德格尔那里习得的一

---

① 弗里德里希·基特勒：《留声机、电影、打字机》，邢春丽译，复旦大学出版社 2017 年版，前言第 1 页。

个观念就是,我们处在被技术腐蚀的风险之中。他是第一个对法国后结构主义思想家拉康和福柯表示赞赏的德国知识分子。和福柯一样,基特勒通过所谓的话语分析来对当今进行诊断——挖掘出人类实践的根本结构。在1985年出版的《话语网络1800—1900》一书中,基特勒超越了福柯的话语生产体系,也非传统的话语的接收渠道。

基特勒试图弥补福柯的话语网络这一缺陷。但什么是话语网络?基特勒界定:"技术和制度的网络,这让一个既定的文化进行选择、储存和推进相关数据。"因此,话语网络是一种制度化权力和选择的话语。其德语是Aufschreibesysteme,这与弗洛伊德所分析过的德国的丹尼尔·施雷伯(Daniel Schreber)法官有关,这个法官在1903年患上了精神病,并成为弗洛伊德书中的一个案例,而此后的德勒兹和迦塔利在《反俄狄浦斯》中又把这位法官拉出来大书特书。而《话语网络1800—1900》是在一次大学的讲座中所激发出来的观念,即"疯子(如施雷伯)试图暗示,在安全场所中他所说、所做的一切都会马上被写来或者记录下来,没有人可以避免让其被记录下来,有时是从好的角度,有时是从坏的角度来记录"。基特勒开玩笑说,对于一个德国知识分子来说,通过记录一个疯子的文本来获得职位再正常不过了。

和福柯及其他的一些媒介理论家如鲍德里亚、保罗·维希留不同,基特勒纵横于物理学、工程学、光学、光纤科学、甚至书写计算机编码——这些让他比同时代人对媒介具有更深刻的洞见。如今基特勒已经离世,关于他所遗留的财产还未很好地清理。但西方现在已开始讨论基特勒的遗产和未来媒介研究的发展。透过研究基特勒独特的媒介考古和硬件思想——一种是方法论意义上的,另一种则包含着他所提供给我们的思想遗产——对这两者分别进行双重解读。这就意味着,我们的主要任务不是简单译介基特勒的思想内容,并结合这些论点进行批判性分析,而是通过针对英语世界对基特勒的重要研究的接受和分析,探讨他的分析工具和媒介哲学思想,最后结合中国语境,分析这一理论的学术意义与实践意义。

首先是将基特勒的媒介理论化约为一个线性历史的逻辑思路,梳理其基本观点的形成,搭建一个简易的理论脚手架,阐明其非法兰克福和阐释学的独特自我定位。其次是探讨基特勒的研究方法（侧重于学理层次）；最后是概述基特勒理论的接受情况，并指出当前对基特勒可能存在的种种误读。那些对基特勒来说可能至关重要的理论概念何以被忽略，而这种意义上的媒介考古学是否有可能在中国得以真正发展？

基特勒被认为是哲学家兼历史学家，其工作更被认为是一种媒介考古（media archeology），这是他从福柯的知识考古学中所继承的研究方法，然而他并非简单地复现历史，而是注重档案调查，同时以个人化的笔触描绘出当时的情境，兼具可读性和哲理意味。作为在德国哲学界最了解媒介的哲学家，基特勒发展了媒介哲学，所有的技术媒体若非储存事物、传输事物，便是处理事物，"美学的遗产只有依靠技术变化才具有可变性"。他有许多德文作品并未被翻译为英文，在英语学术圈的影响不及我们经常讨论的这几部著作。他极具洞见，但并不属于法兰克福学派，他直言不讳地批判法兰克福学派对技术环境和人性的敏锐度视而不见。他与阐释学的研究方式也有很大差别。其独特的学科背景发展出全新的技术哲学体系，直面了我们时代的问题。

基特勒批判法兰克福学派，继承福柯与麦克卢汉的某些思想，体现了对尼采的复活。他的《光学媒介》一书体现出对光的迷恋和对物理的充分理解。他区分了光学的媒体和视觉的媒体，光学是物理的亚学科，而视觉被视为哲学、心理学、文化的亚学科。对人类来说，可见光谱是很狭窄的。基特勒清晰地阐明了他的研究对象是光学媒介而并非通常意义上所说的电影和电视历史。基特勒对麦克卢汉的作品非常熟悉，但他抨击麦克卢汉的概念不清晰，根据麦克卢汉的看法，媒介是相交点，或者技术与身体的交互过程。他认为视听条件下我们的眼睛、耳朵、手，都不再属于关联在一起的身体，更不属于在哲学理念上的主体。基特勒嘲讽麦克卢汉作为一个文学批评家，对感觉比对电子更了解，为此，他尝试另一条道路，也就是通过硬件思考技术。他不希望将媒介和任何特定的身体等同，而是声称视觉存储的抽象原则，转化和他们的不同的现实主义的过程。在吕讷堡大学数字文化研究实验室工作的保罗·费格菲尔德（Paul Feigelfeld），研究领域为欧洲和亚洲的知识交流的跨域分析。他 2004 年至 2011 年间在洪堡大学学习文化研究和计算机科学时为基特勒工作，并直接参与了基特勒的编程项目，他的数字研究被编辑收录在基特勒的作品中。保罗了解基特勒的编程实践，并解释这项工作影响了他对理论和文化研究的论述。[①]

基特勒写代码时软件还没有风行，他了解软件的本质，也知道如何编程。基特勒的目的并不是对计算机代码的存在提出异议，而是反对强调代码被赋予的重要性。基特勒想要表明的是硬件如此关键，它决定了电脑软件化的趋向。也就是说，每一个写作行为该由软件执行，硬件决定该操作的外观表现。可以说，尼采的物质性的言论借由基特勒得以复活，尼采那著名的案例便是，使用打字机这一工具影响了他的写作习惯和结果。基特勒同样认同是书写工具塑造了我们的思想，这不仅适用于文化和媒体学者，也适用于探讨硬件和软件之间的关系。

基特勒在《留声机、电影、打字机》中的表述充满了义愤："传媒决定了我们的状况。"不可否认，媒介已成为我们新的"自然"，如同空气与水一般，一方面，技术媒介与人之间变得更为亲密，难以分割；另一方面，它容易让我们在"非物质化"的界面和数据间丧失对世界的真实感知。在每个人都在谈论通信的时代，基特勒的理论立场源自对物理和代码的了解，他强调技术的物质基础。当互联网连接全球时，基特勒开始完善其对硬件的真实观点，他强烈地坚持消除这个深奥和无形的信息概念，并说："人，不要忘记硬件！不要忘了这个骨骼！"基特勒曾写道："我们都是小机械（gadgets）的主体，也是机械数据过程的工具。"他在《留声机、电影、打字机》中，他提出早期机械有能力进行存储，因此，可以分离在信息的技术化中引出的声音、视像和书写。[②]

---

① Feigelfeld, Paul. Kittler Is a Liar! Personal interview 13. 12. 2013. Metaphora. Journal for Literary Theory and Media. EV 1; Was waren Aufschreibesysteme? Arndt Niebisch and Martina Süess (ed.). 2015, http://metaphora. univie. ac. at/volume1-feigelfeld-eng. pdf.

② 弗里德里希·基特勒:《留声机、电影、打字机》,邢春丽译,复旦大学出版社 2017 年版,第 17 页。

基特勒的转换理论和历史光学支持了他的光学媒体研究。所有数学的图形程序只不过是借助视觉理论载入媒体史册。作为一个早期的数字人文主义者，他或幽默或诗意地处理非代码，虽然被迫以用户为导向，但仍试图充分利用逻辑和技术介质限制的功能。今天，可能在文学研究、哲学或历史角度思考媒体也围绕着一种跨学科的技术方法而非解构文化。由于基特勒的影响，新的学科也像数字人文科学或新的学科一样演变形式的媒体研究存在于德国和世界各地。

而晚近的技术，尤其是互联网技术进一步加强了技术的统治趋势。因为其卓越的工作，基特勒被誉为"数字时代的德里达"，他指明了人们害怕被自己的工具所废除的窘境。以下我们尝试用基特勒思想对媒介形态变迁提供一种解释。

第三节　消失的随身听：基特勒的硬件及其技术逻辑

福柯 1985 年与布列兹在一场音乐主题的对谈中论及技术对音乐的影响："音乐吸引我的地方在于它与其他文化要素之间的多样复杂的关系。这一点从不同的角度来看都是很明显的。……音乐对技术的进步非常敏感，它对技术的依赖性比其他艺术门类要大得多（也许电影是个例外）。"[①]彼时他们面对的是尚未拉开数字技术大幕的音乐产业，30 余年后，技术对音乐的影响已然成为现实：数字录制、传播技术使传统音乐制作和盈利格局发生巨大变化，传统唱片业的垄断地位土崩瓦解、个人音乐创作门槛降低、在线音乐播放平台蓬勃发展，媒介

---

① Michel Foucault, Pierre Boulez and John Rahn. Contemporary Music and the Public. Perspectives of New Music, 1985, 24(1): 6.

技术形态和受众行为习惯随之改变。[①] 2017 年 7 月 28 日，苹果公司宣布旗下 Nano 和 Shuffle 两款 iPod 将停产，曾创下全球 4 亿台销售量的 iPod 在其官网已不见踪影，这意味着 1968 年飞利浦公司首推后风靡全球的便携式音乐播放器（以下简称随身听）黯然离场。

排除电子技术产品商业策略的纷扰，透过随身听消失现象回溯其物质技术形态，并将研究置于新旧媒体更替所显现的形态变迁这一主题框架中，成为我们思考的出发点。罗杰·菲德勒（Roger Fidler）1997 年提出媒介变形（media morphosis）概念，他认为"传播媒介的变形，常常是由感知需要，竞争、政治压力、社会与技术革新等因素的复杂的相互作用、相互影响引发的"[②]。这种变化发生于一个复杂的具有适应性的系统中。保罗·莱文森（Paul Levinson）同样关注媒介形态变迁问题，他倾向于视媒介形式变化为演进，新媒介是对旧媒介的补救，以玩具、镜子和艺术三种具体形态描述媒介演进的轨迹，"……一切媒介的进化趋势都是复制真实世界的程度越来越高，其中一些媒介和真实的传播环境达到了某种程度的和谐一致。和环境比较协调的媒介存活下来而没有大的变化，其他媒介包括与之同时代的和后来的媒介，却不得不在进化过程中不断地急遽变化"[③]。此观念符合人们日常经验和达尔文进化论思想，关注重点在新对旧的弥补和改进。我们认为，新旧媒体的讨论总是陷入新媒体中找寻旧媒体踪迹的窠臼。对此细加思索，新媒体设计者们出于人本主义设计需求，在媒介融合技术大背景下，将旧媒介的功能转移至新媒介绝非难事。我们期望在此对媒介形态变化进行探讨，并将研究对象集中于旧媒介，它们虽然不像新媒介那样被技术乐观派或预言者高度关注，但借助其发展历程，

---

① 数字音乐版权困境、网络音乐收益模式的探寻一度成为研究热点。请参阅：隋岩：《出售听众——美国商业音乐电台对流行文化的控制》，《新闻与传播研究》2000 年第 1 期，第 75-96 页。舒曼·高斯曼詹德：《开放式音乐模式》，张鹏飞编译，《音乐传播》2013 年第 1 期，第 113-118 页。露丝·陶斯：《音乐产业经济学》，《艺术百家》2012 年第 2 期，第 47-57 页。Dvaid J. Mose：《版权和音乐的数码发行》，何舒曼译，《星海音乐学院学报》2004 年第 3 期，第 107-112 页。

② 罗杰·菲德勒：《媒介形态变化：认识新媒介》，明安香译，华夏出版社 2000 年版，第 19 页。

③ 保罗·莱文森：《莱文森精粹》，何道宽译，中国人民大学出版社 2007 年版，第 34 页。

人们可以理解技术发展与媒介更替间的深层逻辑。此外，我们还期望通过研究随身听，探讨其发展所呈现的媒介逻辑。① 对媒介逻辑目前有两种理解：一种是从媒介经营管理方面出发，认为它是与组织结构和运行方式密切关联的概念，关注媒介组织和策略，可能具备一整套模式和演绎方式，是一整套内生规制系统。② 另一种是从媒介技术史角度思考媒介如何受到技术、社会、受众等多方面影响，研究不仅注重改变文化与社会的媒介作用，更关注互动关系，倾向于探讨媒介自主性逻辑。本书将以后者为立足点，借助德国技术学派基特勒的技术研究成果，探析作为硬件的随身听软件化过程。

一、背景：硬件软件化趋势

随身听（walkman）的前身是非便携式的音乐播放器（non-portable music player），它一度作为家庭的娱乐休闲工具而存在。在基特勒的《留声机、电影、打字机》中选择了很少被人关注的早期留声机作为研究对象，成为德国媒介技术学派对音乐播放载体最有影响的研究成果。③ 由希·帕里卡（Jussi Parikka）在 *What Is Media Archaeology*？一书中特别提及索尼生产的、销售时间在 1978—2010

---

① 媒介逻辑由 Andrea Schrott 和 Stig Hjarvard 所论述，并被视为近年对媒介化的思考的关键。基特勒的三部重要著作《对话网络 1800/1900》《光学媒介》《电影、留声机、打字机》都涉及了对媒介发展中逻辑性变化的思考，文章来自其中的主要思想。

② Kunt Lundby. Media Logic：Looking for Social Interaction. In：Lundby（Eds.）. Mediatization：Concept，Changes，Consequences. New York：Peter Lang Publishing，2009：101-119.

③ 以留声机（phonograph）为代表的机械播放器，可以视为随身听的前身。托马斯·爱迪生发明了最早使用蜡筒（wax cylinder）作为储存介质的机器，之后发展出的机械式的、使用虫胶（shellac）唱片的机器被称作 gramophon，这种留声机成为基特勒的声音研究的主要对象。留声机则靠钢针在介质的纹路上摩擦带动云母、金属等膜片震动发声，是一种纯机械声音播放装置，可以播放唱片的留声机以播放音乐为主要任务，在欧美家庭扮演了休闲娱乐的角色。其本质与随后兴起的收音机这类大众媒介的信息终端不同，随身听的本质是一种移动的音乐播放器。

年的随身听,并视其为音乐技术的新旧交替代表物。[①] 事实上,人们提及随身听时指的不仅是索尼的产品,20 世纪八九十年代各电子厂商都生产过自有品牌的随身听,并开发了播放歌曲外的附属功能。所以此处讨论的随身听不局限于特定品牌,而是以基特勒提出的记录(储存)、传输、处理(播放)作为随身听的媒介特质,并以此为标准,梳理随身听的发展历史。随身听的发展大致可以自留声机之后的录音机开始,归纳为三个技术革新阶段。

(一)以录音机(magnetophone)为代表的物理磁带阶段

磁带式录音机起初以播放为主,后期发展了声音制作的录入和存储功能。早期音乐播放器的存储与播放功能分离,也不方便随身携带。磁性录制技术令随身听成为有一定存储量的载体。人们记忆中真正意义上的随身听由索尼公司在 20 世纪 80 年代推出,这种小型播放器使用磁带物理装置便携性好,在随后的发展中存贮介质由磁带逐步替代为 CD,其存储容量和播放音质有所提升。

(二)以 MP3 为代表的数字化存储阶段

数字化对音乐技术的影响在此阶段开始显现,随身听的存储和传输脱离了单纯的物理介质,转换为数字文件形式。MP3 采用压缩和解压缩的形式处理声音信息,实现了声音文件存储的完全数字化,用户可以将下载的歌曲存入随身听,满足个人音乐偏好,兼容的文件格式后期发展较为丰富,其存储容量也比 CD 播放内容增加许多,但歌曲数字文件的清晰度和播放音质不够理想,这一阶段 MP3 替代磁带和 CD,第一次实现了不同数字文件式输入,成为数字化过程的一个关键节点。

203

---

① Jussi Parikka. What Is Media Archaeology? Cambridge:Polity Press,2012:3. 严格意义上说,随身听并未彻底退出市场,索尼公司在售的有定位高端市场的 Walkman(NW-WM1Z)系列产品,其外形保持原有的随身听的大小,可以收录高质量歌曲,音质极佳,主体的播放器和扬声器两部可以组合或单独使用,消费者多为 Hifi 发烧友。这里的讨论限于风行一时的便携式音乐播放器随身听的消逝,高端音响产品虽有便携性但不再是受众广泛的技术媒介。

（三）以 **iPod** 为代表的存储库连接阶段

苹果公司的 iPod 在外观设计和运营理念上，较以往的随身听有了巨大突破，成为个性化十足、深受欢迎的产品。它不仅在音质和降噪技术上表现稳定，更是第一次实现了随身播放器与曲库 iTunes 相连接，用户通过它输入曲目，既可通过 iTunes 的在线商店购买歌曲，也可以将喜欢的 CD 通过 iTunes 导入 iPod。第一代 iPod 借助 iTunes 实现了将 1000 首音乐放进用户口袋的梦想，且音质清晰稳定，因此击败了众多随身听产品，培养了大批忠实用户，保持了较长期的竞争优势。iPod 设置的曲库出现在互联网技术成熟但云存贮时代尚未到来的过渡期，iTunes 的曲库增加了传输中介的操作。一旦手机实现在线播放并得到云端曲库支持，必然给硬件播放器带来巨大威胁。

基特勒将信息时代的技术媒介与传统媒介分离，这一关键区分发展出技术媒介的核心本质，即作为现代媒介的功能特征在于储存（storage）、传输（transmit）、处理（process）的结合。[①] 以上三阶段的随身听都具备了基特勒的存贮和播放功能，每一代新产品取胜的关键都在于存贮的曲目量大、可兼容性和易获取性。基特勒曾以媒介考古的工作方式对打字机和图灵机进行研究，他反观现代计算机的硬件特质是建立在硅材料基础上，是一种存贮和提供使用物质，当下与处理是技术媒介的存有状态。作为硬件的随身听很快暴露出曲目存贮和便携性的矛盾（这在音乐数字化浪潮后得到了彻底解决），对更小体积的追求即满足受众便捷性和多文件识别的兼容性成为彼时随身听厂商的主攻方向。基特勒认定，"技术媒介与文字不同，它并不依赖对日常语言的编码。它利用的是比人类感知更为迅速的物理程序、完全按照现代数学编码公式而运作"[②]，随身听作为物理硬件与基特勒的技术媒介有诸多相通处：随身听可以进行音乐文件识别、存贮与播放处理，但它与早期计算机一样，未具备数字时代计算机的总线系统，也不具备

[①] 弗里德里希·A.基特勒：《城市，一种媒介》，引自周宪、陶东风主编：《文化研究》第13辑，社会科学文献出版社 2013 年版，第 261 页。

[②] 弗里德里希·A.基特勒：《传播媒介史绪论》，引自周宪、陶东风主编：《文化研究》第13辑，社会科学文献出版社 2013 年版，第 243 页。

地址，因此难以完成复杂的信息传输。这一随身听始终未能解决的问题，借助数字化和云存储技术，以音乐 App 软件形式附着于智能手机的方式得以彻底解决。保罗·莱文森关于媒介形态的演进理论并不适合阐释随身听，以 iPod 为代表的随身听最终汇入 iPhone 等智能手机，随身听迎来数字时代，却也迎来外在实体形态的消亡，化为智能手机媒体中的各种音乐应用程序。智能手机结合了电话与个人电脑的功能，凭借手机获得的随时可接入互联网的"地址"（身份），受众得以与陌生的他者自由交流，音乐社会再造了一种以音乐播放和社交产生的网络结构，随身听自身的技术逻辑卷入了互联网广泛而深刻的逻辑。

　　基特勒的物理学科背景和对研究对象的选择显现出他个人对硬件的偏好。他批判媒介环境的软件化，认为自 20 世纪 70 年代以来，计算机工程的封闭和捆绑世界的软件生产的解放，加深了人们对软件的依赖。[①] 因通晓哲学、美学与历史学，基特勒得以站在多学科领域交界处洞察世界，他指出数字化背景是构成这场媒介变迁的动荡因素："一旦前期的不同数据流变成了标准的数字化序列，任何媒介便可以被转译成另一种。数字使所有一切事物逝去。调制、转换、同步；延迟、存储、运输；转移、扫描、绘图——媒介与数字的联姻将消除'媒介'这一概念。纯粹的知识将进入无限的循环中，而非将人们与技术有机联系起来。"[②] 这被研究者们归纳为"数字降级"（digital degradation），这个术语的重点不在于数字化的融合功能，而是数字化对一切的吸附和转化功能，它代表了基特勒所称的与传统媒介不同的，信息时代技术媒介（technical media）的最终走向，即一切以数字化方式存贮、修改和传播的不可逆转。数字降级趋势并非仅体现于随身听的被迫数字化过程中，广播、电视、邮箱、日程表、手表、钱包几乎日常生活的所有功能人们都可以在智能手机中找到对应的功能，媒介形态变革已悄然

---

　　① Friedrich Kittler. There Is No Software. C-Theory：Theory，Technology，Culture，1995(32).

　　② Friedrich Kittler. Gramophone，Film，Typewriter，translated by Geoffrey Winthrop-Yong & Michael Wutz. Stanford：Stanford University Press，1999：1-2.

发生。"媒介已经游移到了巨大的电子装置的边界之上，扮演着电脑与我们间界面的次要角色。"[①]与随身听的逐步消亡同时，国外的Spotify和国内的网易云、QQ音乐、虾米音乐等用户黏度高的云曲库App出现并成为数字降级后音乐软件的赢家。足够满足需求的便携式收听设备被互联网逻辑所裹挟。新技术的到达意味着音乐作品通过数据传输，社会化网络建立，音乐文化、生产和传播结构被彻底颠覆，网络协议和音乐软件连接起每一个互联网的手机终端。随身听在被互联网和软件取代之前，其作为技术媒介的发展逻辑为何？其媒介逻辑的最终断裂究竟是内部发展还是外部力量使然？本节需要对其发生逻辑进行梳理，并予以阐释。

二、个人空间：发展的初始逻辑

基特勒曾借助档案材料说明冯·诺依曼计算机的发展与第二次世界大战中的情报工作密切关联。在对比图灵机器和冯·诺依曼的计算机后他指出，图灵机采用的是造纸机的概念：它的操作只包括写作和阅读、进入和退出，不具有任何可计算的数学同等功能。当前计算机的发展以诺依曼的计算机为雏形，完全不同于图灵机的构想，呈现出数字化的原则。[②] 人类信息战争的结果意外决定了计算机后期发展的趋向。基特勒用此提醒人们关注媒介初始发生逻辑与其未来发展走向的关联，在他看来，媒介发展的未来在初始阶段就很大程度被决定了。他指出当前硬件的软件化环境导致人们需要不断地升级软件，这种发展逻辑完全背离了计算机发展的原本逻辑，造成了一系列的困境。[③] 数字处理方式的计算机则以模拟和数字方式实现数据的传输，组成的小型计算机网络成为当代互联网的前身。数字经济背景构成了随身听消失的外部技术环境。

---

① Friedrich Kittler. Gramophone, Film, Typewriter, translated by Geoffrey Winthrop-Yong & Michael Wutz. Stanford：Stanford University Press，1999：8.

② Friedrich Kittler. Optical Media, translated by Anthony Enns. Malden：Polity Press，2010：225-230.

③ Friedrich Kittler. There Is No Software. C-Theory：Theory, Technology, Culture，1995(32).

随身听与其他早期电子媒体类似，物理硬件缺乏网络关联的可能，其发展逻辑与空间分离的尝试密切相关。音乐播放工具的多次变化演进都是传播在空间范畴中的突破，剥离原有的音乐播放空间成为随身听发展的初始逻辑。这并非媒介的首次尝试，在此之前，传统社会的听众想要欣赏音乐，必须抵达音乐会演奏现场，留声机的发明第一次成功地将录制空间与播放空间分离，将现场演奏转化为可供听众反复播放的录音，人们无须在现场便可享受音乐。20世纪八九十年代，随身听迅速流行与都市移动社会的发展密切相关，人类传统社会面貌和生活方式被"流动的现代性"摧毁，城市化推进带动卫星城兴起，迫使城际交通工具快速发展，人们花费大量时间通勤，坐地铁戴耳机、用随身听听音乐成为日常生活场景；此外，闲暇时间的增加和都市单身人士的增多，带动运动塑身或休闲独处的生活方式的兴起，也推动了随身听的流行。随身听实现了人的移动与音乐随时随地播放的结合，音乐与移动空间结合在一起，成为个人娱乐和技术应用适应城市移动变化的结果。

随身听初始逻辑的发展很快显现出两种主要的媒介社会功能：其一是与他者的空间划分。英国萨塞克斯大学的迈克尔·布尔（Michael Bull）对iPod进行了深入研究，他发现使用iPod代表个人音乐喜好偏向与特定公共场合使用禁忌间的张力，也就是说，任何地点都可能潜在地转化为私人的视听场合。iPod使用者显示出对待公众态度及自身认知管理的过程。[①] 换而言之，iPod创造出了一种新的私人空间，这一空间是从公共空间中划分出来的，并且很大程度上受到使用者的掌控。布尔在另一篇文章中继续对随身听使用者进行研究，通过记录音乐使用情况及与使用者交流，他指出新技术给予使用者以往从未有过的空间控制权，可以调控心情，管理个人音乐及调适私人空间。他通过实证分析讨论了iPod用户对日常城市体验的自我感受，使用产生了可控制的内部和应急外部的分离，由音乐作为中介的

---

① Michael Bull. IPod-culture：The Toxic Pleasure of Audiotopia. In：Trevor P. & Karin B(Eds.). The Oxford Handbook of Sound Studies. Oxford：Oxford University Press，2011：526-543.

旅程因 iPod 的使用将这种矛盾悬置，可以说，通过创造和管理自己的听觉世界，iPod 创造出了一种新意义上的移动居所（the spaces of mobile habitation）。①

在这种空间的划分中，使用者显现出控制的能力，技术媒介也因频繁的操控凸显了其存在性。美国学者 B. T. 罗宾森（B. T. Robinson）对苹果技术与宣传中隐含的宗教意味进行了探讨，她的研究内容包括苹果广告的文本暗喻分析、苹果粉丝们的使用感受和苹果的新闻报道及事件的全面分析，观察苹果的设计理念和"果粉"日常使用的表现成为她的研究重点。罗宾森发现，iPod 的广告中一旦音乐停下，人们就停止舞蹈；当音乐继续，舞蹈也继续，她认为使用者的这种反应是一种"移动私有化"（mobile privatization）的隐喻，他们的环境被高度中介化了，因而完全可以被设计。② 支配、设计和控制 iPod 播放成为一种个人权力，而移动的快感给了年轻人更多音乐的激情体验，尤其是在广告所显示的青年亚文化群体中。她的研究支持麦克尔·布尔随身听与个人空间权力关系的思考。正如基特勒技术研究的核心思想所表述的：媒介在传播它自己，操作过程本身就是信息，受众的媒介操控方式代表受众的权力，同时也无时无刻不被媒介所牵制，人类臣服于自我创造的技术产物。

随身听保证了音乐在移动环境中不受影响地播放，另一种媒介功能开始显现：移动中结合日常生活景象会不断产生新鲜的、连续性的声画对位，流动的物质性呈现出空间的转变（altered states）所带来的新奇美妙的体验。乔布斯曾这样描述使用 iPod 的体验："在经过一片田野时突然听到了巴赫的音乐，这真是我这一辈子最美妙的经历，我感觉像是穿越稻田的巴赫交响乐的指挥者。"③在宜人的视觉场景中，听觉系统突然传来贴合眼前景色的歌曲，给人内心的震撼难以忘怀，

---

①　Michael Bull. No Dead Air! The iPod and the Culture of Mobile Listening. Leisure Studies，2005，24(4)：343-355.

②　Brett T. Robinson. Appletopia：Media Technology and the Religious Imagination of Steve Jobs. Wacon：Baylor University Press，2013：41-57.

③　Brett T. Robinson. Appletopia：Media Technology and the Religious Imagination of Steve Jobs. Wacon：Baylor University Press，2013：54.

音乐在不经意间重新与日常图景结合所带来的视听新感受,构成了随身听的重要魅力,成为个体受众欣赏音乐时独有的日常体验。

戴维·莫利(David Morley)在《传播与流动:移民、手机和集装箱》中写道:"我的雄心就是重新定义媒介和传播研究的相关议程,特别是对传播定义的(再)扩展,以便能把(正如历史上曾经包括的一样)物的流动、交通运输以及地理等内容涵盖进来。"①显然,莫利试图对传播定义和研究议程进行扩展。莫利在"扩展"前面加了一个"再",这一值得注意的细节隐含了他对该问题的基本判断:物的流动、交通运输及地理(空间)等内容原本就是传播概念的意涵之一,考察传播物质维度和流动性问题,并不是新发现,而是将被遮蔽的传播的另外之意显现出来。重新定义传播成为与"物质性"意涵紧密相关的问题,对此进行历史和逻辑的考察,可以厘清莫利"重新定义传播"的意图和意义。

随身听与原有收听空间划分了界限,为用户获得了一种与音乐同在的空间自由:人们可以在跑步、走路、旅行的时候听歌,也可以戴着耳机跳街舞,释放青春个性,求得文化认同。既然受众需要娱乐和放松,音乐就扮演着人们生活中必不可少的调剂品。为了满足受众需求,保持媒介特性与空间的关联,在播放器的空间分离和画面组合被刻意强调,广告则以乘坐交通工具的男女主角使用随身听的镜头与个人主观视角相互切换,配合精心制作的音乐,凸显潮流感。随身听的这一功能被当前的音乐 App 极大地拓展,不仅保留了随身听的原有功能,还根据播放内容与空间差异发展出多样化的背景音乐类型,使用者可以根据自身状态决定音乐:学习、咖啡、泡澡、下午茶音乐等;运动时,音乐还可以细分为有氧运动和无氧运动,如走路、瑜伽和慢跑音乐等;App 甚至可以根据手机所记录下的个人步伐频率来自由选择音乐,新媒介赋予了受众更多样化的使用权力。

随身听失去外在物质硬件走向消亡,其发展之初的逻辑是建立在剥离和分化基础之上的。让音乐与原本空间分离的初衷为随身听以

① David Morley. Communications and Mobility: The Migrant, the Mobile Phone, and the Container Box. New York: John Wiley and Sons Ltd., 2017:1.

209

后陷入的困境埋下了伏笔。电影是反其道而行之的例子，它与空间的紧密交织不同于随身听与空间的剥离和随机重组。电影为何历经百年时间依然生机勃勃，而一度兴起的电视、家庭影院始终无法真正取而代之，其中空间与媒介的关联值得思考。电影以一种不被真正分解、始终保持自我特性的方式发展，它紧密连接了原本的媒体特性与特定的影院时空，孕育出全新的时空观和观影习惯。与之相反，随身听以一种与空间剥离的方式存在，音乐成为一种背景渲染，伴随人们的移动，用以配合人们的心情变化。此外，电影发展至今仍结合着院线制度、电影文化，甚至产生了爆米花、首映礼、明星等文化符号，同时整合了娱乐渗透人们的日常生活，成为一种必不可少的都市休闲方式。电影的商业化整合链条在数字时代和技术冲击下没有解散，尽管遭受了本体论的质疑，数字电影利用数字特技发展出各种影像可能，将自身立于不败之地。作为硬件的随身听同样是一种时尚休闲态度的表征，却不可能发展出整套建立于空间基础上的受众日常行为习惯，由移动产生的音乐与空间的随机组合完全不需要固定的播放场地和仪式。媒介演化中的胜利者往往与某种空间紧密关联，书籍与图书馆、电影与电影院、电视与家庭的客厅，都属于特定空间中的媒介活动，即使存储和播放方式被数字化，附着于社会空间和人类行为之上的媒体也很难轻易地被取代。

三、个体感官：技术媒介的作用方式

随身听作为一种外接播放设备与我们的身体紧密关联，是生理构造之外的纯粹物理播放设备。依照麦克卢汉在《理解媒介》中副标题为"论人的延伸"所暗示的，随身听作为外置硬件，可以被视为人类耳朵的延伸。一切传播媒介都是人类感官的延伸，印刷品是眼睛的延伸，收音机是耳朵的延伸，起重机和车轮是手臂和腿的延伸，而电子媒介则是中枢神经系统的延伸。在此基础上麦克卢汉还分析了三种延伸：身体器官的延伸、感官的延伸和中枢神经系统的延伸。通过将身体放入延伸的神经系统内，通过电子媒体，人们建立了一个驱动，以前的技术只是人类手脚的延伸；而现在，我们身体的所有的延伸，包括城

市都将转换为信息系统。① 随身听作为一种电子产品，需要借助工具与受众感官连接，才能实现信号输入，为此听众的耳朵需要佩戴播放器这类外在装置。耳朵对周围的听力功能被占据了，音乐停止后拿掉耳机才能接收外界信息，恢复人际交流。随身听这一技术媒介实现了人类身体与感知的复杂系统的紧密连接。

作为传播接收者的身体和作为中介的随身听代表人与技术的天平两端，偏向人本主义还是物质中心论成为麦克卢汉与基特勒观点的分水岭。他们有诸多相同点：都关注媒介与身体关系，都熟稔文艺学理论，均在学术中后期对媒介发生兴趣。但基特勒绝非麦克卢汉的推崇者或继承者，在《光学媒介》中基特勒探讨了技术媒介的历史时刻与其发展特质的关联，阐述理论预设时他将麦克卢汉放置在卡普和弗洛伊德的理论路径中去理解，因为两者都构想了一种身体器官的假体工具。基特勒指出，在研究技术媒介问题时，作为文学批判者的麦克卢汉天然地缺少研究工具，缺乏对技术的足够了解，更多依赖个人感悟。② 而基特勒的《留声机、电影、打字机》则实现了对技术的媒介考古，他采用历史研究方法，分析爱迪生的留声机发明、战争中的计算机、电影的技术发展等系列问题，将电影、留声机、打字机三种代表媒介特性进行梳理后，基特勒认为："一旦光学、声学和写作的技术差异在 1880 年击破谷登堡书写统治，所谓人的制造变得可行。人类的本质注入工具，通过机器操控占据神经中枢的系统功能，不再像过去那样仅仅作为肌肉存在。而这种差异化，不同于蒸汽机车和铁路，在事实和信息、真实和象征之间真切地存在了一条清晰的分野。"③ 他承认光学媒介时代来临改变了人与媒介的关系，但不同意麦克卢汉的人本主义基点，转而站在了媒介中心主义立场。在他看来，技术媒介的物质可沟通性(materiality of communication)是值得关注的议题。随身

211

---

① Marshall McLuhan. Understanding Media：The Extensions of Man(2nd Edition). London：Routledge，2005.

② Friedrich Kittler. Gramophone, Film, Typewriter. translated by Geoffrey Winthrop-Yong & Michael Wutz. Stanford：Stanford University Press，1999：29-34.

③ Friedrich Kittler. Gramophone, Film, Typewriter. translated by Geoffrey Winthrop-Yong & Michael Wutz. Stanford：Stanford University Press，1999：16.

听究竟是传播中介还是人体的延伸，还应将作为延伸行为的主体和人类感官纳入思考范围。

从这一立场出发，基特勒高度关注媒介信号输入过程，比如当传播内容为音乐时，人类的技术媒体如何作用于大脑感知？由于本身有较高的音乐修养，基特勒的研究提供了音乐与大脑感知的关联的思考，人们也不难发现声音和音乐在其走马灯般变幻的研究对象中始终占据重要地位。他在《双耳之神》一书中对 Pink Floyd 乐队的现场表演风格、不同音乐版本的迷幻摇滚名曲《脑损伤》（*Brain Damage*）的差异娓娓而谈，讨论了音乐、机器和大脑三者的影响关系，并尝试用弗洛伊德的心理学解析其音乐文本。[①] 随身听等播放器接入音乐过程与传统留声机的终端都是与人类听觉神经相接，完成音乐信号的传递。音乐作为一种物理现象，物理学的音量、音高、音色都可以描述声音特质，而一旦组合为不同形态的音乐，它就与人类情感产生关联，甚至可以修复、促进大脑功能，令人感受到轻松、愉悦、激动、狂野等不同心境。随身听因耳机造成的与外部接交流的阻断，通过双耳环绕立体声道的共鸣，形成了一种仿真的声音环境，通过受众耳朵与头脑的情感共鸣达到与音乐交流的美感，其隔离特质将自省与个人与自我连接，形成的独立的个人化音乐空间在数字化音乐网络中被动摇了。[②]

尽管精通物理和技术，基特勒却从未简单否定感官功能的经验意义，其著名表述为："我们对自我感官一无所知，直到媒介提供了模式和隐喻。"[③]在认知科学与计算机、哲学相互交融领域耕耘的法国哲学家米歇尔·塞尔（Michel Serres）的观点为基特勒提供了支持，他通过追溯人类的认知结构，探索西方哲学降级感官系统的有害影响，强调

---

① Friedrich Kittler. The God of ears, translated by Paul Feigelfeld & Anthony Moore, In: Kittler Now, edited by Stephen Sale, Laura Salisbury. London: Polity Press, 2015.

② 随身听的软件化并不意味着这一系统非硬件化趋势的停止，在接入外耳装置方面的技术仍然会朝着轻便、虚拟和便于操控的方向发展。苹果的无线耳机已经取消了恼人的耳机线，采用蓝牙式外置耳机，而内置耳机更为轻巧，以后完全有可能成为现实。

③ Friedrich Kittler. Optical Media, translated by Anthony Enns. Malden: Polity Press,2010: 34.

人类感官的重要性。他批判当前社会数据已经取代了感官的乐趣，令我们忘记感官能够比语言更准确地描述世界。[①] 随身听通过音乐影响作用于受众感官和情绪，扮演心灵抚慰者的角色。曾经有"果粉"将iPod的体验描述为一种肉体的在场和精神的无处不在，是心情的调节器，是一种冥想用具，iPod 甚至一度扮演了社会心理的重要安慰剂，在"9·11"事件后通过音乐播放驱除社会心理恐惧，抚慰了人们的心灵创伤。"都市社会人与人之间的疏远在仿佛天启般毁灭的巨响中被摧毁，城市中人们由单个分子变成了结社，通过使用 iPod；纽约城市居民通过音乐疗伤，抚平伤痛，找寻通过被斩首城市的骚动不安的路径。"[②] 2001 年"9·11"事件发生时，正是传统电视媒体的最后荣光和网络社会崛起的前夜，在突发事件后，iPod 提供了疗伤的音乐，却无法提供更多的资讯和交流，如果换作今时今日，媒介情境将完全不同，我们会看到网络媒体的视频图片、经历亲诉和数不尽的交流与争论。

四、音乐社交：个体重返社会空间

对互联网和数字技术对音乐产业的影响的讨论一度集中于音乐产业与版权、音乐发行环节的变化、网络盈利方式等方面，国内对技术变化从媒体形态和媒介逻辑的路径研究仍在探索。每个时代都拥有独特的音乐形式和文化空间，作为社区活动与仪式中心的中世纪音乐教堂，多声部的童声合唱表演成为民众的日常仪式和音乐启蒙；上流社会沙龙客厅里宫廷乐师演奏的羽管键琴、钢琴等室内乐器成为国王贵族们宴饮游玩的必备工具；工业时代来临后，公共领域的咖啡馆的投币式机械点唱机、中产阶级家庭的黑胶唱片开始流行，机械方式带动已设置的音乐顺序播放，音乐技术形式与社会空间总是相得益彰，我们可以将漫长的发展历史归纳为四个趋势：人工走向机械，复杂走

213

---

① Michel Serres. The Five Senses：A Philosophy of Mingled Bodies，translated by Margaret Sankey & Peter Cowley. London：Continuum International Publishing Group，2008.

② Brett T. Robinson. Appletopia：Media Technology and the Religious Imagination of Steve Jobs. Wacon：Baylor University Press，2013：52.

向简单，神圣走向人性，仪式走向娱乐。

审视音乐研究的相关成果，我们发现在音乐与社会研究中，技术因素虽然不占据主导地位，但仍然在学者的视线和思考范畴内。德国思想家韦伯 1921 年在《音乐的理性基础与社会学基础》中，第一次将社会学的重要概念引入音乐研究，他集中讨论了近代音乐与乐器之间的技术、经济与社会关系，各类乐器的起源、功能和改革，并以其对社会结构的敏感指出，钢琴是中产阶级乐器兴起的重要标志，这成为音乐社会学早期最重要的文献。① 进入数字音乐时代后，20 世纪为美国中产家庭提供娱乐的钢琴的地位正快速滑落，乐谱已经不是音乐产业的重要收入来源，此细节证实了音乐演奏的人数不断减少。作曲家的乐谱是钢琴和乐器演奏所需要的，录音技术的出现削减了过去音乐制品中活页乐谱的销量，录音产品销售迅速成为音乐产品的主要表现形式。②

普通受众对音乐唱片业的兴起和新音乐文化的形成并不会感到陌生，歌舞片《雨中曲》、电影《海上钢琴师》均以录音技术引发媒介变革为背景。20 世纪之交，新的产品、技术和商业策略将音乐融入现代生活的日常节奏中。音乐播放器一开始就决定了它与音乐文本、作为创作者和提供者的音乐供应商间的复杂连接。磁带和 CD 作为音乐载体，为随身听的真正繁荣提供了技术准备。阿多诺将生产模式与流行音乐联系，并提醒人们关注音乐产业的刻板化、类同化倾向，尽管有人批判他忽视了工业生产和文本生产的差异性，他对音乐作品微妙的互文性解读仍然给予后续音乐研究持续力量。③ 进入数字音乐时代后，数字化拼贴、复制、修改成为生产模式，音乐成为生活中的快速消费品，随身听作为重要的音乐播放工具，实现了从模拟信号向数字信号的转换。

---

① 马克思·韦伯：《音乐社会学：音乐的理性基础与社会学基础》，李彦频译，西南师范大学出版社 2014 年版。

② 刘小山：《试论录音技术对西方流行音乐生产、传播和接受的影响》，《星海音乐学院学报》2011 年第 3 期，第 111 页。

③ Theodor W. Adorno. Current of Music：Elements of a Radio Theory. London：Polity Press，2009.

始终关注硬件的基特勒对软件化并不乐见其成，他直指这是对媒介差异的抹杀："信道和信息数字化抹杀了媒介的个体差别。音响和图像、声音和文本都被简化为表面效果，也就是用户所熟悉的界面。感觉和各种官能都变为视觉盛宴。"[1]当前所流行的音乐 App 功能全面超越以往的随身听，同时外在设计又具有一种怀旧感，打开程序即可见过去音乐播放媒介的设计界面，无论是虾米音乐播放时的磁带转动，或是网易云音乐的黑胶转盘，都试图传达一种音乐媒介传承的表象。他指出新媒介替代过程中存在的一种伪造现象，因为对普通用户来说，媒介逻辑的断裂并不那么容易觉察，普通人关心的是使用的便捷，而不会思索技术发展历史中的偏向和根源。媒介技术学派认为旧媒介并不会代替新媒介，只是给旧媒介一个新的位置。真正的困难在于如何分辨它，也许旧媒介和新媒介在功能上相似，但由于媒介特质和发展逻辑上完全不同，而可能导致技术媒介转向另一个方向。

音乐类 App 取代了随身听，但两者并非同一媒介，随身听的发展逻辑已彻底中断，被互联网的发展逻辑合并。用户可以通过智能手机便捷地获得音乐内容产品，不同于作为私人设备的随身听，音乐 App 接入了巨大的网络社会，形成了一种互动的虚拟空间。音乐平台作为帮助人们接近音乐的技术工具，反过来在一定程度上削弱了人们与音乐的关系。从目前来看，App 为代表的数字随身听虽然不至于像游戏和社交网络那样导致用户的重度沉迷，但用户对音乐平台使用习惯产生路径依赖非常多见。同时，平台打破了原有随身听与音乐的纯粹交流，塑造了一个听歌、选歌、评论的虚拟空间，不可避免地发展出社交属性，聚集为因同一首歌引为"知音"和"同好"的青少年亚文化群体，都市社会的青年倾听着属于自己的音乐，青春期荷尔蒙夹杂着城市孤独，通过音乐交流既保持安全距离，又可获得他人回应，受众在虚拟空间保持个体与互动的平衡。

音乐评论营造了一种亚文化的交流区，受众在此寻找选择和品位

---

① Friedrich Kittler. Gramophone, Film, Typewriter. translated by Geoffrey Winthrop-Yong & Michael Wutz. Stanford: Stanford University Press, 1999: 1.

的认同。以国内最受欢迎的网易云音乐 App 为例，它曾经与农夫山泉合作，将评论音乐的精彩留言印在每瓶纯净水的标牌一旁，受到年轻人关注。仔细观察网易云 App 评论区这一嘈杂喧嚣的城市广场，找寻真爱的、求祝福的、单纯求赞的随处可见，段子手风格最受欢迎。所设置的评论功能可以回复，可以互相评论，也可以为精彩评论点赞。同时，音乐 App 发展出的受众音乐品位的算法，实现了个人化定制和推送，甚至帮助用户创造内容产品。平台可以重新安排喜欢的曲目，形成个人喜欢的专辑，制成个人喜好的歌曲单。算法推荐妨碍了用户的音乐多样化，新推荐的歌由以前用户曾下载或收藏的歌曲决定，平台会根据搜索和播放记录安排类似歌曲，于是用户不断接到原有喜好的推送。

　　法国社会学家布尔迪厄认为，音乐涉及社会阶层感、审美、品位，音乐喜好由教育水平、欣赏能力、表演技能等文化资本决定，他通过对法国社会大规模的调查，描绘了法国社会品位偏好、社会阶层、个人职业和教育程度的复杂关联图景。[①] 他对法国社会各阶层品位的出色调查在品位驳杂、商业影响显著的互联网世界或许将遭遇失败。原因之一就是在数字时代，音乐品位不仅仅由社会资本、文化资本等因素决定，更为算法所粗暴干涉，用户搜索内容、歌曲收藏构成影响因子，受音乐商业化力量所裹挟。受众的行为和喜好受到了媒介平台的影响和控制，他们深陷其中且无法摆脱。这与随身听所强调的音乐个人品位和私密分享，以及不具备的社交和商业属性背道而驰，音乐欣赏已经发展为半公开的场域，而非过去纯粹的私人空间。很少有评论者能就歌曲本身提出专业性的点评，听音乐主要表现为社交行为，这最终导致人们使用 App 与其他社交网络行为雷同，在歌曲评论区乐此不疲地评论、回复、点赞、开"撕"，使用音乐媒体时却离音乐本身更加遥远。

---

① 皮埃尔·布尔迪厄：《区分：判断力的社会批判》，刘晖译，商务印书馆 2015 年版。

第四节　电影《头号玩家》中的游戏：
一种媒介考古的视角①

一、何谓媒介考古？

尤西·帕里卡将媒介考古形容为一种"新与旧的制图术"，他建议相关研究者都应该从过去与现在的纠缠之处入手，因为媒介考古关乎过去与未来，既是过去的未来，亦是未来的过去。② 我们站在媒介变迁的基点，望向未来，新媒体在媒介发展日新月异的时代格外引人注目，且充满了技术想象空间。然而在新物质、新技术不断迸生之际，我们需要回头思考和追问旧物质、旧媒介该何去何从。媒介考古并不是对以往媒介的简单翻找，而是在媒介废弃物中搜罗宝贝，尽可能多地收集遗文遗物，发掘那些蠢蠢欲动的媒介变体，并重新熔铸以激活当下媒介。

齐林斯基注重收集异质性媒介，这既包括那些湮没无闻的媒介物，也包括富有想象力的媒介设想。他号召研究者开展所谓的"变体学"研究，即探究新旧媒介的纠葛，尤其是那些新与旧交错、纠缠、呼应的地方。对齐林斯基而言，深层时间观照下的无始无终、动态循环的地质现象恰恰是形容媒介变迁之交错情状的绝好比喻。媒介史犹如地质运动所造成的岩层，周而复始地侵蚀、淤积、固结、隆起和再侵蚀。他坚称："媒介不断进步"是一种幻觉，趋势是不可预知的，我们有必要抛弃那种循序渐进、由初阶到高阶、从简单到复杂的媒介史观念；我们也不必寻找某种统一趋势、主导媒介或是终极指向，因为媒介演变未必会持续不断地增加复杂性，现有技术水平也不一定就是最佳状态。因此，媒介考古学的目标之一就是：识别套路，分析其轨迹与转换，进

217

---

① 本节曾以《游戏类型片头号玩家的互文性分析》，发表于《视听》2018 年 10 月刊，第 72-74 页，收录时有修改。

② Jussi Parikka. What Is Media Archaeology? Cambridge：Polity Press，2012.

而揭示它们之所以无碍跨越时空的文化逻辑。

晚近以来的电影考古学还呈现出"媒介转向"的趋势，尤其强调对前电影阶段的视听媒介的发现与复原。媒介考古学与电影研究渊源甚深：媒介考古的思路即考察前电影技术及其实践，借此重绘当代视觉及媒介版图。曼瑙尼、罗塞尔和克拉里等学者集中对电影生成时期前后的媒介与技术环境进行考察，描绘出一幅包括幻灯、立体视镜、走马灯和电影等各式视觉娱乐在内的19世纪下半叶的西方视觉图景。不同于传统的电影技术发展史、科技史、视觉媒介史的思路，电影考古学以媒介、视觉性和感官经验为问题意识，作为理论与方法，有助于超越传统电影史研究的藩篱，在更广阔的视觉媒介、技术、装置、活动、文本、科学等的范围内，打捞那些一向被淹没的事物与经验，由此探究视觉、感知、经验、美学与政治。

在《早期电影：空间、画面与叙事》(1990)一书的序言中，埃尔塞瑟提出"新电影史"的概念，建议电影史研究应将感官技术纳入考察范围，从线性历史转向大众媒介考古。唐宏峰对晚清时期上海的幻灯与电影放映进行考察，通过大量报刊资料，分析放映情况与观众的感官接受。通过对现代虚拟影像的考察，体现出媒介考古学的独特性，它打破线性史观，将媒介历史空间化，将媒介文化的新与旧、过去与现代并置压缩在一起，将媒介发展理解为一种再媒介。媒介考古学所勾画出的19世纪视觉媒介场域的丰富性与多重性，提示我们需对任何时代的同质化的媒介状况保持警惕。

沿着新史学与新电影史所指明的方向，研究者们开始关注前电影阶段的全景画、移动全景装置，以及运动幻觉等视听媒介。唐宏峰绘制中国早期电影的视觉谱系，呈现近代中国丰富多样、异质交融的视觉现代性体验。她认为新电影史的研究趋向来源于近30年来西方早期电影史研究的进展，此种研究注重电影与其他媒介之间的互动关系，在一种更广泛的视觉文化层面上考察尚在生成过程的早期电影，注重考察早期电影与观众间的崭新关系，注重考察电影作为一种新视觉技术给早期观众带来的新的视觉经验与感官体验。

彭丽君的《哈哈镜：中国视觉现代性》的贡献在于发掘新史料，重绘当时的原始轨迹和场景。中国现代的视觉形式既新且旧，从听到看的欣赏变迁，注重"现场"与"运动"的视觉实践，指向视觉文化的多元性与特殊性；而且影像的生产和接受，与上自统治阶层、下至普罗大众的生活如此息息相关。进入 20 世纪之时，中国人的体验正如向那奇异的哈哈镜中张望，观看的主体得到了一种前所未有的、融合了诱惑与威胁两重性的身份认同感。①

后现代思潮引发电影戏仿和拼贴，令电影互文性表达成为风潮，在受众个人趣味被放大并在网络连接的社会背景下，与游戏类型片的互文呈现新趋势。

史蒂文·斯皮尔伯格的电影《头号玩家》以复杂的后期特技、游戏竞技场面同时获得游戏迷和影迷的不俗口碑。电影对大量游戏的回顾超越了游戏类型电影范畴，呈现的互文性交织体现在小说原著、电影画面、超文本网页等多层面，连接起纵向过往电影和超越时间的共有空间。我们将以媒介考古学理论为研究框架，对这部影片呈现的游戏回忆予以分析，并探讨由游戏迷们参与创作的超文本互文（hypertext intertext）及其意涵。

二、小说与电影互文呈现的游戏

《头号玩家》与不同于以往的游戏电影《古墓丽影》《生化危机》《魔兽世界》之处在于，它并不具有某个知名游戏的受众，因此缺乏以游戏为基础的狂热粉丝作为票房保证，仅依靠同名小说 *Ready Player One* 的文本传播。导演斯皮尔伯格选择将这本小说改编为电影，在原著与电影之间造成一种不同语言的话语呈现。

互文性原为文学批评中的概念，源自对巴赫金的文艺理论思想研究，朱丽娅·克里斯蒂娃综合了巴赫金的对话分析和索绪尔的符号埋论，罗兰·巴特则将阐述的互文理论指向了文本的空间问题，包括互文与主体、文本的历史、作者意识等。互文性改变了文学批评中将文本视为孤立存在的观念，人们开始意识到文本是网状编织的，互文不

---

① 彭丽君：《哈哈镜：中国视觉现代性》，张春田、黄芷敏译，上海书店出版社 2013 年版。

仅指向语言系统，还可能指向主体间对话、意识和立场间的交锋、新旧语义的转变等复杂关联。互文性理论由美学批评影响到影视评论，改编作品的互文性常用于两者的比较研究，同时这种互文又因创作时间先后，而呈现出从被改编小说向影视作品的新文本的单向流动。通常有些改编不被认可，其根源除了编剧的技术水准和对原著尊重与否，更在于影视与小说体现出的视听语言和印刷媒体的巨大差异。

而小说与电影改编文本之间的关联令电影文本天然保有原文本的痕迹，小说 *Ready Player One* 通过主人公的自述，讲述了一个普通游戏迷闯关夺宝的故事。詹姆斯·哈利迪是影片的关键人物，他从小害怕与人交流，长期置身于游戏中，童年是他一生中最幸福的时光。这位内心纯真的游戏设计者创造了"绿洲"这个新世界，让全世界人疯狂地沉迷。整个《头号玩家》影片借助哈利迪的回忆展开游戏旅程，没有悲伤与哀悼，而是充满激情与冒险。片中涉及装备、皮肤、金币、身份、生命、外挂等人们熟悉的游戏设置。未来世界的普通人忍耐着无聊的日常，只能借由外物刺激，徘徊在游戏胜利的虚幻现实中。游戏所设巨奖勾起人们内心的欲望，获得胜利就可以摆脱现实，获得所希冀的财富、地位、股权，这些构成了小说和电影的关键情节。

但对比小说与电影，电影对许多关键情节进行了改动，原著偏向于人物间的碰撞、情感变化、情节交织及复杂的夺宝推进，同时嵌套了许多互文性文本，书中在展开叙事时特别写道："许多的书籍、漫画、电影和迷你剧都想要讲述接下来要发生的故事，但它们每一个都令人误解。所以我想要将这事在此一劳永逸地澄清。"①电影因篇幅所限，主要的人物和配角很难充分展现个性，因此脸谱化、简单化的个性塑造在所难免；同时，许多人物和事件都服从于场面安排，以获得场景奇观性和视听节奏感，这导致小说中不同人物的复杂互动和行动逻辑被削弱。原著粉丝则直接表达了对斯皮尔伯格随意删改小说情节的不满。然而，如果因为喜欢电影而产生了阅读兴趣，影迷或游戏迷则会在小说的互文性空间里查找影片缺失或模糊的部分，对小说文本进行追溯

---

① Ernest Cline. Ready Player One. New York：Broadway Books，2011：24.

式阅读,这类粉丝对原著非常熟稔,态度上也更坚持保持原文本的风貌。

　　游戏设置了与电影相互呼应的系统。尽管电影表现的情节不如原著丰富,影片却利用视觉语言,在导演构思下建立起了一种复杂的互文系统。斯皮尔伯格对游戏世界并不陌生,他是一位游戏爱好者,纵观其履历可以发现他与游戏行业的复杂关联。他曾与软件开发商合作开发了一款多媒体游戏,以玩家指导者的形象出现在游戏中,其个人形象还被大玩具厂商乐高用于电影制作游戏设备的商标。可以说,斯皮尔伯格对电影和游戏两个领域的熟悉成就了这部电影的独特魅力。因为对游戏的熟悉,他将各时期最受欢迎的游戏自如穿插在影片中,形成一整套供游戏迷检阅的丰富游戏组合。

三、游戏的未来与过去

　　该电影一开始就设定在 2045 年的未来世界。这个世界现实中一片破败,人们沉迷于 VR 游戏来躲避糟糕的现实世界,"绿洲"巨大的虚拟现实世界对真实世界产生了挤压,人们沉迷其中,想要摆脱现实却又无能为力。虚拟现实的游戏设计给了游戏迷巨大的吸引力,著名游戏公司 STEAM 于 2018 年推出了同名 VR 游戏《头号玩家:绿洲》的测试版。测试版由三个游戏组成,对游戏装备要求不算低。在《头号玩家》影片中,主角使用的 VR 头部显示器形状类似滑雪护目镜,无须外部线缆即可工作。主角甚至能够戴着它躲避现实世界中的障碍,一边在街道奔跑,一边进行 VR 战斗。在游戏中主角身穿的套装可以对外部环境进行全方面反馈。影片中所有的 VR 玩家都可以在"绿洲"这个庞大的在线世界中玩游戏、开派对、跳舞或做任务。VR 设备用特殊方式来扫描玩家面部,将玩家的微笑、皱眉等面部动作映射至虚拟化身的面容上。这些沉浸式体验、表情捕捉、实时互动都是 VR 技术当前的研究重点,这些通过电影放映后对普通玩家也产生了吸引力,但整体花费会远高于普通产品,在一般游戏迷中很难推广,更多被视为导演对未来游戏趋势的展望。

　　欧美传统游戏类型片以游戏元素构建情节、创造游戏氛围。例如美国的《饥饿游戏》三部曲根据同名小说改编，其中女主角被设置于必须在格斗游戏中胜出才能生存的境地。德国的《罗拉快跑》则设定了在一定的时间内，罗拉必须拿到钱去解救男友。影片开场银行保安向天空踢出足球的那一瞬间，游戏就开始进入紧张的倒计时，背景音乐为强节奏的电子游戏音乐。影片给予主人公罗拉三次生命，产生了不同的结局。女主角失败也并不意味着电影或戏剧的结束落幕，而是马上回放，让人物重新获得生命，立刻重来一次，经历不一样的历程和结局。类似地，《头号玩家》的男主角最终面临失败绝境时，手中最后一个 25 美分让他多了一次生命，这种"游戏梗"显现出游戏的设置对电影叙事的渗透，对游戏迷和影迷而言，这都是日常游戏经验，易于理解和接受。

而这部影片与传统游戏主线的电影不同的是，斯皮尔伯格回顾了电子竞技时代的游戏产品，在猜测哪个游戏是最后一关时，IOI 总部白板上不断出现的美国、日本的游戏名称，几十年间受欢迎的重要游戏悉数上榜，目不暇接的致敬和引用令游戏爱好者惊喜不已。导演还在"急速赛车""池中舞蹈"等环节穿插参考了许多游戏人物的装备、造型、武器等，在夺宝中戏拟（parodie）著名游戏的桥段，例如《公路赛车》游戏成为影片互文性的编织成分，影片因长短不同的游戏互文性拼贴获得了多元的表现空间。

这部电影也是流行文化的博物馆。电影中游戏天才哈利迪为了刺激大家参与找寻三把钥匙的活动，其个人生平和记忆被建立为一个虚拟的博物馆，记忆以三维影像播放的方式陈列，为玩家的游戏通关提供场外指导，他曾经的好友成为博物馆的馆长，为大家进行解说。通过博物馆播放的回忆，原著涉及了诸多流行文化，各类电影、科幻小说、流行音乐等各种怀旧内容，整部作品可算作美国 20 世纪八九十年代流行文化大全。电影力图将这种互文性关联展现出来，例如通过各种体现哈德利暗恋的女生喜欢的舞蹈，片中大量使用了特定的流行音乐。整部电影还充斥着蒸汽朋克、衰败现实与 VR 感官世界的各种镜头，画面晃动着美国亚文化非主流人群，画质也被处理为怀旧风格。科技天才哈利迪则混合了乔布斯、霍金等名人的特质，其实以人物后期自闭的个性而言,他个人对流行文化应该表现得更为陌生。无论如何,流行文化的互文呈现构成了小说的精彩章节,电影则通过场景、道具、色调、后期来完成不同文化情境的切换,扩大了文化空间的互文性表现。

导演斯皮尔伯格出生于犹太人家庭,父亲是计算机专家,母亲是古典乐演奏家,或许这是他喜欢在电影中采纳新技术,同时对流行文化具备充分敏感性的原因。为此,科学技术与文化的多重色彩在这部作品中交织成流行文化的底色,给纷繁的色彩以沉郁的基调。《头号玩家》涉及技术哲学的一系列问题,核心是如何处理真实世界与虚拟世界,整部电影描述了一个人人想要逃离的糟糕世界。这部分实质源于对导演以往创造的影片的哲学思考,"互文性问题的关键在于文学与原始模型或已有原型所保持的关系"[①]。斯皮尔伯格在其以往作品《人工智能》和《少数派报告》中就曾经展现出对科技发展的哲学性讨论和悬疑式结构,在《头号玩家》中他借鉴了过去电影的内容和场景,形成了时间纵轴上个人电影的互文性呈现。

电影中斯皮尔伯格还借助反乌托邦小说来表达对未来人类的忧虑,显现出对互联网平权精神的追求。最著名的反乌托邦作品是赫胥黎的著作《美丽新世界》和乔治·奥威尔的《一九八四》。无论是影片开场灰暗色调还是抵抗军的反乌托邦色彩,以及电影高潮时刻男主角鼓动玩家反抗的演说,都被编织进了导演的故事结构,流露出政治宣教的意图。影片描述的虚拟技术已替代原有社会,技术在表面上提高了人类的生活水平,而本质上则掩饰着空虚的精神世界。人被关在自己亲自制造的钢筋水泥牢笼里,阴暗冰冷、精神压抑。在这种生存状态下,环境恶化,道德沦丧,男主人公的姨妈被为了获得游戏装备而丧心病狂地将男友杀死。主人公所住的叠屋既像香港的笼屋,又像科幻小说《北京折叠》中描述的贫民窟场景,都不啻导演对悲观预言的具体外化。

而游戏或未来世界的不公在于大公司把持着更多的资源,IOI 公

223

---

① 蒂费纳·萨莫瓦约:《互文性研究》,邵炜译,天津人民出版社 2003 年版,第 120 页。

司期望通过人海战术来获取"绿洲"的所有权。在 IOI 公司,等级制度森严,依靠商业化攫取最大利润,一旦他们控制"绿洲",人类文明就将在高科技牢笼中走向堕落。片中女主角是反抗军的领导者之一,反抗军抵制垄断网络资源,反对完全商业化的网络公司发展计划,她积极号召大家参与和抵制行动。这种抵抗的思想对仅仅希望通过获得"绿洲",改变自己人生的男主角来说,是一种全新的思想,他在与女主角的接触中不断被同化,在雪山决斗时刻爆发出对所有玩家的震撼呼号。

四、游戏迷的回忆

斯皮尔伯格的这部电影作品中,互文性的真正突破在于文本的场外拓展,并最终成为一种与游戏迷的情感互动。通常作为电影惊喜的彩蛋放在剧尾,一般是情节预告或者是花絮,而在这部被称为"终极媚宅"之作的正片处处充斥着各种彩蛋,为此有人嘲讽这是在彩蛋里插播了一部电影。电影上映时的广告画面即以一个迷宫作为隐喻,只有走到迷宫出口,人们才能找到画幅正中的彩蛋,斯皮尔伯格及其团队在此暗示玩家:这就是一个挖宝游戏。《头号玩家》在前期拍摄和后期制作过程中别有用意地使用游戏的"梗",并将"致敬"作为彩蛋。影片在中国热度颇高,促成了少见的重复观影和找彩蛋的热潮,身为玩家的影迷重新化身为游戏迷,投入观影和游戏中。中国游戏迷们不断解读影片中《守望先锋》到《街头霸王》等系列人物形象,哪怕是瞬间的姿势或是人物手持的武器,也被不断比对并进行考证,他们还不断将新发现在弹幕和社区中发布,在知乎、豆瓣等论坛先后发布许多片中彩蛋的热文,形成了一个以拆解彩蛋为乐趣的互文性解读游戏。游戏者显著的共同特点是将游戏视为一种自愿的行为,"游戏是在特定时空范围内'做完'(played out)的。它有自己的进程,有自己的意义"[①]。通过预先安排和互动扩展场外文本,被勾连的游戏迷沉迷于挖掘新文

---

① 约翰·赫伊津哈:《游戏的人:文化的游戏要素研究》,傅存良译,北京大学出版社2014 年版,第 10 页。

本,同时电影外的埋伏彩蛋等均以超文本（hypertext）的网页形态显现,这些奖励满足了好奇的游戏迷们。随着观影和解读热潮,各种事先有意的安排被解锁,例如影片中在汽车引擎盖和哈德利的杂志上都曾出现过二维码,影迷们扫描后发现被引至电影官网或者是特定网页,人们可以打开网页了解相关内容。

斯皮尔伯格的互动尝试适合《头号玩家》这部电影,但能否推广形成潮流还很难预料。在电影产业方面,传统的电影产业注重导演、剧本、创作、后期等各环节质量,电影成败由票房决定。在电影产业与游戏市场关联后,受欢迎的游戏被搬上银幕,降低了影片的票房风险。尽管游戏作为吸金产业受到商业资本的关注,但游戏迷们没有从亚文化群体转向主流群体,他们被忽视或污名化,主流媒体很少关注他们的文化交流和实践。电影作为特定文化现象伴随着媒介变迁,不为权力阶层或主流意识形态所把控,作为一种文娱和休闲的结合体,它受到资本市场、技术更新和流行文化的推动,在粉丝文化意味着流量和消费能力的今天,电影开始关注不同的受众兴趣群体,反映出亚文化潮流。这些构成了《头号玩家》游戏迷们大力支持的社会文化背景,他们为身为玩家的青春记忆而感动,为自己游戏被认可而兴奋不已。为此,游戏迷评价这部影片是情怀之作,他们的喜好终于被承认。知乎网网友"朱炫"在评价这部电影时认为:"这也是我们这些玩家,这么多年一直想告诉你的。它替我们做到了。告诉每一个人:'游戏世界真的很酷。'"正如施蒂格·夏瓦指出的,受众的新趋向是媒介化环境之下,个人既追求个性显现又期待外部的确认:"现代个体正逐渐离开,产生了他们自己的社会简历,庆祝每个人作为个体尽可能（有）的权力。但是,这是一种软弱的个人主义,因为它从早期的个人主义形式转向,而在最深处依赖和敏感地向着外部世界。"[①]在社会心理变化与个人主义凸显的背景下,个体与社会的关联成为游戏迷们主动挖掘文本的心理基础,在共同发现新文本过程中,他们再次发现了游戏的

① Stig Hjarvard. Soft Individualism: Media and the Changing Social Character. In: Kunt Lundby(Ed.). Mediation: Concept, Changes, Consequences. New York: Peter Lang Publishing, 2009:159-177.

乐趣。

　　《头号玩家》是一部真正的游戏迷的"回忆杀"，电影的独特性在于突破了传统影院播放的时空限制，借助互联网平台建立了多重互动，而导演斯皮尔伯格扮演了影迷和游戏迷的"投喂者"。在观影过程中，个性化受众通过社交网络和讨论平台聚集，主动挖掘暗藏的彩蛋和新文本，以一种更主动参与的观影者姿态呈现，这种对电影和原著、游戏三者互文性把控是传统观影者所缺乏的。或许这正是亨利·詹金斯所指出的互联网"参与文化"的真谛："假设我们已经生活在一种全然参与性的文化中，我们不妨将参与文化看作是一个典型、一种我们正在努力实现的社会结构、一种对更好的文化构型的理论。"[①]它表现为技术和设计下完成的交互行为，在用户主动参与的实践中，包含观影经验、游戏经验，更提醒未来的电影工作者们，有大量拥趸的粉丝电影可以投入情怀与回忆，充分地调动对某种伴随生命时光的媒介的热爱，传达更丰富的个体体验。

　　以上通过文艺理论的互文性对电影《头号玩家》进行分析，发现其互文性突破了戏仿、致敬、模拍等传统方式，通过游戏文本的重建与突破，实现了游戏、文化、哲学的多重互文再现，更超越了影院和影片时空局限，生成了大量网络超文本互文，并形成了一种游戏形式的岩石层级。影片创作的彩蛋投喂了影迷和游戏迷，激发后者挖掘多重互文空间，这并非传统观影的意义解读，而是受众参与文化崛起及游戏乐趣的回归。

第五节　本章小结

　　本章集中于媒介的物质性及其流动性（此处的流动性既包括了空间意义的流动，也包含了时间中的流动，即有消逝之意），并尝试进行

---

　　① 亨利·詹金斯、伊藤瑞子、丹娜·博伊德：《参与的胜利：网络时代的参与文化》，高芳芳译，浙江大学出版社 2017 年版，第 23 页。

了媒介变迁过程中的媒介考古。我们从基特勒与齐林斯基的两种媒介考古学入手。媒介是基德勒所言的文化技术，即信息储存、处理、传输的机制、制度与过程。电影、留声机、打字机等透过声音、影像的精准储存，挪动甚至逆转了人类的时间感知及心理、意识状态，并将真实时间转化成经由中介化的技术时间。因此，在基德勒看来，人不是历史的主体，而是技术的客体。媒介犹如启动世界的基础设施，开启了人类关于时间、空间、主体性的感知意识。

美国新媒体研究者列夫·曼诺维奇在《软件控制一切》(2013)中发问：19世纪六七十年代奠定当代软件文化的基本概念与技术基于何种思考和动机得以创建？软件文化如何改变了我们对媒介的理解？界面和内容开发工具箱又如何持续性地重塑了当代媒介设计的美学及视觉语言？由此，不少学者建议研究应由"硬件设备"转向"软件程序"。但软件设备与程序设计的紧密关联很难显示出来。随着数字技术的日益发展，研究者们发现自己愈发难以理解媒介内部的运作机制。早在20世纪80年代，基特勒就敏锐地注意到媒介的"黑箱化"趋势——数字技术吞噬了纸质文档，将其化为数字指令并隐没于黑箱之中，致使我们无法对技术进行具体描述，只能无力地看着它渐行渐远，这一趋势随着数字技术的发展日趋明显。

受众正身处于新旧交织的世界，新媒体正以从未有过的频率和速度更迭，基特勒的媒介考古研究提供了一系列媒介样本，用以解释不同媒介在传播技术更替史中占据地位差异。正在消失的随身听折射出新技术对媒介变迁和受众习惯的影响，本章借由基特勒的理论思路，梳理了随身听空间分离的初始逻辑和逻辑断裂的最终原因，指出缺乏数字汇流的技术可能及网络逻辑的兴盛如何影响了随身听的发展。同时，站在基特勒的"物质"与"硬件"立场，容易缺乏对受众与社会文化关联的充分关注，作为物理硬件，随身听负载着受众从传统社会转向移动的现代社会，退出公共空间转而寻求个人空间与自我表达的社会文化需求，也促成了随身听的重大发展；伴随着近年互联网的数字化和音乐社交特性对受众原有的行为方式的改变，即时社交带来的满足感填充了随身听的孤独感和内省性，受众被新技术包围，失去个体空间,陷入心灵困境。如果在研究中抛开时代与个人关联,仅从技术媒介角度思考,就无法充分解释新技术、社会结构变化与受众行为驱动的复杂联动。

媒介考古视角下,随身听兴盛于人类开始移动生活的社会变化节点,作为一个观察窗口,它折射出机械时代迈向数字时代、硬件向软件、模拟向数字转化的时代变迁。对游戏机的怀旧和对知名游戏的致敬体现出一种思考:面对学术思潮的媒介转向的态度,可以不是全盘接受或否定,而是将自己当成媒介考古者,思考在日新月异的技术时代的新发现。

第六章　技术之物的行动连接

第一节　行动者理论视角下的博物馆

一、博物馆:人与物共存交流的空间

历经数百年发展,博物馆从贵族奇珍异宝馆转变为国家历史文化的展示空间。博物馆学作为一门新兴学科,虽然与历史学和考古学等学科在深度上难以匹敌,却因国家对社会文化事业的大力扶持而得到迅速发展,其多重面向吸引了传播学、社会学、历史学等领域学者的共同耕耘,议题丰富,成果渐显。博物馆近年开始重视在社会角色层面的相关研究。[①] 意义(社会赋予)、价值(展示品的脉络重组)、近用(教育阶层化与不平等)、政治(权力与边缘化)、经济(资产阶级的政治经济)等,都是新博物馆学常用的理论术语,论述向度包括对内组织管理与对外社会关系的考察两个方向。以往博物馆展示出的机构叙事(institutional narratives)并非完全中立的,通常反映出专业人员的价值体系。新博物馆学主张解构博物馆的空间叙事、展品文本、颠覆博

① Vergo, P. Introduction. In: Vergo, Peter (Ed.). The New Museology. London: Reaktion Books, 1989:3.

物馆的神圣或宣称的中立客观,检视博物馆明说与未说的故事。西方博物馆学其研究始终聚焦于收藏、展示、保存、精英主义、文明与规训的传统思维,主张批判地思考博物馆的政治与社会角色,检视博物馆人员的专业意识形态,鼓励新的传播与表现方式,近年尤其重视调整博物馆与人群、社区的关系。可以说,通过国际协作、博物馆的学术交流,西方的博物馆理念越来越受到国内重视,国内博物馆学界的理论快速发展。

(一)传统博物馆:空间与物质的交流场所

英国传播学者罗杰·斯利文斯通曾将博物馆与传统媒介相比较,点明博物馆的本质是媒介,其特质在于博物馆同时拥有物质空间、馆藏器物、解说文本及与观众的交流。展览通过解说,让每一样器物都有自传,而博物馆与观众的交流并未随着展览结束而终止。他指出博物馆提供的交流空间并非全然通过话语交流完成,而是通过展品的陈列讲解、受众观展、感受理解来获得,博物馆显示出空间交流性与物质性的混杂,媒介特质体现在通过展览对受众发生影响。① 斯利文斯通敏锐地抓住了博物馆的媒介性,凸显出博物馆研究在传播领域的潜力。

这些研究多少暗示了博物馆所包含的一系列矛盾:文化传统与技术创新、精英文化与大众文化、物质藏品与受众资源,努力保持二元平衡等,平衡好系列矛盾是各类博物馆面临的普遍挑战。已有的博物馆功能研究中,知识社会学强调博物馆作为知识生产机构所扮演的角色,②文化研究倾向于视博物馆为文化意识形态载具,福柯式的权力规训则渗透于展览设计与参观的过程中。③ 从市民社会视角考察,博物

---

① Roger Miles, Lauro Zavala. The Medium Is the Museum: On Objects and Logics in Times and Spaces. New York: Routledge, 1994.

② 宋向光:《知识生产者,抑或遗产守护者?——博物馆藏品的内涵及定义》,《博物院》2018年第4期,第50-53页。

③ 潘宝:《空间秩序与身体控制:博物馆人类学视域中的观众》,《中国博物馆》2014年第4期,第37-44页。

馆发展历史显示为逐渐与公众连接的清晰的历史进程。[①] 博物馆公共化是发展的主要趋势,无论是内部结构还是主要功能,都体现出对受众的强调。随着博物馆宣传和意识形态色彩的弱化,其承担的社会功能日趋复杂,许多博物馆都开始尝试与公众进行有效连接,并不断累积实践经验。以科学类博物馆为案例,研究者意识到提升公众参与度对博物馆实践有着重要意义,可以促进青少年的知识理解和科学参与。[②] 随着人文社科的空间转向和城市规划的新拓展,人们期待着博物馆的社会功能包括社会群体交往发生地、建筑师人文理念的实践空间和民主政治的公共领域。弗兰克·韦伯斯特注意到西方博物馆近年来在公共性方面的实践,并将其视为信息社会背景下的积极举措。[③]

博物馆作为文化组织与机构的功能与其定位相关,从大规模社会宣传到小范围社区动员,不同规模的博物馆展现出文化传播与社会组织能力的差异。世界知名博物馆大多为城市标志性建筑,不仅作为当地文化遗产的象征,更在城市认同中扮演重要角色。中国大量新兴的地方博物馆开始有意识地扮演城市认同与想象的空间,苏州博物馆提供了一种参考案例,博物馆进行的"媒介空间中叙事建构开启的交往实践,促成城市认同意义的体验"[④]。博物馆研究与城市规划、空间功能互相交织,当代博物馆空间设计理念与人际交流实践成为传播学、建筑学和城市学者们关注的焦点,城市建筑设计师们将博物馆打造为人与物、自然交流碰撞的空间,拥有"感知力场"的博物馆被视为教育和文化实践的地点。博物馆开始学习扮演社会组织者与传播者的功能,尤其是越来越多地区性的、专项的及私人博物馆的兴起,这些地区性博物馆以社区行动连接方式发挥文化动员作用,沟通不同社会群体。

---

① 杨志刚:《博物馆与中国近代以来公共意识的拓展》,《复旦学报(社会科学版)》1999年第 3 期,第 54-60 页。

② 江淑琳、张瑜倩:《更民主的科学沟通:科学类博物馆实践公众参与科学之角色初探》,《传播研究与实践》,2016 年第 1 期,第 199-227 页。

③ 弗兰克·韦伯斯特:《信息社会理论》,曹晋等译,北京大学出版社 2011 年版。

④ 陈霖:《城市认同叙事的展演空间——以苏州博物馆新馆为例》,《新闻与传播研究》2016 年第 8 期,第 49-66 页。

（二）现代化的博物馆：新技术采纳与实践地

拉图尔强调博物馆的历史纵深感而非现代性，他认为博物馆本质为杂糅之物（hybrids），而且这种交错混合由来已久。"博物馆一直拥有极具多样性的方法，一直在以某种方式将艺术、科学与古代文物混杂在一起展示。"①以往博物馆的社会功能强调组织策展，而当前博物馆已发展为信息存储、展览策划、活动组织、演示方式等各环节被新技术全面渗透的场所，拉图尔所关注的人类与人类的关联成为受人瞩目的议题。一项关注博物馆导览技术的使用与转译的研究聚焦于非人之媒介展演者（non-human performer）如何介入博物馆的文化中介（cultural intermediate），顺延了行动者网络理论对技术实践的关注，集中探讨了耳机导览观展形成的人机结合体（assembly）所显现的异质性连接（heterogeneity linking）之困难，并指出新导览技术使用所造成的便利与不便凸显了观展过程中人机关系的转化。② 法国媒介学家雷吉斯·德布雷通过延续麦克卢汉对技术与文化作用的关注，区分了媒介的传播、传递与传承等概念，从其特有的媒介观念出发，博物馆被视为包含了记录和存贮的物质与传播设备。③ 近年博物馆讨论仍然延续"传递与保存"功能的研究，如博物馆的物质馆藏与国家历史与民族记忆的关联。拥有特殊题材的灾害遗址纪念馆和大屠杀遇难者纪念馆试图探索当陈列内容有局限性时，作为重要历史事件保存地的博物馆如何与热情观众进行联结，并在防止仇恨、暴力和种族灭绝中强调个人责任。④ 博物馆专业的研究者则始终强调博物馆的本质，认为新媒体应始终是博物馆组织活动、建构知识和吸引访问者注意力的方

---

① 布鲁诺·拉图尔、安塞姆·弗兰克：《无翼天使》，申舶良译，载《万物有灵》，金城出版社 2013 年版。

② 赖嘉玲：《当流动科技闯进艺术殿堂：从博物馆视听导览之使用谈其对艺文消费之介入》，《新闻学研究》2014 年第 4 期，第 121-159 页。

③ 雷吉斯·德布雷：《普通媒介学教程》，陈卫星、王杨译，清华大学出版社 2014 年版。

④ T. O. Prosise, Prejudiced Historical Witness, and Responsible: Collective Memory and Liminality in the Beit Hashoah Museum of Tolerance, Communication Quarterly, 2003, 51(3): 351-366.

式,而非仅仅意味着交流工具和整套设备。^① 在文化与技术发生新融合的背景下,博物馆的新功能与新效果也得到了关注。伴随着移动技术的快速发展和博物馆数字化的普及,沉重的历史与流动的现代性在博物馆技术空间中交织。对南京大屠杀遇难同胞纪念馆"记忆之所"的研究指出,当代民族集体记忆的建立有赖于借助数字移动技术与观众沟通。^② 正是因为数字监控、记录、测量等技术在博物馆被采用,推动了策展效果研究的发展。在博物馆观展时,测量和记录受众的空间感受,^③观察他们观展中的身体知觉,深化了我们对受众观展过程中情绪变化、行动路线和情感偏好的了解。^④

(三)行动的博物馆:文化创意的实验室

策展文创等相关实践中,借助社会科技(social technology)把文化包装起来,让博物馆访客参与活动并积极消费也是相关人员普遍认同的经营思路。文化创意产业关联着多个复杂主题,如设计灵感、历史物质、消费文化和文化产业等。创意总是带有一种与天赋相关联的神秘色彩,是一种来自创作者的自身天分、恩赐或能力。^⑤ 在文学和艺术领域,创意被视为一种创作者头脑内部电光石火般的关联。而文创领域所关注的重心并不在此,更多的是集中于集体工作中,创意工作者的交集或集体合作如何发生创意的火花,获得成功的作品。^⑥ Ryan将创意组织内的劳动分工区分为"创意工作"和"加工再制"(reproduction)两个截然不同的阶段,较为符合目前文创产品的生产

233

---

① Michelle Henning. New Media. In: Sharon Macdonald(eds.). A Companion to Museum Studies. Oxford: Blackwell Publishing, 2006:302.

② 引自李红涛、黄顺铭:《记忆的纹理:媒介、创伤与南京大屠杀》,第四章"以数字标示的'记忆之所'",中国人民大学出版社 2017 年版。

③ 李君轶、纪星、李振亭:《欧美旅游者在秦始皇帝陵博物院的情感体验时空变化》,《人文地理》2018 年第 3 期,第 134-141 页。

④ 王思怡:《博物馆作为感官场域——从多感官博物馆中的嗅觉说起》,《中国博物馆》2016 年第 4 期,第 26-33 页。

⑤ Hauser, Arnold. The Sociology of Art. K. J. Northcott. Chicago: University of Chicago Press,1962.

⑥ Burt, Ronald. Structural Holes and Good Ideas. The American Journal of Sociology,2004,110(2): 349-399.

模式，即创意工作包括概念及执行两个部分，最终的成果即是原创作品（original）；加工再制的阶段则是将原作商品化和量产，又包括转译（将原作转档为母带）及复制（大量生产）两个步骤。①

　　自然科学与社会科学在长期分流之后，近年开始出现了相互理解、学科交汇的迹象。在某些研究中，跨学科的交流尤其必要，博物馆领域处在持续性的流动变化中，随着全球化旅游业的发展、博物馆的国际交流日益普及、文物策展和文创活动快速铺陈，需要博物馆的理论研究也及时跟随潮流，以捕捉各种变化。笔者研究发现，在博物馆的研究中，人们开始接受这样的观点，即人类世界与物质世界不再泾渭分明，回顾人类几千年的历史文化累积，我们被自己生产的各种人工物所包围。漫长的物质文化历史孕育了高水准的物品，这些历史、艺术或科学博物馆所突出展示的建筑物、碑刻和雕塑、书籍、书法与绘画，具有考古性质成分或结构、铭文、洞窟，在建筑式样、分布均匀或与环境景色结合的建筑群，各种从历史、审美、人种学或人类学角度，价值非凡的人类自然工程，都可以扮演着博物馆的空间（外在形态）或是展品（内容）。

二、研究技术之物的新方向

　　技术哲学家唐·伊德通过伊甸园的隐喻，引入对人们依赖技术世界的思考，并将问题集中于人与技术相互影响的讨论中，认为人类不断发明新技术、改进旧技术，由此产生了一个技术环境，技术与人类日常经验发生关联。② 新媒体与社会化媒体不断发展的时期，技术在大众传播中占据核心地位。在新媒体时代，技术已深入社会发展的各个方面，并在潜移默化中，导致人们对技术产生崇拜。技术被人们赋予一种"万能性"，肯定其中心地位，或多或少会产生一种倾向性，即认可技术对于社会生活的干预和对私人事项的涉入，这走向了伦理与法律的讨论范畴。技术打通了受众主客体之间的联系，甚至深入受众与客

---

① Ryan, Bill. Making Capital from Culture: The Corporate Form of Capitalist Cultural Production. Berlin: Walter de Gruyter, 1992.

② 唐·伊德：《技术与生活世界》，韩连庆译，北京大学出版社2012年版。

体间的联结之中，通过主体与不同客体的深浅、先后的联系，通过构建一个技术性的社会主客体联结框架。在人的认知机制中形成与自我意识相同的技术意识，并进一步加深对人的认知的影响。

为解决科学技术与社会（science，technology & society，STS）的研究分歧而诞生的行动者网络理论（actor-network theory，ANT）在当前社会学理论中最受人关注，原因之一在于面对技术带来的人机结合体，它带来了新的考察问题的视角，也扩充了我们考察问题的角度，似乎也给我们指明了新方向。行动者网络理论由卡龙在 1986 年提出，经布鲁诺·拉图尔的系列研究得以深化。作为理论主将的拉图尔批判传统社会学家的懒惰，他试图以互相联系的、行动中的社会为构想实现重组社会（reassembling the social）。[①] 行动者网络理论以行动者（agency）、转译者（mediator）和网络（network）三大概念为核心，特别强调观念、技术、生物等许多非人的物体同样可以被视作行动者。行动者网络理论对主客体概念的扩张、对网络流动性的强调，与目前新技术在现实空间内的弥散和运作产生了暗合，因而也被批量运用在当前的传播学论文之中。

235

拉图尔指出，行动者网络是对社会科学所下的非涂尔干定义，把社会看成是联合的科学（science of associations），而不是与经济学、心理学等学科相比，能称之为社会科学的一个特殊领域。[②] 拉图尔承认受到怀特海的过程哲学（process philosophy）影响，他关注社会研究中被忽略的行动过程，将传统的认识论发展为行为本体论，尤为注重时间维度中的结盟行动考察。同时，拉图尔强调以不化约（irreducibility）原则发现事物本质。早年的人类学训练让他深刻了解田野调查的复杂，形成了偏好凸显实作（practice）和实验（epreuve）情境的研究方式，为其后续研究提供了方法论参照。

拉图尔从科学知识社会学（sociology of scientific knowledge，

---

① Bruno Latour. Reassembling the Social—An Introduction to Actor-Network-Theory. Oxford：Oxford University Press，2005.

② Bruno Latour. Reassembling the Social—An Introduction to Actor-Network-Theory. Oxford：Oxford University Press，2005：17.

SSK)出发,创造了行动者网络理论。在《我们从未现代过》这本书中,他开始特别强调主客体之间的互动关系,试图让主体和客体达成一个创造性的平衡。他借用了法国哲学家塞尔一个"准客体概念"(quasi-object),认为社会主体给客体建构知识的同时,客体也有强烈的自主性,可以抵制社会的建构;相反地,在某种意义上,绝对的客体也在对社会与主体产生影响。正是借着准客体的这个中间概念,客体和主体相互建构、相互作用。行动者网络理论的网络包含着各种各样的主体与客体,但不管是主体还是客体在其中都不起决定性的作用,网络没有中心,没有绝对的宰制者,最后形成的效应或事实都取决于网络当中无数的主体、无数的客体,以及它们之间的互动关系。拉图尔认为是主客体之间的互动关系,而不是单纯的主体,也非单纯的客体,决定了一切。

科学知识社会学以概念梳理和理论探讨为主,强调技术物体的嵌入情境,对物理变化却着墨不多。① 新技术的引入成为新闻编辑室的"闯入者",实证研究已经有了相当的成果。研究发现,那些未曾接受过传统新闻教育的技术人员的引入,为协作式新闻生产带来了技术需求矛盾、生产理念矛盾和内外部立场矛盾等问题。② 在物质性研究方面,有学者则跳脱出传统的虚拟符号、媒介效果研究,深入考察了电动车这一物理性的基础设施在平台经济背景下的物质性表征。③ 不同于从数字劳动的视角揭示电动车的媒介化过程,还有学者将前面提到的行动者网络理论与物质性理论巧妙地勾连在一起,提炼出对城市传播进行物质性分析的两类议题。④

或许由于行动者网络理论起初对物质的关注和行动者理念的独

---

① 孙萍:《媒介作为一种研究方法:传播、物质性与数字劳动》,《国际新闻界》2020年第11期,第39-53页。

② 肖鳕桐、方洁:《内容与技术如何协作？——行动者网络理论视角下的新闻生产创新研究》,《国际新闻界》2020年第11期,第99-118页。

③ 孙萍:《媒介作为一种研究方法:传播、物质性与数字劳动》,《国际新闻界》2020年第11期,第39-53页。

④ 戴宇辰:《"物"也是城市中的行动者吗？——理解城市传播分析的物质性维度》,《新闻与传播研究》2020年第3期,第54-67页。

特看法,其与物质性理论的嫁接是近年尝试最多的方法。行动者网络理论更强调物质的能动属性,拉图尔的行动者网络理论的研究影响最广,他将细菌、伟人、媒体、民众的复杂图景进行了还原,打破了原本实验室的单一描绘,形成了"物"与"人"世界的通达,对"物"跳脱出了原有的人类中心主义的框架,具有一种新奇独特的视角。戴宇辰(2019)梳理了从雷蒙德·威廉斯、西尔弗斯通到赫普等关于媒介技术的相关研究,勾勒出了一条另类的媒介社会学研究脉络,展现了行动者网络理论如何与媒介研究相关联,科学技术如何被引入社会。①STS 强调的是技术与社会之间的相互形塑和相互生产。借用来自 STS 中的理论和观点,传播学者在解析当代的各种新技术对信息产业及社会生活带来的影响时,就拥有了一副具备更多切面的棱镜。

拉图尔对物的哲学形成,忽视传统唯物论对于物的抽象自存性的限定,通过"关系性"或"实践性"发展出一种新的唯物论。尤其值得关注的是,物本身也在发生变化,人与物、自然与社会、科学与政治、事实与建构形成了"杂合"(hybrid)的状态,主客体之间的二分法被抛弃,取而代之的是人与非人之物,或者说准主体(quasi-subject)与准客体(quasi-object)联合行动的"新集体"。行动者在彼此的互动关系中现身,作为能动的实体介入创造世界的实践中。从早期的行动者网络理论,到 2013 年出版的《存在模式探究》,拉图尔都显示出一种试图重新勾勒现代性实践的基本轮廓,揭示存在(beings)的多样性,进而推进至一种"本体多元主义"(ontological pluralism)的境地,而"这将使我们能够以某种更丰富的方式居于宇宙(cosmos)之间,能够在更公平的基础上开始比较、衡量不同的世界(worlds)"。

米歇尔·福柯的技术思想所受关注向来不高,事实上,"技术是福柯赖以理解世界的透镜,技术引导着行为"②。他的自我技术(technologies of the self)正是在尤尔根·哈贝马斯的生产技术、符号

237

---

① 戴宇辰:《"物"也是城市中的行动者吗?——理解城市传播分析的物质性维度》,《新闻与传播研究》2020 年第 3 期,第 54-67 页。

② 史蒂夫·马修曼:《米歇尔·福柯、技术和行动者网络理论》,孙中伟译,《国际社会科学杂志(中文版)》2014 年第 4 期,第 100-114 页。

系统技术、权力技术的理论基础上提出的。他分析组织内部的知识主客体讨论也始终定位于一种技术架构中，他声称自我技术是"使个人可以通过自己的手段或在他人的帮助下对自己的身体和灵魂、思想、行为和存在方式进行一些操作，从而改变自己，以达到某种幸福、纯洁、智慧、完美或永生的状态"①。拉图尔受到福柯技术思想的影响，同样高度关注主体的技术使用，两人都曾经以枪支与人的关系作为阐述技术的重要案例。福柯分析步枪演练法令后指出，如何正确手持步枪、瞄准、开火，以及重新装弹，说明身体好比一个物体，可以被精确编码方式加以操纵。福柯研究了1743年颁布的普鲁士军事条例这一文本，指出在士兵与步枪融合的过程中，两者被一种全方位作用的权力合二为一，成为"身体—武器、身体—工具或身体—机器的复杂组合"②。拉图尔拿枪杀人的案例摆脱了人类中心主义的局限，将人与枪械的组合称为"枪支公民"，他指出：不是枪杀了人，而应视其为一种新的混合体系产生的结果。③

行动者网络理论的行动本体论在实际操作中，除了技术的理解，更需要明确物与人的关系，事实上，从拉图尔的大量研究可以发现，行动者网络一直强调物质世界与人类世界的互相交流、游走、转译，二元论的传统社会学组合方式被全部重组，这是极具启发意义的。尤其是在媒介化议题的讨论框架中，二元化的先入为主，或是人为分割对后期的研判殊为不便。方念萱明确主张以行动者网络理论取代媒介化被误认的二元本体论，认为研究媒介化，研究者采行的也是跟随各行动者行动，用以观其连接。④ 陈品丞主张"以媒介为关键"必须再转向"以媒介为关怀"的新认识论取径。媒介与其他行动者"一起"做了什么，借着紧随多端连接的渐次开展，而呈现出不同于以媒介中心画圆

---

① 米歇尔·福柯：《自我技术》，汪民安编，北京大学出版社2015年版，第241页。

② 米歇尔·福柯：《规训与惩罚：监狱的诞生》，刘北成、杨远婴译，生活·读书·新知三联书店1999年版，第171-176页。

③ Bruno Latour. On Technical Mediation-philosophy. Sociology, Genealogy, Common Knowledge, 1994,3(2):31-32.

④ 方念萱：《媒介化、行动化：媒介化理论与行动者网络理论的对话》，《传播文化与政治》2016年第4期，第55-83页。

的结构。[①]

因此,我们理解的拉图尔,是将福柯技术治理发展为一种技术连接的异质型体系探讨的模型,作为规训主体的场所,不仅是技术渗透的空间,更是人与物发生交流的场合。博物馆技术不限于数字移动通信技术,或是当前技术环境对博物馆组织、行动的媒介化影响,而成为现代数字技术和传统文物鉴定修复技术的结合。如果将个体知识与技能构成的专业技术理解为人与传统的物质世界的沟通,可以认为新媒介传播技术帮助人与非人实现了异质型连接,实现了物质世界以非物质形态向虚拟世界的拓展。结合当前博物馆的技术使用现状,用拉图尔的技术思路解释博物馆的新技术使用,补充福柯的自主性技术阐释人类行动者的动机,描绘此间异质型连接的过程与特质,成为我们的研究目的。

第二节　何以结盟？以何结盟？

一、问题及其背景

2019年4月8日晚,微信朋友圈开始被一则"单霁翔退休"的新闻陆续刷屏,《中国新闻网》《南方人物周刊》《澎湃新闻》等媒体的微信公众号数日内接连发布多篇深度人物报道,一位博物馆馆长退休引发全网热议,以往未曾有过先例。这与"网红"故宫热度有关,也显示出博物馆的影响力正日渐扩大。当前,国内各重量级博物馆凭借优质馆藏和地方扶持迅速崛起,相互学习取经、展品交流不断增强;地方博物馆开始融入大众日常生活,成为社区活动的积极组织者;观众参观博物馆,购买文创产品,担任志愿者,客串讲解员;参与体验课程和艺术旅行亦成为博物馆爱好者的文化体验。诸多信号显示出,一场博物馆行

① 陈品丞:《从二元本体论到行动本体论:媒介化的行动者网络理论转向与实作》,《中华传播学刊》2020年第38期,第9—47页。

动者网络已经悄然发生，正如博物馆从业者所描绘的那样，"博物馆已经不再是一个孤立的、边缘的领域，而是社会生产、活动中一个积极的行动者，以博物馆为圆心，博物馆的一举一动向外辐射至社会的各个层面、国家的各个行业、研究的各个相关领域"①。全国性的文博热潮正将各类行动者吸引进去，形成多元结盟，犹如大江大河汇聚，呈现"不舍昼夜，奔涌向前"的趋势。② 显然，作为人类行动者的文博人感受到一种社会力量重组（reassembling）正在发生。

我们借用拉图尔的"联盟关系"的概念，描绘寄托着博物馆和文博界的社会想象，证明了博物馆聚集了更多行动者的事实。"联盟关系是在不断的见招拆招中形成，混乱的过程总是吓坏了那些追求纯粹的人。……不同的力量共同打造出细密的网络，这些网络是东拼西凑出来的，故而难以统一。靠着虚弱的资源层层架构、制造间隙，这才使稀薄、空洞、脆弱而异质的网络变得强壮。"③拉图尔从大量细节入手找到各种力量合作的关联，也借用各种隐喻阐释原本固化的巴斯德的细菌实验，在社会行动的运动过程中，他指出，"一个力量只要找到盟友，借以长期维持其他盟友的次序，它就能走得更远"④。

那么，代表着行动者力量重组的博物馆结盟究竟如何发生的？其力量来自何方？对这些问题的思考构成了我们研究的起点。无可否认的是，对博物馆的认知正向着物质世界与人类世界交流的空间发生转变，物联网、数字技术、网络社群都成为每年《新媒体联盟地平线报告》（博物馆版）的讨论重点。根据对博物馆未来趋势的研判，交流不

---

① 杰克·洛曼、凯瑟琳·古德诺：《博物馆设计：故事、语调及其他》，吴蘅译，"译者序：这是最好的时代"，复旦大学出版社 2018 年版。

② "不舍昼夜，奔涌向前"为北京大学考古文博学院于 2015 年 9 月 23 日主办的"考古·艺术·设计"微信公共平台的口号，主要推送文博界原创文章，举办文创赛事，举办线下活动。在创刊第三年纪念词中写道："过去一年，源流运动走出了象牙塔，也走入了艺术、设计的国度，与诸多师长、伙伴结识，一起做着有意义有趣的事，……从倾盖如故到相伴同行，源流书写下的是您与我们共同的故事。"

③ 布鲁诺·拉图：《巴斯德的实验室：细菌的战争与和平》，伍启鸿、陈荣泰译，群学出版有限公司 2016 年版，第 432、433 页。

④ 布鲁诺·拉图：《巴斯德的实验室：细菌的战争与和平》，伍启鸿、陈荣泰译，群学出版有限公司 2016 年版，第 420 页。

仅发生在人类之间,更多地在人类与非人类之间进行。可以说,博物馆提供了良好的观察地点,便于了解这一空间内不同世界的往来情形。尽管表面上看,博物馆结盟现象是一种社会文化热潮的结果,但若以行动为研究本体,过程为维度衡量,它更应被视为一种逐渐形成的、由各节点联结的动态网络。换而言之,博物馆本质不仅是网络状的行动发生的地点,它也是行动者的活动空间。在这幅参与者甚众的行动图景中,人类与非人类行动者如何组织行动并彼此关联,需要借助行动者网络理论进行深入阐释。

二、研究方法

我们的研究对象为故宫博物院所关联的博物馆行动者网络,研究时间段为 2012 年至 2019 年单霁翔先生担任故宫博物院院长的 7 年。选择正确的时间对研究的开展有重要意义,这段时间里故宫媒体形象、相关法令政策、文创策展水平均有快速提升,成为观察网络发展的重要时间段。研究所使用主要资料包括:单霁翔先生的新闻报道、公开演讲和所发表的文章、网络采访与活动视频、国家发布的相关政策与法规,故宫博物院相关的新闻报道、媒体节目,故宫文创商店及在线销售商品情况等,还包括查阅此时间内故宫工作人员关于故宫历史、策展、文创的相关文章。自 2019 年 1 月至 2019 年 6 月,我们三次对故宫进行实地调研,参观临展、特展、文创商店,与观众、导游和工作人员共计 11 人进行了简短的现场采访,问题主要是关于参观或工作感受和对故宫近年变化的评价。此外,所遇到的文博专业背景知识则通过查询资料和咨询专家获得解答。

三、研究发现

(一)展演与动员

几乎有关单霁翔先生的人物报道中都包含着这样的潜台词:故宫博物院是这场全国文博领域结盟行动的发起者与领导者,而单霁翔先生又是故宫博物院的"掌门人"。资料整理显示,在时间节奏上故宫的行动的确先人一步,早于国内其他博物馆。2012 年 1 月接受故宫博物院院长的任命后，单霁翔开始以文物和宫殿"代理者"（agent）身份展开工作。他上任后采取的行动涉及古建筑修复、文物保护、文创产品、故宫管理与社会服务四大方面。通过考察与清点家产，故宫面临的困难逐渐显露出来：展览场地不够、文物无法获得及时修复、有效保护和展出空间不足，所有的问题都指向了巨大的财政缺口。单霁翔机智的问题呈现（problematisation）犹如拉图尔笔下的巴斯德，通过公开演示说服法国民众相信看不见的细菌存在。[①] 单霁翔在上任后密集地在各种场合展示故宫面临的问题，将受损国宝公之于众的"表演性"（performativity）工作，并借助不同场合与途径传播，演示舞台逐渐从小规模专业会议扩大为全社会。他在 2012—2013 年间发表的文章和演讲集中陈述故宫的困难、已完成的工作和所期望得到的关注。当故宫开始行动之际，性质同为"不追求营利的、为社会和社会发展服务的、向公众开放的永久性机构"[②]的国内其他博物馆均未采取行动，可以说，代理者行动就是以一场公开的社会实验来展开的。

代理者向社会公开窘境自有目的，展演不仅是为了让问题被知晓，更是找寻认同、搜寻同盟者的过程。通过代理者的"讲述"和媒体不断"转述"，破败的文物与古建筑的修缮需求才得以公开。单霁翔发表政策解读和经验做法，成为国家政策阐释者和博物馆实践的代言人。他虽然未必关注过拉图尔理论，却几乎照搬了行动者网络的行动纲要。资料显示，这位代理者之前曾任职于文化和旅游部、文物局、房山区等重要职能部门，熟悉权力体系的运作方式。在运动前期，单霁翔扮演了核心人类行动者的角色，他撰写脚本（scenario），通过活动组织联系不同社群，将上级管理部门、内部的文创部门、内部整理、开放与修缮、志愿者团队有效联结，通过身份赋予，争取了同盟者，增加了社会支持。

---

① 布鲁诺·拉图：《巴斯德的实验室：细菌的战争与和平》，伍启鸿、陈荣泰译，群学出版有限公司 2016 年版，第 175-196 页。

② 这是 2007 年《国际博物馆协会章程》所下的定义，随着博物馆的快速发展，原本定义也在发生变化，国际博物馆协会正在官网向世界征集新的博物馆概念，这也是一种社会动员形式，可以激发更多博物馆爱好者参与。见 https://icom. museum/en/activities/standards-guidelines/museum-definition/。

必须指出,媒体报道并未构成行动者结盟故事的全部,故宫博物院的行动代表了故事中耳熟能详的那部分,虽然文物并没有媒体被忽略,却被描述为人类行动的被动施为对象,此外还有许多非人类行动者被忽视。拉图尔对巴斯德故事的重新阐释给予我们启发,他打破了法国媒体、史学家和人们印象中原本的"英雄史观",指出巴斯德不是一个人,每个行动者都可以成为巴斯德。他以民族学志(ethnography)和拟人手法,描绘了科学社群、卫生署官员、小人物和不曾被关注过的物质,将目光投向细菌、器材与工具等长期被历史书写忽略的"无名英雄"。[①] 媒体从人类中心主义视角出发,将单霁翔描画为个人英雄,肯定其展演行动和调动的社会力量,但如果将行动简化并归功于某个人,就很难还原这场结盟行动中的力量关系。不应忽视的是此间大量的非人类行动者的参与,补充它们的形象有助于理解完整的行动过程。

表 6-1 列出了故宫博物院的行动者网络的人类行动者与非人类行动者。其中显示的数字化、网络化、信息化元素早已参与到故宫博物院的日常工作中,数字技术分离了文物实体与影像,既可以保护文物,又方便随时展示,成为永不落幕的在线展览。数字平台展示故宫展品、爆款文创、影视节目都被用来吸引和动员新参与者。人与物的世界彼此碰撞,新的创意物、阐释文本、影像与活动在参与者共同行动中产生。目前已经获得良好反响的故宫节目有三档,中央电视台和央视纪录国际传媒承办的《国家宝藏》利用明星资源,吸引受众,讲述文物故事;《上新了,故宫》定位为文物知识科普的真人秀综艺节目,展现文创产品背后的故事和过程;《如果国宝会说话》利用每集 5 分钟的碎片时间讲述 100 件文物的故事,不少文物出自故宫馆藏。新节目开始行动,借助影像、文本、数字技术等非人类行动者的传播(diffusion),它们不仅成为文物新的代理者,而且播出过程中摄入(enrollment)粉丝,实现了全社会的动员(mobilization)。数字的、非物质的传播方式产生

---

① 布鲁诺·拉图:《巴斯德的实验室:细菌的战争与和平》,伍启鸿、陈荣泰译,群学出版有限公司 2016 年版。

的虚拟社区、线上图书馆、在线导览等与人互动为主的异质型行动者加入行动者网络后促发了更多新连接，复杂的异质网络正在生成。

表 6-1　故宫博物院的行动者网络

行动者类型	类别	行动者
人类行动者	个体参与者	单霁翔、博物馆工作人员、策展人、释展人、评展人、建筑师、修复师、导游、游客、志愿者、明星、安保、数字技术人员、拍卖师
	组织或团体	故宫博物院、其他博物馆、博物馆协会、管理机构、业务关联企业、拍摄与后期制作媒体、文创公司、短期培训班、天猫、微信、淘宝店铺、导览系统、志愿者团体、拍卖平台
非人类行动者	物质范畴	资金、库房、展厅、新媒体与播放设备、可移动文物、展品、灯光、古建筑与遗址、研究论文、书籍、电视真人秀、影片、电视纪录片、文创产品
	非物质范畴	微信公众号、微博等自媒体、国家颁布的法规法令、文物修复技术、文物知识、策展与释展、现场活动与表演、在线博物馆、在线社区

（二）文物拉开行动序幕

行动者网络理论对自然物和非生命体的关注是其重要突破。在拉图尔的理论框架中，行动者不仅包含人类，而且也必须将非人类物质世界纳入其中，后者不是人类行动者的"倒霉的承担者"，它们与人类行动者具有同等的效力。[①] 此刻，博物馆一贯重视的物以行动者的姿态重新进入我们的视野，扮演了行动中的非人类参与者，具备独特的行动能力。代理者的文物问题展演虽然依靠文物的参与，但仍属于人类世界的行动，在对称性的非人类世界中，文物如何行动才会被视为行动者范畴？实际上，行动者网络理论认为行动潜力并不是指行动者能够做某些事情，而是指那些导致行动者行动的事物，即文物是"操作意义上的行动者"，"力量源于其操作"的激发者。因纳入自然界对

---

①　布鲁诺·拉图：《巴斯德的实验室：细菌的战争与和平》，伍启鸿、陈荣泰译，群学出版有限公司 2016 年版。

称性考察而遭受"万物有灵论"的批评,行动者网络理论并非拟人化描述非人类行动者,它们与人类行动者活动状态相异,自身没有意向性,需要通过代言人(spokesman)或者代理者(agent)来表达意愿。文物无法发声,永远沉默,当人们为国宝的遭遇扼腕痛惜并采取行动改变其困境时,人类便成了文物代理者。若将非人类世界行动纳入视野,整个行动序幕便可视为由文物拉开,这实际上在文物世界里早已开始。

跟随拉图尔的分析思路,合理阐释作为无生命物质纳入行动者范畴后的行动十分必要。要明确的是,尽管行动者网络理论强调网络中行动者无地位差别,但并非认同具体实作中人类与非人类行动者生存状态和行为方式会完全不同。代表文化精粹的器物,文物的历史审美价值依附于其自然属性且受时空环境的制约。当文物被博物馆收藏,清点登记入库后,并不意味着文物与外在危险彻底隔绝。事实上,文物出土后会因环境变化发生氧化,自身材料是否耐久直接影响到对自然腐蚀性的抵御效果。文物所处的世界中,危险的敌人来自四面八方,保存环境中有害生物、地震、雨水等都是危害因素,对人类可接受的自然环境对文物而言可能是致命的,如高温或潮湿会直接影响书画作品,产生霉变等无法挽回的损失,合适的人类干预行动一定程度上会减缓文物的濒危进程,但无论如何修复文物都无法恢复往日荣光,这是博物馆界普遍承认的事实。

那么,文物为何能成功地召集人类为其代言?除了对文物的技术干预,非人类行动者的文物的高社会价值令其不同于行动者网络中的其他研究对象,作为国宝的它们独具魅力、自带光环,吸引着鉴定、考古、收藏的人类行动者。拉图尔认为,囊括非人类要素并不意味着我们面对的是二元的割裂的世界,人类世界与物质世界并不是由直线边界划开,而是复杂曲折的边界,不时地有人游走于这一领地。① 文物世界中渗透着自然与社会因素,作为器物的文物不仅包含厚重的历史文

245

---

① 布鲁诺·拉图:《巴斯德的实验室:细菌的战争与和平》,伍启鸿、陈荣泰译,群学出版有限公司2016年版。

化底蕴，同时引发人类对物的情感映射。这种关联并非始于今日，古书有不少描绘人与物的交集。蒲松龄笔下的灵石"石清虚"，以自毁来报主人知遇之恩，故事侧面反映了清末收藏之风盛行，"物痴"凸显出人与物的深刻联结。文物是古代文明的物质积淀，不仅折射出古代令人惊叹的工艺水准，更令人得以一窥难以重现的往昔世界，也就自然地吸引历朝历代精英阶层关注。文震亨的《长物志》一改"生平无长物"的士大夫理念，绘声绘色地描绘了明代珍宝及藏家的盛况。[①] 对物的迷恋折射出文人士大夫审美品位与阶层习惯（habitus），对他们而言，消费和拥有是不够的，只有将所有权转化为把玩的雅趣，才被视为财富、学养、身份、品位的综合体现。古代权贵拥有的私人鉴赏已成为博物馆研究者的日常实作对象，人与物的世界早已发生交集。

文物能否提供足够的行动召集力量？文物的世界正在因人类技术的干预而发生着改变。在故宫所进行的系列行动中，可移动文物（国宝）与不可移动文物（建筑）组成的非人类世界并非纯粹的自然世界，而是技术高度参与的物质世界，技术成为行动发生、打开通往异质性世界的大门的钥匙。故宫博物院自建立以来就一直采取行动积极保护文物。博物馆系统的文物不再是自在之物（things-in-themselves），上游的考古挖掘完成后，文物进入博物馆系统，还需要经历鉴定、考证、修复等处理流程。它们面对系统的分析和处理，进入人类的技术经验领域。人类对文物"医疗"行动远早于近年文创开发，已形成经验性的古代文物修复技术，其中古书画装裱与修复、青铜器修复与复制、古书画临摹复制、古钟表修复等传统技艺已经是非物质文化遗产。技术作为博物馆专业人士长期累积的本领，包括文物修复中身体控制、个体经验和判断操作，是以马塞尔·莫斯的"身体技术"（techniques of the body）作为经验技术参与到物的交流中。[②] 人类正在以多条行动队伍展开工作：对文物的修复一直由故宫文物医院团队进行；专业研究人员不断进行文物考证与知识建构；策展人员构思文

---

①　文震亨：《长物志》，李瑞豪编，中华书局 2017 年版。

②　马塞尔·莫斯：《社会学与人类学》，佘碧平译，上海译文出版社 2014 年版，第六部分"各种身体的技术"。

物、组织文本、进行布展；数字技术人员不断完善文物的网站、远程观展和展馆的数字化等。他们联合文物，将文史知识持续转译为解说词、文物故事、展品陈列，最终传递给大众。文物不仅参与在行动中，还为新生产出的行动者提供物质层面，因此，将需要保护和修复的文物简单地等同于弱者的结论显然过于轻率。文物很快就显现出作为行动结盟中强者的力量。

（三）人类对物的"转译"

行动者中故宫文创的异质队伍最引人瞩目。以往行动者网络的研究对象多为自然资源或技术采纳，例如扇贝、地下铁或水力发电，但文物与一般可开发资源不同，它具有美学、史学与市场价值，同时受到法律法规的保护。发展文创的优势在于可以将文物实体与售卖产品分离，对珍贵的文物不会发生任何损耗。故宫博物院的文创开发行动恰似巴斯德的"位移"，它将博物馆面对的资金缺口从谋求上级拨款变为合理开发自身资源。这一共同目标的实现可以帮助行动者摆脱困境，获得积极认同，行动中一系列身份转化因此发生：文物从亟须保护且耗费大量资源的不可开发物转变为可以开发的资源；故宫从公益博物馆转变为文创设计与销售主体；博物馆参观者和普通民众身份也转变为潜在消费者，同时获得了物质性文创产品和文创真人秀等传播内容的生产。

从 2009 年开始销售的故宫台历到 2014 年爆款的朝珠耳机，5 年时间内，这些日常美学用品和戏谑宫廷小物件每年为故宫带来 10 多亿元的销售额，初步解决了文物保护和建筑重修的资金缺口。伴随着文创模式的成功，代理者在公开场合对文物困境的展演逐渐转变为宣传新活动与新文创产品发布会。在故宫的实验初见成效后，2015 年、2016 年国家暖风频吹，陆续出台了一批文创政策，国家政策也参与了进来，作为重要的行动者扶持文创事业。[①]

图 6.1 为行动者的目标转译，故宫文创开发的人类世界实现了功能部门的重组，寻找适合的设计公司合作，开设多网络端口为售卖途径，社会集体试验的思想贯穿始终。

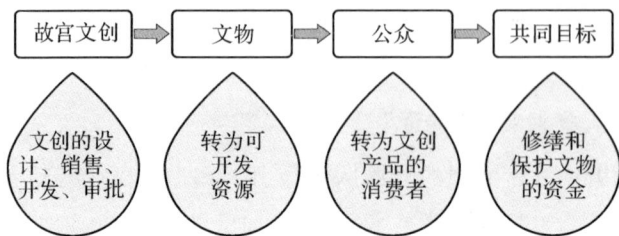

故宫文创	➡	文物	➡	公众	➡	共同目标
文创的设计、销售、开发、审批		转为可开发资源		转为文创产品的消费者		修缮和保护文物的资金

图 6.1　故宫文创的目标与转译

文创积极动员社会力量，行动中以实验方式开展。利用其他博物馆的先进经验，结合本馆特质和受众喜好，文创技术开发经历了一段时间的摸索，故宫 2012 年就开始积极参与国际展会，2013 年向台北故宫博物院文创取经，学习文创设计和商业化模式。[②] 杨弘任关注技术实验中的时间差问题，他提出"后进技术框架"与"工业地方知识"来阐释川流式水力发电的情境，指出是技术的时间差异造就了台湾地区独有的发电方式。[③] 故宫通过全社会的设计展示与招募，听取观众意见、参与审核、改动设计方案，文创消费拉近了故宫与观众日常生活的关

①　2014 年 3 月，国务院出台《关于推进文化创意和设计服务与相关产业融合发展的若干意见》，标志着文化创意和设计服务与相关产业融合发展已经成为国家战略。2015 年 3 月 20 日，《博物馆条例》正式实施，明确博物馆可以从事商业经营活动，挖掘藏品内涵，与文化创意、旅游等产业相结合，并鼓励博物馆多渠道筹措资金促进自身发展。2016 年 3 月《关于进一步加强文物工作的指导意见》，倡导大力发展文博创意产业，鼓励"社会资本广泛参与研发、经营等活动"。5 月，国务院办公厅转发文化部（现为文化和旅游部）、国家发展改革委、财政部、国家文物局《关于推动文化文物单位文化创意产品开发的若干意见》。2017 年 2 月，国家文物局在《国家文物事业发展"十三五"规划》中明确提出了 2020 年发展目标为打造 50 个博物馆文化创意产品品牌，建成 10 个博物馆文化创意产品研发基地，文化创意产品年销售额达 2000 万元以上的超过 20 家。目前，故宫在各大网络销售平台均有合作，知名度最高为 2013 年开张的故宫淘宝店铺，此外还有天猫旗舰店、微信文创馆、文创旗舰店等。

②　杨晓波：《浅谈故宫博物院文化创意产品的国际推广》，《四川文物》2017 年第 6 期，第 92-96 页。

③　杨弘任：《行动中的川流发电：小水力绿能技术创新的行动者网络分析》，《台湾社会学》2012 年第 23 期，第 51-99 页。

联，这些日常生活的新物品不仅加入了行动，在过程中即实现了行动者招募。

在日常实际工作中，技术人员除了面对文物，还需要扮演沟通大众与专业的桥梁，确保文本、影像、文创的内容准确。在动员结盟过程中，作为行动者的组织、群体、社群间的知识性差异只能仰赖专业人士借助展览文本、文物研究所进行的转译（translate），即行动者以"自己的语言说出对方的兴趣"。转译成效决定了结盟成败，这在台湾莲雾的技术研究中已得到证实。研究者发现，黑珍珠莲雾行动一度失败的原因在于公共行动社团与村落传统组织间，关于知识形式与公共性想象存在差异，而令小区最终动起来的机制是对不同文化习性进行持续的文化转译。① 故宫博物院有其特殊性，结盟困难不在于最初的动员，社群之间存在的困难是知识层面的巨大差异，如果不能顺利进行转译，将会影响社群之间的持续沟通。

在我们讨论的故宫案例中，人类社群之间、人与物的沟通借助知识和技术转译得以进行。如同巴斯德实验中的法国科学家一样，故宫的文博专家们自由地游走于文物与人类世界，文物爱好者游走于专家学者社群与普通民众间，他们都以主体性技术进行沟通，加入行动后因身份而被赋予获得更多动力，博物馆爱好者通过参与给观众讲解、传播的桥梁，进行有效转译。例如，豆瓣的文物爱好者华胥沟通着普通人和故宫文博界，因对文艺风格的熟稔和较为专业文博知识，他与专家们共同打造了《故宫日历》。成功的转译总是贴近了不同的知识层面，选择恰当的表达和沟通方式，博物馆策展者将专业内容通俗化转译，文创设计将传统时尚化转译，志愿者也是将所学向大众转译的过程。2019 年 1 月和 7 月，我们在故宫的现场访谈了博物馆志愿者、收藏爱好者、博物馆之友，他们由对义史感兴趣并且有学习能力的人士组成，因对物的"情怀"而投入时间与精力，参与动机大多表述为"自我提升""想要去更多了解"等。个体动机虽有提升审美、学习知识、充

---

① 杨弘任：《小区如何动起来：黑珍珠之乡的派系、在地师傅与小区总体营造》，台湾大学社会学研究所 2004 年博士学位论文。

实业余生活的旨趣差异，却体现出福柯的"自我治理"（self-government）的共同内在需求。

不可预见的意见和不同利益诉求随时对结盟产生影响，尤其在涉及非人类行动者文物的保护原则时，网络争议对结盟会造成一定冲击，立场不坚定的支持者随时会转为讨伐者，导致结盟崩溃。① 我们整理了相关问题，发现其中的争议多集中于广告植入、设计产权、利益分配，可以理解为不同方的利益转译争端。② 不成功的结盟运动通常是各利益方的诉求无法被接受，因此造成结盟失败。故宫的情形不同于"美丽乡村"运动的考察，后者发现权力关系与行动者网络空间并存，结盟失败与利益争端与社会不公紧密相关。③ 故宫结盟的不稳定因素确有来自利益赋予（interessement）的争执，但更多是行动松散的参与者对文物不可完全开发这一原则的强调，体现为每一次舆论风口浪尖上，"争论（argument）和修辞学（rhetoric）总是出人意料地扮演着重要角色"④。但网络事件的冲击并非全然坏事，它对结盟有一定价值，因为只有当争论发生时，整个行动者网络的振动才能被感知，原有的联结得以显现，新行动者也更容易被招募。

---

① 文物专家们对故宫发起的活动也有所质疑，指出：一是对单霁翔权力边界的质疑，二是对待珍贵文物是保护还是展出的争论。《千里江山图》在单霁翔的任内全卷打开过两次，分别是 2013 年的"故宫藏历代书画展"和 2017 年故宫博物院午门的"千里江山——历代青绿山水画"特展。书画文物容易展出受损，是否应该静养，引发了争议。为了实现共同的财务目标，故宫不仅依靠文创，也依靠展览、活动创造流量和关注度，但保护文物是不可撼动的原则，原则被触碰会引发损害文物的激烈声讨。

② 故宫近年引发的网络争论话题包括：2007 年的故宫里的星巴克事件、2011 年的故宫国宝失窃案、2011 年故宫送公安机关锦旗的错别字、2018 年故宫娃娃"俏格格"身体设计侵权 AZONE、2019 年 2 月上元之夜太和殿的广告商灯光、2019 年 5 月故宫角楼的火锅争议等。我们在访谈中发现，对故宫活动参与度高的行动者可以划归为稳定的行动空间，故宫文创、展览虽然有广泛行动者参与，但从社会大范围看，这张巨大的行动网络较为松散，处在时刻变化中。

③ 陈培培、张敏：从美丽乡村到都市居民消费空间——行动者网络理论与大世凹村的社会空间重构》，《地理研究》2015 年第 8 期，第 1435-1446 页。

④ 刘文旋：《从知识的建构到事实的建构——对布鲁诺·拉图尔"行动者网络理论"的一种考察》，《哲学研究》2017 年第 5 期，第 120-127 页。

四、结论与讨论

故宫博物院作为中国最具盛名的博物馆,身负知识研究、教育机构、文化宣传等多重社会责任,在行动者网络理论视野中,它是聚集人类与非人类行动者的混合体。在当前新技术发展的推动下,人与物之间产生异质型连接变得更为普遍,异质型连接既建立于传统博物馆专业人士主体技术干预基础之上,同时也依赖各种新技术体系使用的效果。我们的故事并非由人类英雄开始,这场序幕借由非人类行动者——故宫的文物与古建筑拉开。思想开放的博物馆馆长作为文物代理者,通过展演、设计和召唤,推动人类世界的行动者参与。值得注意的是,这一过程并非自上而下由权力体系推进的,而是带有实验性质的多方转译过程,并通过大量的异质型连接例如博物馆、媒介中介、展览策划、文创实践、人与器物、建筑等行动者不断发展连接而共构(co-production)。

以往被忽视的异质性行动者们在行动过程中异常活跃,包括新加入的产品和技术,获得新身份的行动者,观展与消费的行为人、被开发的文创产品、数字平台的技术和设备、国家与文物相关的各种法律政策等陆续加入,它们伴随着行动的深入产生了文化与技术的混合装置(culture-technical market device)的社会想象。以集体试验方式进行的文创行动扮演了这套运转装置中最瞩目的一套齿轮。故宫文创行动不仅招募了各方行动者,更让参与者在行动获得身份转换,在成功的利益转译后完成了共同目标。我们认为,是博物馆文物的特质决定了网络组成原则和行动步调,它们虽然在物质上脆弱,却有强烈的文化感召力,虽然微小却并非弱者,而是可以合理利用的巨大资源,构成这场运动中物质与人粜的异质性连接的关键链条。在博物馆强调重视受众(人)体验,发展数字保存和观展等系列行动策略中,文物是历史的物质遗骸,是博物馆的宝藏,也仍然是实现各种行动的核心力量。

以上我们讨论了技术转译与物质实体的关联,也描述了它与人类共同参与的行动结盟,在新技术被过度关注的研究趋势中,以实验方式看待物质与人类、与非人类的异质型连接过程，并对研究对象的关键特质予以更多关照是我们对后来研究工作的建议。

第三节　故宫文创：一种创意技术体系的社会实验及转译

一、问题的提出与背景

故宫是一个活态的生命体。这是我在一次次走访中，在紫禁城九千多间房屋、每一个院落的考察体验中，在与每位故宫人交谈中获得的最为深切的感受。古建筑及其藏品，是中华民族五千年传统文化的积淀与结晶，承载着我们民族的精神与信仰，铭刻着我们祖先的梦想与智慧。每一件文物都是一段精彩的历史，都记载着曾经的辉煌；每一件文物的背后都有一个个鲜活的灵魂，都有动人的故事。[①]

我们要以更大的力度、更实的措施加快建设社会主义文化强国，培育和践行社会主义核心价值观，推动中华优秀传统文化创造性转化、创新性发展，让中华文明的影响力、凝聚力、感召力更加充分地展示出来。[②]

党的十八大之后，国家日益关注对传统文化资源的创意开发，从国务院到各主管部门陆续发文，为文创产业的发展提供了政策保障。政策快速出台的背景是文创产业从探索到引领社会文化热点，故宫文创在 10 年间完成了从小规模尝试到大规模商业行为的转化。至 2018 年底，故宫共研发了 11900 多种文创产品，文创产品成为传递故宫文化的重要渠道，让故宫开始逐渐为大众熟知的是从 2009 年开始销售

---

① 单霁翔：《故宫，一个活态的生命体》，《中国纪检监察》2018 年第 1 期，第 54-56 页。
② 习近平 2018 年 3 月 20 日在第十三届全国人民代表大会第一次会议上的讲话，http://www.ccps.gov.cn/xxsxk/zyls/202005/t20200515_140313.shtml.

的故宫台历和2014年的爆款朝珠耳机,更有《上新了,故宫》以明星、文创、故宫文物与建筑讲解融于一身的文化类真人秀节目助阵,文物与创意结合成为新的经济增长点,作为博物馆的故宫身份更为丰富,成为文化开发的主体与资源拥有者。

故宫公开发表的关于文创产业的论文中,基本以阐述故宫文创部门的实际操作为主,包括单霁翔先生的工作总结、博物馆的基本介绍、对政策和人们观念的推动等。而媒体对单霁翔的大量报道也未构成行动者结盟故事的全部,故宫博物院的行动代表了故事中耳熟能详的部分,虽然文物并没有被媒体忽略,却被总是描述为人类行动的被动施为对象,而不是有行动力量的人类行动者。媒体从人类中心主义视角出发,将单霁翔描画为个人英雄,肯定其展演行动和调动社会力量的能力,但如果将行动简化并归功于某个人,就很难还原这场结盟行动中的力量关系。我们希望与以往行动者网络理论所擅长的,补充媒体描绘的英雄故事中所缺失的内容,这包括非人类视角中的文物、故宫的品牌价值和作为资源的受众、设计公司等不同的角色。

伴随博物馆社会功能的复杂化,研究开始触及相关的物质传承、媒介传播和时空异质议题。在历史博物馆展示中,物与人的关系十分密切,物代表着人的文化高度,提供了美学、历史、政治等多方面的资源,观众与物的关联需要策展布置、讲解、观看、理解,甚至表述和交流才能充分建立。但文创产品是一种特殊的"人工之物",它通过设计让历史与现代在巧妙的语境中发生对话,博物馆的功能从策展宣传发展为提供文创消费品,将传统文物的"分身"设计成品,并与观众的日常生活发生关联,这是受到了消费社会、体验经济的社会趋势的鼓动而衍生出的传统文化与商业的结合。尽管如此,国内博物馆的文创研究并不令人满意,大多集中于文化产业和博物馆内部的讨论,这包括对博物馆自身探索的经验总结、学习世界知名博物馆的先进经验,以及博物馆的创意设计方式、经营模式和知识产权问题的简单描述。

故宫博物院的文创产业虽有从经济、设计、文物等领域展开的讨论,但多为人类英雄主义视野和经济层面的论述,缺少非人的文物视角,也忽视了行动层面的诸多细微之处。故宫的文创行动被简单描述为学习其他博物馆的经验，借助互联网销售爆款，引发社会参与的文创商业化过程。以行动者网络理论描绘故宫博物院文创行动者网络的动态图景，我们会意识到，结盟行动由人类与非人类世界的行动者共构诞生，异质行动者（文物）通过召唤行动者，依靠代理者展演逐步展开行动。正如前文所讨论的，单霁翔作为人类代言者的展演行动，争取了政策松绑和社会支持，文物、故宫、观众的身份和认知都发生了整体位移，形成全社会关注且参与的故宫文创结盟。

然而，对文创这一兼具创新问题的研究，我们需要收集具体情境的细节，这也恰恰是拉图尔理论的魅力所在。从故宫文创产品的生产流程与特质分析，讨论应关注文创行动的两个阶段，即产生初期的各方转译与位移和行动扩大后的利益纷争。我们发现文创商业化的技术体系在结盟过程中，虽然有共同的利益目标，但彼此的边界仍然需要通过行动不断商榷、重新确立。同时，在政府、社会参与支持的大背景下，故宫博物院特殊的身份地位对异质性连接是否产生影响？是推动了结盟的形成还是抑制了结盟的发展？文创产品意味着作为蓝本的文物向着创意资源转化，故宫的社会文化资本又扮演了何种角色？文化物质世界如何转化为一种新的符号性与日常使用工具兼具的商品？

二、研究框架与方法

行动者网络理论的核心任务为描摹社会领域的各个异质层面如何聚合、混搭、组装成一种不同力量的支配模型，这与法国哲学近年对人类文明演进的跨物种、跨学科探讨取向密切相关，哲学家米歇尔·塞尔将自然与社会、政治关联在一起的"生地法则"与拉图尔的异质性连接探讨，声气呼应，彼此影响，并同时受到福柯权力规训和技术治理思想的影响，福柯的技术思想所受关注向来不高，事实上，"技术是福柯赖以理解世界的透镜，技术引导着行为"[①]。福柯对组织内部知识主

---

① 史蒂夫·马修曼：《米歇尔·福柯、技术和行动者网络理论》，孙中伟译，《国际社会科学杂志(中文版)》2014年第4期，第100-114页。

客体的讨论始终定位于一种技术架构中,他声称自我技术是"使个人可以通过自己的手段或他人的帮助对自己的身体和灵魂、思想、行为和存在方式进行一些操作,从而改变自己,以达到某种幸福、纯洁、智慧、完美或永生的状态"[①]。

但拉图尔将福柯的技术治理的思考引入了一种新方向,通过打通不同物质属性差别,将行动视为技术连接的异质性体系的结果。从这层意义上,福柯视野中作为权力规训场所的博物馆就转化为技术体系建立,人类与非人类交流、并肩战斗,在行动中结盟的空间。博物馆技术不限于数字移动通信技术,或当前技术环境对博物馆组织、行动的媒介化影响。

我们的研究对象为故宫博物院的文创实验行动,在创意设计、生产、审批、销售环节中,物质与非物质和各种社会力量组合为复杂的技术系统,思考这一社会行动表象下各行动者的利益诉求、权力运作与设计环节。随着文创行动的发展,博物馆以往的展览空间不断向外延伸,包含了文物空间、设计公司、销售平台、消费者家庭等不同空间。结合行动者网络理论对自然物和非生命体的关注,文创在设计、生产、展演过程中,物与人的号召、互动和使用就成为重要问题。当前行动者网络中的主要行动者,包括故宫博物院不同分工的人类队伍、器物与建筑、文创衍生品,他们在行动过程中扮演各自的角色,它们如何按照脚本开始行动,与创作者之间的关系和互动模式,以及在实作过程中各方是否因利益争端而产生矛盾,这些都是研究的议题。

本研究的时间段为 2012 年至 2019 年单霁翔先生担任故宫博物院院长的任期。作为故宫文创行动结盟的时间段,故宫媒体形象提升、法令政策完善、文创策展更是引发社会热议,这时间段成为网络中行动者的连接与变动的重要时间,行动者网络并不是一种明确的对象,而是不断变动的力量描绘。研究的主要资料包括:单霁翔先生的新闻报道、公开演讲和所发表的文章、网络采访与活动视频,国家发布的相关政策与法规,故宫博物院文创相关新闻报道、媒体节目,故宫文

255

---

① 米歇尔·福柯:《自我技术》,汪民安编,北京大学出版社 2015 年版,第 241 页。

创商店及在线销售商品情况等，还包括查阅关于故宫文创的参与者所发表的文章。但博物馆文创的过程似乎是一个黑箱，即使在故宫的自我介绍中人们也只能看到结果，其中设计和审批的各环节，设计师、不同公司和组织部门彼此商讨协调也多处于不清晰的状态。主要资料来源选择故宫拍摄并发布的文创真人秀节目《上新了，故宫》（第一期和第二期）及故宫博物院三份刊物《故宫博物院院刊》《故宫学刊》和《紫禁城》杂志。面对这一行动网络的特性，多点方法论（multi-site methodology）较为适宜，必须找寻文创设计者、博物馆管理者、销售者、不同类型的受众进行访谈。为此，自 2019 年 1 月至 2019 年 6 月，我们三次对故宫文创商店、销售人员和工作人员共计 11 人进行了简短的现场采访，问题关于文创产品的销售与评价，同时对某省级博物馆的文创管理者进行了深度访谈，了解故宫文创行动对地方博物馆有无借鉴意义，文博专业背景知识则通过查询资料和咨询专家获得解答。

三、研究发现

行动者网络理论强调的是行动的过程，是一种力量强弱的对比。那么值得观察的是，谁由弱变强了？谁在其中获利了？假如行动转译顺利，符合各自的旨趣或者是利益，那是人人获利的理想状态。故宫各行动方在结盟过程中的转译十分成功，但需要不断重新确立边界，彼此力量的强弱也在变化。拉图尔讨论的是社会实验中公平公开的竞逐，但利益不同的供应商，将其内部的不满引至表面的争斗，重要原因就在于经济利益分歧，表现在：合作厂商受到利益威胁发声；国内文创市场核心参与者、文创经营者和设计师们，短期内也没能力生产出匹配需求产品，经营者们天天多弄项目、多搞补贴，怎么来钱快怎么干，设计师在商业上的无力导致离决策太远。

文创产品的设计与形成路线与一般的艺术作品不同，它是直接从客户端，也就是受众的需求开始构想，同时，文创还拥有作为蓝本的文物。故宫的每款文创产品研发投入为 20 万～30 万元，每年文创产品研发总费用 1 亿～2 亿元，每天都有产品在研发，每隔几天就会有新产品上线。主要采用与设计单位合作形式,有委托制、项目制等方式;文创产品平均设计周期为半年,包括前期与故宫专家沟通,了解文物内涵,然后调整修改设计,打样后再次修改,最终的上架前测试等步骤。

我们收集了消费者对文创的设计不满意的内容,突出表现在以下几方面:

首先,文创产品质量不过关可能直接关系到对故宫的印象,这是故宫文创不愿意看到的。在故宫淘宝上我们会看到对故宫口红外壳的质量不满意,很容易有划痕。故宫曾经趁着国内"汉服热"推出了一系列汉服,售价不菲,但并没有受到汉服爱好者的肯定;相反,爱好者对故宫的汉服的质地、长度、式样和穿着场合这些专业知识进行了全面批评,认为汉服没有达到普通标准,反而问题较多。

其次,文创产品利用的是文物的花样、图例进行装饰性设计,这很容易移植在文具、玩具、摆设或小礼品中,比如胶带纸、故宫猫的摆件、各种书签、贺卡、行李牌。但也会存在一些设计庸俗化情况,或者在日常使用中发现的不合理之处。例如有的倒流香在视频演示中展示出烟雾袅袅的美景,但消费者日常使用时烟味大到呛人,燃烧完毕后的油渍也非常难清理,最后成为摆设。这说明设计师设想的使用效果,或人们对文创产品使用的预期效果与真实使用效果之间有较大差异。

再次,故宫近年与很多企业合作,文创涉及过多产业,跨界太大,对故宫品牌的无形资产也存在损耗。其他地市级的博物馆人员都非常羡慕故宫文创的收入,但均表示在国内就只有故宫能这么做:"完全没有办法效仿,每个博物馆只能根据自己情况摸索。"(某地博物馆馆员 C,2020-10-20)通过与不同厂商的品牌合作,故宫将触角伸向了礼品文具、化妆品、日用品和文具,与厂商的深度品牌合作,只能采用对方有把握的技术或者原料,如故宫紫檀护肤品系列,采用了紫檀的水、原材料和玻尿酸。在品牌合作中,一旦产品设计与质量有问题,大家会将批评矛头对准故宫,故宫及其品牌声誉会受到冲击。

最后,文创开发种类与成本相关。小批量生产对普通博物馆而言就很困难,博物馆和设计师从设计端连接市场需求端提出设计稿,在产品生产方面是依靠原来做大批量小商品的工厂(很多是作坊)来完成的。在生产端存在因为订单太小，工厂并不重视的情况。这不仅因为文创运营商体量都不大，更因为文创产品的淘汰率很高，研发的产品能在市场上畅销的大约在20％～30％，大多数产品其实只有打样和小批量生产，后续是没有大单的。另外，设计师对工艺技术并不熟悉，对制造商来讲，一个产品就是一个行业，而在他们看来绝大多数的设计师都是外行人，因此在对接上，必然需要磨合的过程，而对厂商的专业能力，包括对工艺技术、对图纸的理解能力、结构设计能力、审美都需要有初步判断。厂家的职业素质，每个环节的沟通和及时交流也很重要。尤其是工期比较赶的，打样过程中任何一步的失误都会导致最终成品还原度不够。

研究还发现，人类行动将博物馆资金缺口转化为文化符号资源的商品化，文物转变为可开发资源后，故宫文创部门、设计师、厂商和销售店铺形成了创意商品技术链条。文创产生和销售流程成为具有实验性质的多方转译，因创意追求和市场压力始终处于变化中。作为非人类行动者，文物的物质性特质决定了文创操作的基本策略，挑战行动原则会直接影响结盟的稳固度。具体说来，文创体量过大且缺乏精品，文创体验和旅游的体验不佳，以及故宫的无形资产过度耗竭，都成为网络结盟分裂的潜在因素。

故宫内部进行文创设计和销售的部分也颇为繁杂。故宫淘宝（品牌授权性质）和故宫文创天猫旗舰店（北京故宫文化传播有限公司），两者的性质、定位、对口单位都不同。此外，故宫还有微店、线下商店等各种设计与销售途径。淘宝更大众化，主打策展、研究、教育和外事接待任务繁重，故宫淘宝是进行品牌授权的，其运营主体是北京尚潮创意纪念品开发有限公司，商品服务对象多为学生和参观故宫的观众，整体风格上偏向轻松卖萌。对中小公司和设计人员而言，担心的是创意成果被剽窃，尽管这是设计行业的普遍问题，另外担心的是设计中用心的方案设计无法通过。故宫的多重身份形成了复杂的情况，但中小企业和有创意的设计师愿意与故宫合作，可以获得知名度的提升，形成广告效应。对其他博物馆而言，也只能表示羡慕，却很难有借鉴意义。

拉图尔的"时空的折叠"的阐释是："技术是一个复合物,它的各个组成分子可能是在不同的人、不同的地方和不同的季节里、以不同的方式制造出来的。因而工艺的出现预设了在不同时空下工作的人们的协同合作。"拉图尔不仅将人和人类掌握的工具手段等而视之,而且也看到了外在条件的重要性,虽然人是万物之灵,但也需要各种手段和工具进行生产,而且人类对科技的掌握同样需要外在条件的辅助,不管是科技还是工具,都是在不同时间、人类和非人类的结合,都为人类发展积累条件,只有在条件符合的情况下,人类与非人类的混合物才能穿越时空,走向更遥远的未来。

当争论发生时,故宫的象征性地位很容易在网络和舆论中产生紧张感,张力呈现出经济、文化甚至政治场域的复杂和丰富性。文创发展不仅是故宫博物院官方和企业界的驰骋原野,也成为人类与物质世界交互所在。故宫面对的过分商业化的质询,其中就包含了对维护文化意义和历史价值的态度,体现在文物保护和故宫形象维护的分歧中。当涉及非人类行动者文物的保护原则时,网络争议对结盟会造成一定冲击,立场不坚定的支持者随时会转为讨伐者,导致结盟的崩溃。对文物资源被过度开发的忧虑,可能会迅速结起另一个反对派联盟。文物与一般可开发资源不同,它既具有美学、史学与市场价值,也受到国家法律法规的保护。珍贵文物被过多展示和过度开发也会引来其他行动者的反对,行动结盟冲击不止围绕着经济利益,对文物保护的文化意识也成为争论的焦点。过度商品化和艺术化虚构产生的历史疏离感,会激起学界的批判,这声音不止来自文博圈,甚至来自故宫自身的专家。

文物面对商业力量和资本逻辑介入时,人类可能会接受或转化、分化、抗拒。文物专家们重视文物的价值,倾向于否定世俗的经济逻辑,高度关注文物的安全,即使故宫内部的专家们对故宫书画展览活动也有所质疑,对待珍贵文物是保护还是展出的争论始终未停息过。《千里江山图》在单霁翔的任内全卷打开过两次,这类知名书画究竟应展出还是"静养",引发了不小的争议。故宫角楼火灾引发人们对故宫古建筑安全的质疑,元宵节之夜太和殿顶上被打上了开发商的灯光,也引发人们对文物没有得到尊重、被过度消费的不满,甚至引发了对文物代理者单霁翔权力边界的抨击。

借助文创事业,博物馆原本的文物转换为创意实验的资源,整个文创行动过程中文化资本差异的转译是否顺畅?对故宫而言,文创是创收手段,却并非其最重要的业务。我们整理了相关问题,发现争议多集中于广告植入、设计产权、利益分配,可以理解为不同方的利益转译争端。

非人类与人类行动者之间进行转译多半需要依靠专业人士的解读。故宫博物院有其特殊性,其结盟的困难不在于最初的动员,而是社群之间存在知识层面的巨大差异,如果不能顺利进行转译,将会影响社群之间的持续沟通。人类世界与非人类的物质世界并非直线分割的二元世界,而是蜿蜒曲折的边界,不时地有信使游走于这一领地,这通常由文物爱好者和专业人士扮演。但对设计人员而言,缺乏对文物的背景知识,很难在这一领域内游刃有余地行走。

文创需要一个蓝本,文创适合的原型既包括知名的文物,也包括较能转化的文物,关系到文物与大众化的平衡。台北故宫博物院的翡翠白菜文创原型即慈禧太后最喜欢的玉雕翡翠白菜;故宫的《千里江山图》《清明上河图》也被设计成各种案头文具或生活用具;熟悉的文化元素——祥云、仙鹤被大量使用,清代朝珠、汉服、娃娃也被广泛生产,成为故宫文创产品的内容。文创部分的文字阐释体现在购物物品的外玻璃纸包装上,通常都会仔细地写着取材于故宫的哪件文物并附上对文物的基本评价,让观众获得一定的知识信息。在故宫口红、故宫面膜的销售中,故宫只为文创提供品牌和产品外观,包装有美人图或者相应的文物图样,增加了产品的颜值。

设计中存在的另一个最大问题是文创产业存在的社群知识转译困难。与一般天马行空的创意略有不同的是,文创产品通常以一个基本文物为依据,所有的联想都来自某个有据可查的文物本身。文创讲究的是创意,需要巧妙地构思,将文物抽离它的原本历史情境,融入日用品中。但当前大部分文创只是进行了外观形态的某些元素复刻,也就是通过象征符号的生产(symbolic production)串联起与日常生活的

260

关系,或是通过大规模宣传,唤起消费需求。优秀的设计师娴熟地运用再现、意义及符号,同时也需要有一定的文物基础知识或生活经验,在新的生活中产生一种美学碰撞,并在过程中多次讨论和打磨。这种磨合如果缺乏足够的文物资讯的指导,就只能凭借设计师的能力去进行简单的元素拼贴,或是选择卖萌的或时尚、有趣的低端产品路线。设计师需要跨越符号和物的界线,对文物进行重新设计。专业文博人员与普通设计人员磨合不足,缺乏对接的情形造成了设计稿缺乏沟通,很少有从文物深度研究后延伸出的灵感,某些让人眼前一亮的设计在日常生活中缺乏实用性,甚至不时闹笑话。向批量生产的日用品行业进军涉及的问题包括产品外观设计、质量、使用体验的细微差异。在快速更新的市场中,尤其是更迭极快的文创产品中,厂商使用已有的产品形态可以避免开发成本,但有抄袭嫌疑。在故宫口红大战中,故宫口红的外壳仿照了当前市场上热门的汤姆福特口红壳和纪梵希小羊皮口红的外观,甚至口红色号都直接抄袭了圣罗兰的"人鱼姬"名称。

同时,技术人造物在审批和上报过程中遇到权力的"黑箱",这是设计人员无法控制的局面。小公司之间有时会形成激烈的竞争关系。故宫淘宝是大家最熟悉的故宫品牌授权商,在其经验累积后故宫开始以故宫文创和北京故宫文化传播公司的名义进行新的业务拓展。故宫文创开发的人类世界实现了功能部门的重组,寻找适合的设计公司合作,开设多网络端口为售卖途径,但在审批和对接环节上形成了一些权力的"黑箱"。包括故宫淘宝和故宫天猫店的嫡庶之争成为一大热点,人们才意识到不同的端口形成了不同的销售主体。它们之间存在对其他行动参与者的争夺,谁获利在于谁先抢到先机。

生产厂商需要技术试验与经验累积,而文创讲究文化创意,作为文化消费品,其设计、生产时间很紧迫,质量上并不容易达到日常用品替代品的标准。与设计不相匹配的产品质量导致淘宝、天猫等在线店铺中对文创产品的评价两极分化严重。尽管故宫强调积极采用新技术参与文创制作,如采用3D建模技术研发的陶画彩胡人拉马俑伞、陶单髻女立俑伞,采用无线加热技术研发的千里江山文化暖心画轴等,如果使用的是成熟的技术，其水准基本可以获得保证；但如果在产品和设计中初次使用某种技术，或者小批量尝试性使用，技术控制、产品质量和最终效果都很难得到保证。

四、讨论与发现

故宫博物院在文创实验中，人与物之间建立起了紧密的异质性连接，成为传统博物馆专业人士技术干预环节的延伸。博物馆从文物活动的舞台、背景或放置地转化为创新灵感的来源地，异质性行动者发生关联的场所。权力体系加入提供保障，通过大量的异质性连接，例如博物馆、媒介中介、展览策划、文创实践、人与器物、建筑等行动者不断发展连接实现共构（co-production）。通过分析，我们有以下几点发现：

文创产品的物质性决定了行动者网络的行动结盟方式。博物馆文物虽然在物质上脆弱，却有强烈的文化感召力，虽然微小但并非弱者，而是可以转化的巨大资源，构成运动中物质与人类的异质性连接的关键链条。以博物馆强调重视受众（人）体验，发展数字保存和观展等系列行动策略中，文物是历史的物质遗骸，是博物馆的宝藏，是有召唤力量的行动者，没有它们的社会文化价值和影响力，就不可能有如此社会效应的大规模行动。同时，文创产生了一种将博物馆物质碎片化、分身化的可能，以符号化的日常美学与使用者的家庭空间重新结合，新行动者参与了博物馆与使用者的连接中。它包含了对博物馆空间的隐喻，也可能有一段旅行的时光记忆。文创产品来自博物馆这一异质性空间，又再次成为异质性空间的表征。在这个异质性行动空间反映出的冲突不仅是不同社群间的困难，也是权力运作的场域和凭依。

行动者网络理论中强调的永远是连接合作而非对立冲突。决定结盟运动成败的因素不在于行动者的类属，而是在于力量的对比，这种对比并非故宫与小企业这种恒定的、显而易见的体量或能量上的差异，而是结盟的理由是否令人信服，是否足以说服各方行动者，而这并不一定是利益的转译。在这个案例中，有趣的是力量会此消彼长地转化,并不会永远是结盟占据优势。在行动者网络中我们能看到福柯所讨论的权力与规训,也能看到拉图尔所描述的黑箱,它们有趣味地交织在博物馆这一空间中,但行动者网络理论更大程度地描述了博物馆近年的变化。

行动者的行为不应视为机构或组织的行动,也绝不囿于博物馆这一文化范畴,而是掺杂了政治和经济议题,充满了话语争斗。可能的纷争体现在策展水平、学术研究、国家认同或美学品位等观念的差异上,也可能是专家们对保存特定建筑的要求,或是对某一书画多次展出的抗议。保存与开发文物资源并非纯粹的文化选择,多少涉及政治关联和经济利益,故宫凭借强大的文物资源进行文创产品的开发,权力运作和借助媒体获得的普遍支持,才可能有行动者们在文化产业发展和博物馆开放的经济脉络中彼此行动,相互关联,发展出更多行动圈层。故宫博物院的文创行动改变了其组织、院内组成,但很难影响其核心的保护文物的主要任务。文创要走出完整的设计流程路径很困难,但照搬现有模式却很迅速。优质的文创产品仍然耗费心力,仍然需要社团彼此充分转译知识与利益,持续行动。

以集体实验方式进行的文创行动扮演了这套运转装置中最瞩目的一套齿轮。故宫文创行动不仅招募了各方行动者,更让参与者在行动获得身份转换,在成功的利益转译后完成了共同目标。各种行动者在博物馆这一异质性空间中异常活跃,包括文物、新加入的产品和技术,获得新身份的行动者,观展与消费的行为人、被开发的文创产品、数字平台的技术和设备、国家与文物相关的各种法律政策等陆续加入,它们伴随着行动深入产生了文化与技术的混合装置的社会想象。我们通过技术转译与物质实体的关联,描述了非人类与人类共同参与的行动者网络的建立与威胁,在对异质性连接过度集中了技术采纳研究中,将目光重新投回物质体,对研究对象的关键特质予以更多关照是我们对后来研究工作的建议。

故宫博物院的文创技术体系并不是传统意义上的一种整合的创作空间,相反,它具有空间分散、主体多样、利益主体多样的特质,因此形成了一种空间并置的行动特质,通过利益转译,我们发现故宫博物

263

院文创行动不时显现出国家政府为关键行动者的异质行动者网络，通过文物代理者的不断转化，实现了文创网络不同群体间彼此经济利益的转译，行动者们参与了文创产品流程，文创消费者也加入了行动者网络。随着代理者单霁翔先生的退休，故宫文创行动者网络缺少了有力的代理人，呈现表面转弱的趋势，但实质上，无论是故宫的产品上新或是日常销售的步伐都没有停止过。行动者网络中，值得注意的是尽管拉图尔认为行动者彼此并没有差别，但拥有权力和资源的故宫仍然表现得最为令人瞩目，是体量最大且拥有权力和资源的行动体。研究表明，在故宫文创的实验过程中的问题展演与动员阶段是成功的，但在利益分配过程中因涉及象征意义的文化资本，其过度商业化的挖掘产生了一定的争议。同时，文创设计位于文物、设计、技术、美学等学科交界点，结合了艺术灵感与日常生活、时尚元素，珍贵的书画、珠宝、器物、建筑的物质形态外观如何经由设计流程进行转译，这与设计流程、博物馆体制和消费社会彼此关联。故宫的文创不再是新物件或是某种创意技术发展的片段，不同利益团体如何参与行动中，文物的安全原则、作为无形资产的故宫品牌等都成为重要的影响因素。

第四节　本章小结

拉图尔在 20 世纪 80 年代倡导的行动者网络理论已经作为一种方法论工具，被社会学和其他一系列学科如城市设计和公共卫生等所采纳，近年来也被传播学者、社会学者用于讨论中。在关于实验室的研究中，拉图尔不仅揭开了知识社会学中的"黑箱"，更指出以往我们认为孤立的物件拥有如此巨大的力量，原因是其背后围绕着被动员起来的各种因素构成的复杂网络。一个事实的社会"网络化"程度越高，即产生这个事实涉及的人和事物越多，它就越接近真实和难以被替代。拉图尔认为，通常人们归功于巴斯德个人天才的"医学革命"，应该被看作医生、护士和生物学家及各种非人类世界之间发生联系的共同结果。科学的社会性在于它汇集了大量人类和非人类的实体，并利用这种集体的力量来行动和改造世界。

透过拉图尔的理论透镜,我们意识到博物馆作为一个研究对象所具备的独特性,它聚集了空间和各种异质性的行动者,具有调动各种行动者的特殊力量;同时它又与商业化的投资人、赞助者、政府管理机构、文创设计者、加工工厂等组成了极为复杂的系统。不同物的表达方式和行动方式也千差万别,需要去解读、转译,不断地形成一种共同目标。我们在理解这一切的过程中,需要更深刻地理解博物馆场域中的时间与空间的独特之处,也需要深刻理解博物馆的知识生产过程,以及人与物的复杂互动关系。

结　语

　　坦率地说，在这次课题开始之际，我完全没有预料到这次研究将通向何方。国内媒介在这几年变化极其迅速，对普通人来说，购物、学习、工作都因媒介化的深入产生了完全不同的面貌。最初我研究的目的不过是弄清楚受众研究将去往何处，在这个媒介化的时代，未来的媒介技术将如何改变和影响我们的生活，我们与媒介的关系如何互相形塑。在模糊粗浅的直觉指引下，笔者发表了几篇文章，也做了一点个人感兴趣的翻译工作，空闲时间我开始尝试着把这些文章放置在一起，看它们与选题是否有一致性。主题基本呈现出一种共同的关切，那就是在技术背景下对行动中的个体与社会结构的关注。

　　技术与社会的互为形构这一问题可以进行观察与哲思，也可以通过实证研究获取发现。通过对周围生活中的问题进行理论提炼，我们进行了不同问题的研究设计，完成了多个不同地点的访谈，其中包括了在线和线下调查，研究对象包括中产阶层、城市传播、在线劳工等，研究框架包括了性别研究、消费主义等，对一些不同问题得出了初步结论。本书的研究通过两个维度同时进行：一方面是微观的个人情境维度，旨在考察特定媒介何以塑造了特定的交往情境与互动形式；另一方面是宏观的文化维度，旨在考察新媒介与原有媒介矩阵的融合何以改变了社会互动与社会结构。从整体情况看，这两条路径与当前媒介化的社会现实都基本符合。

　　实际上本书中包含了两种媒介观念，抽象而言，是将媒介视为我们生活的外环境,它与人类始终保持着密切的交流,正如《周易·系辞传》云:"仰以观于天文,俯以察于地理,是故知幽明之故。"历经千年,新的媒介环境代替自然、社会环境,更为紧密地将人类包裹,在日常生活中须臾不可分离。本书思考的是媒介作为我们的外生环境,如何与我们声息相通,互动共生。

具体地说,就是将媒介理解为略微狭隘的技术实体或系统。都市人的移动与谋生、消费与劳作,都完全依赖手机这种移动终端的媒介化体系来操作完成。本书从新媒介出发,脱离了传统的媒介范畴,将种子宫殿、灯光秀、博物馆这些难以归类的媒介都纳入我们的研究视野,并以全新的理论进行阐释。本书对城市空间的研究并非都市在全球网络化中的地位和社会结构变化的研究,而更多涉及中观和微观层面的都市化、媒介化考察。中国当前社会情境体现出都市的复杂性结构与个体在日常生活中试图平衡两者的矛盾,因此个体需要不时地适时调整自己以适应外部力量变化,每个人的生存方式都必须与媒介化社会系统合拍。本书试图构建一个日常化的媒介使用视角,观察一个大的结构性变化如何由各种类属间互动并逐步生成。

在全书完成之际,笔者的立场越来越清晰,它可以被描绘为一种后现代的理念,同时也更注重研究对象的关系和它的物质性。研究结束后笔者的反思是,我们实际上对媒介理论的预设是媒介的物质性有形塑特定传播、沟通环境的能力。为此,特定媒介的质地与特征、媒介被人们使用的方式及与媒介使用相关的日常生活实践、环境配置、权力关系等,都成为研究的重点,这包含了媒介与空间的交互、空间中人与人的交流、人如何以具身感知和视觉方式去观察媒体,感知周围的媒体环境。同时,物质文化和物质系统不再被视为天然存在的环境与条件,而可能是耦合的,以各种形式关联的系统组成。

尼克拉斯·卢曼认为,社会交流只是在交流中发生,而不是发生在做出交流的个体之间。这一观念受到格拉汉姆·哈曼的高度赞同,他物的实体论聪明地调和了以往人与物、可知与不可知论的矛盾。但他坚持的落脚点始终在实体而非关系中,尽管注重物的实体,讨论物质性问题源自对事物本质的好奇,也是对传播学长久忽视物质性的一种纠偏，同时我们也必须承认，世界的物质性总是难以穷尽，我们讨论时候总是从某个孤立的、单一的角度审视我们在世界上的存在，这就产生了物质性考察的效果差异。

这就涉及传播学最常讨论的关系问题，也是本书"连接"一词的意义所在。在涂尔干影响下的社会学传统，习惯将社会想象为外在于个体具有强制性的力量，以解释个人的行动，最终关切是秩序如何被维系。相较于此，我们注重物的能动性及媒介可能的研究，往往能看到人如何在技术物进入后，如何形成存在物的结合可能，或组成崭新的结盟。如何理解"物"所拥有的特质，理解物的位置、新的人、物、技术结合的可能形式，这些议题在一个媒介发展日新月异、个体化社会来临、注重主体性的时代变得格外重要。物与物讨论的突破，体现在以拉图尔的行动者网络理论的尝试性运用中。物不只是忠实传递人意志或意义的中介物（intermediary），而是具备影响结果究竟如何、自有其能动性及转译力量的媒介者（mediator），物本身也可以成为行动者，在整个网络中起到嫁接且能动的作用。

在对物的研究中，我们意识到关系中体现出的某些性质可能具有重要价值，但实质上我们并不足够了解它们，这或许是下一步研究的出发点。

致　谢

我要在此衷心感谢所有帮助过我的人。感谢我的博士导师邵培仁教授，他引领我走向了传播学，走上了学术道路。他宽容谦和的心态、对学术敏锐的感受力和快乐学术的理念令人感佩。他总是像年轻人那样富有朝气，他创立的浙江省传播学会是国内非常活跃的传播学组织，每年年会成为同门期盼的聚会，大家探讨最近的研究，重叙师门情谊，会场总是充满欢乐与温暖。

感谢吴飞教授，他是一位出色的新闻传播学者，同时还是一位成功的新闻教育家与积极的社会活动家，他有着深切的社会关怀、强烈的知识分子气质，以及对新闻专业主义的深刻认同。我期望能像他那样胸怀宽广且独具人格魅力，打通新闻传播学界与业界的隔阂，吸引人才汇聚，探索新闻传播学科前沿和学科建设之路。

感谢黄旦教授，作为浙江大学访问学者，我今年重返母校，与黄老师共同思考媒介议题，这不啻一种幸运。2016年夏季在复旦大学认识了黄老师，彼时我正处于学术转型的迷茫期，他让我相信自己模糊的学术直觉自有内在价值。他温和的鼓励成为我决定以学术为志业的重要动力。

虽然教学和交流方式各不相同，但三位老师都给予了我充分的支持，让我逐步意识到媒介研究的乐趣所在，这本书最应该献给他们。

感谢同门方玲玲教授，每学期末我们总要抽空聚会一次，这既是我们共叙情谊的时刻，也是畅谈研究计划、进行学术交流的机会。感谢王润对我的论文提出毫无保留的意见，我们都热爱媒介社会学，他在媒介记忆上深耕数载，我则刚开始媒介技术与社会的探索。感谢孙宇与我在女性与劳动议题上的交流，感谢李赛可在田野调查方面的体悟与分享，感谢邵鹏、袁靖华、周琼、陈接峰的交流与鼓励。他们对学术始终保持热爱，我们都深知这对学者而言是多么宝贵的品质。

感谢"长三角青年学者论坛""浙江省传播学会年会"这两个学术会议，我曾经数次参与其中，每次专家们的点评总是令我获益良多，特此致谢。2020年我关于故宫文创的研究获得了浙江省传播学会论文一等奖，感谢苏振华教授的指点。

感谢方忆女士，她对宋代日常生活的物质考察给我莫大的启发，我正认真地考虑将物质文化作为未来的研究方向。感谢在线田野访谈中所有配合我的受访者，没有他们的坦诚合作，本书的诸多一手资料将难以获得。

感谢浙江财经大学的领导，他们对本校新闻传播学科的发展寄予厚望，对我充分信任。感谢我的同事谢点、李漪、王文奇、孙伟、苏浩、季诚浩、王彬，他们毕业于海内外名校，受过良好的学术训练。2021年春我们举办的"鹅湖新传"成为他们学术亮相的重要时刻，我们分享学术心得与思维火花。感谢我的硕士生姚晨、李昕、陈呈，他们纯真可爱，勤勉上进，对书稿整理亦有帮助。

本项目受国家社科基金项目（16BXW060）和国家社科基金重大项目（21&ZD318）的资助。在调查与撰写的过程中，获得了浙江财经大学2017年出国访学计划和2021年国内访学计划的支持。感谢密苏里大学新闻学院副院长 Fritz Cropp、环球项目中国合作项目主任章于炎博士和杨力女士的帮助。密苏里大学的融媒体新闻中心设备先进，教师的实践能力和学生新闻制作水准令人印象深刻。

本书部分得益于我开设的通识课程"网络社会与公民素养"的讲授内容，感谢学生们的积极评价。另外一门专业选修课"新媒体热点研究"是一门以工作坊形式鼓励同学们思考社会热点，并形成报告或论文的有趣课程。学生课堂上形成了论文作品并获得了学校"挑战杯"奖项，对此我深表感激。

　　我还必须感谢亲爱的家人。外子中明总是包容我写作时的焦虑。感谢女儿含章,她给我的生活增添了无穷乐趣。她现在处于求学的关键时期,成为她人生道路上的女性榜样是我的心愿。感谢我们双方的父母,江西南昌和金华武义是我心灵永远的休息站。

　　最后,我还要感谢本书的责任编辑杨茜女士,这是我们的第二次合作,她美丽聪慧且极具幽默感,没有她满怀责任心的专业工作,本书的面世将绝无可能。

陈　静

2022 年 7 月 1 日于杭州